Schriften

des

Vereins für Sozialpolitik.

139. Band.

Untersuchungen über Preisbildung.

A. Abteilung für Preisbildung bei den agrarischen Produkten.

Erster Teil.

Heinrich Gerlich: Die Preisbildung und Preisentwicklung für Vieh und Fleisch am Berliner Markte (für Schweine).

Leipzig,
Verlag von Duncker & Humblot.
1911.

Die Preisbildung und Preisentwicklung für Vieh und Fleisch am Berliner Markte (für Schweine).

Mit zwei graphischen Tafeln.

Von

Heinrich Gerlich.

Leipzig,
Verlag von Duncker & Humblot.
1911.

Frau Anna Raabe

in Dankbarkeit und Verehrung

zugeeignet.

Inhaltsverzeichnis.

Seite

Einleitung 5

Erster Teil.

Die Preisbildung vom Produzenten bis zum Konsumenten 7

1. Die Mastviehproduktion 7
2. Der Zwischenhandel 29
   a) Der Händler 29
   b) Der Kommissionär 32
3. Der Schlachtviehmarkt 37
   a) Berlin als Schweinemarkt 37
   b) Die Preisbildung am Berliner Schweinemarkt 48
4. Das Fleischergewerbe 62
   a) Die Organisation des Schlachtgeschäfts 62
   b) Der Engros-Schlächter 66
   c) Der Ladenschlächter 69
5. Der Berliner Fleischmarkt 73
   a) Der Großhandel mit Fleisch 73
   b) Der Kleinhandel mit Fleisch 75

Zusammenfassung 82

Zweiter Teil.

Die Preisbewegung für Schlachtvieh und Fleisch und die Rentabilität der Schweineschlachtungen in den Jahren 1895—1910 87

1. Die Bewegung der Schlachtvieh- und Fleischpreise 87
2. Die Rentabilitätsschlüsse nach den Schlachtvieh- und Fleischpreisen . . 107
3. Die Fleisch- und Wurstwarenfabrikation 127
4. Der Zusammenhang zwischen den Schlachtvieh- und Schinkenpreisen . . 136
5. Der Zusammenhang zwischen den Schlachtvieh- und Fettpreisen 145

Literaturverzeichnis 160

Einleitung.

Die immer dringlicher werdende Frage der Vieh- und Fleischpreise und der damit zusammenhängenden Verhältnisse gab die Anregung zu der nachstehenden Abhandlung. Es ist der Versuch gemacht, ein Bild aus der weiten und überaus interessanten Materie der großstädtischen Lebensmittelversorgung zu geben. Eine Stadt wie Berlin, in welcher sich Hunderttausende von Menschen zusammendrängen, die sich nur im verschwindenden Maße mit der Nahrungsmittelproduktion beschäftigen, nimmt mit der Zunahme ihrer Bevölkerung immer mehr die ganze Welt als das sie mit Lebensmitteln versorgende Hinterland in Anspruch. Dabei bildet sich zugleich mit der Steigerung der Ansprüche eine scharfe Differenzierung in der Organisation der einzelnen Versorgungsfaktoren heraus, unter deren Einfluß der Preisbildung ein eigenartiges, kompliziertes Gepräge gegeben wird.

Zugleich sehen wir in der großstädtischen Preisbildung mit immer wachsender Intensität eine Steigerung, welche dadurch noch beschleunigt wird, daß bei der zunehmenden Ausdehnung des großstädtischen Marktes die Zahl der den Austausch vermittelnden Zwischenglieder zunehmen muß. Darauf hat bereits von Halle in seiner Schrift über: „Die Organisation des Berliner Vieh- und Fleischhandels“ aus dem Jahre 1892, als deren Fortsetzung diese Arbeit bezeichnet werden kann, mit aller Schärfe hingewiesen und die Möglichkeit der reformatorischen Wege erwogen. Seitdem sind 18 Jahre verflossen, ohne daß für die große soziale Frage, sowohl hinsichtlich einer Regelung der Stabilität der Fleischpreise als auch hinsichtlich einer den sich steigernden Ansprüchen gegenüber schritthaltenden Versorgung, etwas Durchgreifendes unternommen ist. Wir sehen, daß mit den sich stetig wiederholenden Fleischteuerungszeiten nachhaltige Erschütterungen den ganzen Wirtschaftskörper unseres Staates durchziehen, und müssen erkennen, daß diese Mißstände nicht durch vorübergehende Maßnahmen oder durch Einrichtungen, die auf dem Einzelwillen beruhen, beseitigt werden können, daß vielmehr der Staatswille sich der Lösung dieses Problems auf die Dauer nicht wird entraten können. Dieses nachzuweisen, wird die Aufgabe einer späteren Arbeit sein. Hier soll an der Hand der tatsächlichen Verhältnisse gezeigt werden, daß die ganze Schwierigkeit einer gesunden Preisbildung heute auf dem so unendlich komplizierten Gang und in den vielen Stadien beruht, die der Preis zu durchlaufen hat, und nicht zum wenigsten in den vielen Faktoren, die den Preis beeinflussen. Der Gedanke, all' diese Einzelfaktoren zu analysieren und auf ihre preisbeeinflussende Bedeutung hinzuweisen, liegt dieser Arbeit zugrunde. Weiter ist dann der Versuch gemacht, durch eine vergleichende Statistik der Vieh- und Fleischpreise in Berlin einen Rückschluß auf die Rentabilitätsverhältnisse des hiesigen Fleischergewerbes zu ziehen. Diese Untersuchung, bis an die Grenze der allgemein feststehenden Tatsachen geführt, soll in erster Linie einen klaren Überblick über die Entwicklung der Geschäftslage geben. Im Anschluß daran soll die Frage nach dem Verdienst des Fleischergewerbes, wenn auch nicht eingehend beantwortet, so doch dem Wesen der realen Verhältnisse entsprechend beleuchtet und erörtert werden.

Erster Teil.

Die Preisbildung vom Produzenten bis zum Konsumenten.

1. Die Mastviehproduktion.

Die Schweinefleischproduktion beruht auf dem physiologischen Veredlungsprozeß des tierischen Verdauungsapparates. Die im Futter aufgenommenen Nährstoffe wie Eiweiß, Fett, Kohlehydrate und Mineralien assimilieren sich dem tierischen Körper zu den wirtschaftlichen Produkten Fleisch und Fett. Bei diesem als Mast bezeichneten Prozeß hängt der Grad der Intensität von der Möglichkeit ab, die einzelnen Nährstoffe nach ihrem Aufnahmeverhältnisse in möglichst großer Menge für die einzelnen Futterrationen zusammenzustellen. Je höher die Aufnahmefähigkeit wirksamer Futtermittel bei dem einzelnen Tiere ist, je höher sich deren Verdaulichkeit unter möglichster Konzentration der Nährstoffe stellt, um so besser schreitet der Zuwachs an Körpersubstanz fort. Dabei handelt es sich nun allerdings nicht um einen reinen Produktionsprozeß; denn die in die Blutbahn übertretenden Stoffe werden nicht allein zur Fleisch- und Fettbildung, sondern auch zur Erzeugung der zum Leben notwendigen Energie verbraucht. Und zwar steigt dieser Verbrauch an Wärme und Kraft in dem Maße, wie das Tier an Alter zunimmt. Dieser Vorgang äußert sich dadurch, daß mit der zunehmenden Konsumssteigerung eine Gewichtszunahme im gleichen Maße nicht zu beobachten ist. Je mehr also auf der einen Seite das aufgenommene Nährstoffmaterial durch Einschränkung der Kraftäußerung für den besonderen Zweck der Mast verbraucht wird, und auf der anderen Seite die Nahrungsaufnahme dem Nährstoffmaximum näher gebracht wird, um so stärker kommt die Produktivität des Tierkörpers zur Geltung. Als Grundsatz der Schweinefleischproduktion gilt daher der Erfahrungssatz, daß die abgekürzteste Mast die vorteilhafteste ist. „Denn ein Mastviehproduzent, welcher eine langsame Mast vorzieht, arbeitet ebenso unrationell wie ein Fabrikant, der die Dampfkraft seiner Maschine nur zum Teil ausnutzt und eine größere

Menge von Fabrikaten herstellen könnte, ohne die tägliche ein für allemal notwendige Ausgabe für die Kohle seines Dampfkessels zu erhöhen [1]."

Der beste Nähreffekt wird erzielt durch Beobachtung der auf Grund von Fütterungsversuchen festgelegten Futternormen, d. h. wieviel von den einzelnen Nährstoffen, den stickstoffhaltigen, den stickstofffreien und dem Fett, für ein bestimmtes Lebendgewicht täglich auf jede Futterration zu verwenden ist. Unter Berücksichtigung der für unsere klimatischen und wirtschaftlichen Verhältnisse in Frage kommenden Futtermittel sind täglich auf ein Tier im zunehmenden Alter 1—2,8 kg Futtertrockensubstanz mit einem Nährstoffverhältnis, d. h. dem Verhältnis des produktivsten Nährstoffes, des Eiweißes, zu den stickstofffreien Nährstoffen, wie 1 : 3 bis 1 : 8 zu rechnen oder, auf 1000 kg Lebendgewicht aufgestellter Masttiere berechnet, pro Kopf und Tag 44 kg Trockensubstanz unter einem dem fortschreitenden Mastzustande entsprechenden Sinken der Zufuhr auf 25 bis 27 kg. Die Ernährung muß in der ersten Hälfte der Mastzeit vorwiegend auf fleischbildendem Material beruhen, daher eine eiweißreichere sein, um darauf bis zum Schluß immer mehr die fettbildenden stickstofffreien Substanzen Platz greifen zu lassen. Der Masteffekt findet seine Grenze bei 7 kg Eiweißzufuhr und bewegt sich im Mittel um 4 kg gegenüber 28 kg stickstofffreien Extraktstoffen. Zur Produktion von 100 kg Fleischlebendgewicht werden benötigt 275—400 kg Trockensubstanz mit einem Gehalt von 50—40 kg Eiweiß, entsprechend 8—6 kg Fett und 200 bis 350 kg stickstofffreien Stoffen. Nach Kellner [2] haben die Versuche hinsichtlich des bei der Mast benötigten Aufwandes an verdaulichem Eiweiß und Stärkewert [3] ergeben, daß sich 100 kg Körpergewichtszuwachs bei der Schweinemast mit einem Futter erzielen lassen, welches 315 kg Stärkewert mit 48 kg verdaulichem Eiweiß enthält.

Mit diesen rein chemischen Grundsätzen kommen wir jedoch bei der tierischen Ernährung nicht aus. Wir besitzen nur Futtermittel, keine reinen Nährstoffe. Auch läßt sich die Beziehung zwischen dem Futterverbrauche und der Produktionstätigkeit an dem einzelnen Tierkörper schwer fassen. Da wir es also hier mit einem individuellen Produktionsprozesse zu tun haben, kommen für den Masterfolg Rasse, Alter und besonders der

---

[1] Lehmann, Journal für Landwirtschaft, Bd. 35, Heft 2.

[2] Bericht des Deutschen Landwirtschaftsrats an das Reichsamt des Innern betreffend Mästungsversuche mit Schweinen über die Verwertung der Kartoffel bei verschiedener Eiweißzufuhr. Berlin 1908, S. 28.

[3] Stärkewert (nach Kellner) eines Futtermittels ist der Produktionswert seiner Nährstoffe hinsichtlich des tatsächlichen Körperansatzes, gemessen an der Wirkung reiner Stärke.

Unterschied zwischen wachsenden und erwachsenen Tieren in Betracht. Neben der verschiedenartigen Zusammensetzung ist auch der Grad der Verdaulichkeit und Bekömmlichkeit eines jeden einzelnen Futtermittels zu berücksichtigen. Die in demselben aufgespeicherten Nährstoffe müssen in der zweckmäßigsten Weise auf die einzelnen Futterrationen verteilt werden. Um einen gedeihlichen Fortgang des Mästungsprozesses zu gewährleisten, muß eine sorgfältige Auswahl unter den in Frage kommenden Futtersorten getroffen werden. Der fütterungstechnische Grundsatz lautet: mit dem geringsten Futteraufwande den günstigsten Erfolg sowohl qualitativ wie quantitativ zu erreichen. Die Wirksamkeit eines Futtermittels richtet sich nach seinem Gehalte an Eiweiß, dem hochwertigsten Nährstoffe unserer heimischen Futtermittel. In wirtschaftlicher Hinsicht steht daher an erster Stelle für den Mäster die Frage: Wie verschaffe ich mir am vorteilhaftesten das Kilogramm Eiweiß?

Neben seinem unschätzbaren Vorzug als reines Fleischtier bringt das Schwein als Omnivore auch die geringwertigsten Futterstoffe zur Ausnutzung, sofern sie nur einen gewissen Nährwert enthalten. Selbst die Abfälle von Feld und Haus und aus den verschiedenartigsten landwirtschaftlichen Nebenbetrieben finden durch die Schweinemast eine rationelle Verwertung. Dementsprechend ist auch die Zahl der Futtermittel mannigfaltigster Art eine große. Zu den nährstoffreichsten gehören Getreide, Molkereirückstände, Hülsenfrüchte, Hackfrüchte und die Abfälle des Haushalts. An weniger guten, weil schwerer verdaulichen und auch nährstoffärmeren Futtermitteln besitzen wir Fabrikationsrückstände wie Schnitzel, Schlempe, Treber, Pülpe u. a. m. Selbst in konzentrierter Form bleiben sie minderwertig, weil sie die Qualität des Fleisches beeinträchtigen. Ihre Nebenwirkungen lassen sich dadurch beschränken oder ganz beseitigen, daß bei der Futtermischung mit Umsicht vorgegangen wird und sie in der letzten Zeit, bei der sogenannten Vollmast, ganz fallen gelassen werden. Das erzeugte Fleisch ist immer ein Produkt des Futters. Daher hängt von einer richtigen und zweckentsprechenden Fütterung, die sich drei bis fünfmal am Tage wiederholen muß, mit der Produktivität auch die Rentabilität ab. Die Frage nach der größten Konsumsfähigkeit und dem besten Masterfolg ist noch eine offene, weil die Verwertung der Futterstoffe durch das Schwein zu wenig erforscht ist. „Bei dem jetzigen Stande unseres Wissens kommen wir nicht umhin, unter strengster Berücksichtigung der lokal bedingten Qualitäten die selbstproduzierten oder überhaupt verfügbaren Futtermittel, Futtermischungen oder Futterrationen zunächst rein empirisch zusammenzustellen; reichen die verfügbaren Futtermittel nicht aus, so ist vor allem auch auf empirischem Wege, und zwar im Hinblick auf den speziellen Fütterungszweck zu ermitteln, welche käuflichen Futtermittel zur Ergänzung der nicht kompletten Rationen oder Mischungen am geeignetsten sind [1]."

Nach dem Berichte über die 35. Mastviehausstellung in Berlin 1908 verlangt der Berliner Markt ein Schwein von mäßiger Frühreife und reichlichem Fleischansatz, daneben aber auch eine größere Zahl von Tieren mit mehr kernigem und weniger fettreichem Fleisch zur Fabrikation von Dauerware. „Das Fleisch muß von bester Güte und größter Menge und in dem für den Verzehr wünschenswerten Festigkeitsgrade sein. Fett soll nur, soweit es zur Schmackhaftigkeit und Feinheit des Fleisches dient, in Erscheinung treten." Diesem fast allgemein ausgeprägten Marktbedürfnisse hat sich die deutsche Schweinezucht durch Hochzüchtung zweier Zuchtarten anzupassen verstanden. Es kommen hauptsächlich in Betracht: das veredelte Landschwein, entstanden aus den frühreifen Schlägen der englischen Rassen und ihren weitgehenden Kreuzungen mit den alten heimischen Landschlägen, und das deutsche Edelschwein rein englischer Abstammung. Dieses hat seinen Standort, wo rasch und intensiv gemästet wird. Es zeichnet sich aus durch Fleischfülle und Knochenfeinheit und liefert schon im Alter von 8—12 Monaten ein schmackhaftes, leicht mit Fett durchsetztes Fleisch. Es kommt vornehmlich für den Frischverkauf in Frage und wird im Verkehr als Laden- oder Karbonadenschwein bezeichnet. Da sich die Mast zu diesem Zwecke am wachsenden Körper vollziehen muß, kommt es schon im zarten Alter von 4—8 Wochen als sogenanntes Absatzferkel in die Hand des Mästers mit einem Gewicht von 10—20 kg. Bei intensiver Ernährung erreicht es seine Schlachtreife mit 100—110 kg. Und man muß sagen, daß das Streben der deutschen Schweineproduktion dahin geht, immer jüngere, an Gewicht leichtere Schweine zur Schlachtung zu bringen, weil der Bedarf einen immer weniger umfangreichen Braten wünscht. Der Produzent kommt diesen Wünschen um so williger nach, als ihn die Erfahrung gelehrt hat, daß er durch die Herabsetzung des Schlachtalters die Produktionskosten verringert.

Die zweite Kategorie von Schlachtschweinen, die veredelten Landschläge, kommt erst in einem Alter von einem Jahr und darüber zur Schlachtung und dient zur Fabrikation von geräucherten Fleisch- und Wurstwaren. Zu diesem Zwecke werden Schweine im Alter von 5—8

---

[1] Pott, Zubereitung der Futtermittel und Zusammenstellung von Futterrationen in der Praxis. Deutsche Landwirtschaftliche Tierzucht, 1910, S. 111.

Monaten, sogenannte Fasel= oder Magerschweine, im Gewicht von 40 bis 60 kg zur Mast gestellt. Diese Mastobjekte sind bereits vollfleischig und von solcher Körperkonstitution, daß sie in der kurzen Zeit von 4—6 Monaten mit einem Gewicht von 150—200 kg an den Markt gebracht werden können.

Die Zucht ist von der Mast in überwiegendem Maße getrennt und liegt zumeist in den Händen des mittleren und Großgrundbesitzes. Auch der Kleinbesitz beteiligt sich daran durch Halten von Muttertieren. Kommt die Herabsetzung des Schlachtalters dem Geschmack des Konsumenten entgegen, liegt die Frühreife im Interesse des Mästers, so kommt als weiterer Vorzug des Schweines als Schlachttier für den Züchter seine starke Generationsfähigkeit hinzu. Auf eine Sau, die mit 9 Monaten zum Eber gebracht wird und in 2 Jahren fünfmal ferkelt, kann man in einem Alter von $2^3/_4$ Jahren 2 Generationen mit etwa 50 direkten Nachkommen rechnen. Zu dieser großen Beweglichkeit und raschen Umsatzmöglichkeit treten als besondere Vorteile hinzu: eine billige Produktionsweise, eine geringe Kapitalanlage und eine durch die gesteigerten Bedarfsansprüche gewährleistete Rentabilität.

Da das Problem, unter welchem Futtermittelaufwande der beste Masteffekt erzielt werden kann, bisher nicht gelöst ist, so kann auch die Frage nach der Höhe der Produktionskosten nicht einheitlich bestimmt werden. Sie setzen sich zusammen aus:

1. dem Gestehungspreis des Tiermaterials;
2. dem Gestehungspreis des Futtermaterials;
3. dem Betriebsaufwand (für Futterbereitung, Verzinsung des Inventarkapitals, Miete, Löhne und Versicherung).

Bei dem ständigen Wechsel der Produktionsbedingungen und ihrer Verschiedenheit in den einzelnen Betrieben läßt sich die Frage nach der Höhe der einzelnen Faktoren nur von Fall zu Fall beantworten. Theoretische Aufstellungen bleiben daher immer nur Theorie. So gibt Schmidt=Rhode [1] folgende Aufstellung:

Eine Partie Absatzferkel im Alter von 2 Monaten à 13,50 Mk. sollen teils als Fleisch=, teils als Speckschweine verwertet werden.

I. Fleischschweine nach 6 Monaten = 182 Tagen Schlachtreife mit 110 kg Lebendgewicht.

Produktionskosten: 100 kg = 60 Mk., täglich 35,5 Pf.

---

[1] Schmidt=Rhode, Praktische Schweinezucht, 1903, S. 330.

II. Speckschweine nach 13 Monaten = 396 Tagen Schlachtreife mit 175 kg Lebendgewicht.

Produktionskosten: 100 kg = 88 Mk., täglich 23,1 Pf.

Dabei setzen sich die Produktionskosten von 100 kg Lebendgewicht wachsender Mastschweine zusammen[1]:

Ankauf von 100 Absatzferkeln 8 Wochen alt		à 13,50 Mk.	=	1350 Mk.
Futterkosten für „ „	in 30 Tagen	à —,18 „	=	540 „
„ „ „ „	„ 31 „	à —,22 „	=	682 „
„ „ „	„ 30 „	à —,26 „	=	780 „
„ „ „ „	„ 31 „	à —,30 „	=	930 „
„ „ „ „	„ 30 „	à —,34 „	=	1020 „
„ „ „ „	„ 31 „	à —,38 „	=	1178 „
Zinsen und Risiko				220 „
Stallmiete, Futterbereitung, Feuerversicherung u. a. m. .				340 „
100 Stück 8 Monate alte Fleischschweine kosten mithin				7040 Mk.

und da ein Stück dann ca. 110 kg wiegen dürfte, betragen die Produktionskosten für 100 kg Lebendgewicht 64 Mk.; 100 Stück jähriger Magerschweine, mit einem Lebendgewicht von 70 kg zur Mast gestellt, bedingen nach dreimonatlicher Mast pro 100 kg 67 Mk.

Nach Kellners[2] veröffentlichten Mastversuchen, welche sich auf ca. 300 Schweine erstreckten, stellten sich die Produktionskosten unter Berechnung von mäßigen Futtermittelpreisen und ohne Ansatz des Betriebsaufwandes, für 100 Pfund Lebendgewichtszuwachs auf 33,13—43,14 Mk., im Durchschnitt 37,13 Mk. Als Futter wurde Gerste, Mais, Roggen und Kartoffeln verwandt. Unter der Annahme, daß 100 Pfund schwere Läufer auf 250 Pfund gemästet werden sollen, gewinnen wir für die Höhe der Produktionskosten folgendes Bild:

Gestehungspreis der Tiere .	30,—	40,—	50,—	60,—	70,—	Mk.
„ des Futters	55,50	55,50	55,50	55,50	55,50	„
Produktionskosten f. 250 Pfd.	85,50	95,50	105,50	115,50	125,50	Mk.
„ „ 100 „	34,20	38,20	42,20	46,20	50,20	„
„ „ 100 „ Fleischgewicht	42,75	47,75	52,75	57,75	62,75	„

Ähnlich stellt sich die an 16 Versuchstieren durchgeführte Rentabilitätsrechnung auf der Versuchsstation Karstädt (Westpriegnitz)[3]. Es kostete

[1] a. a. O. S. 316.

[2] a. a. O. S. 30 ff.

[3] Hartmann, Die Schweine auf der 36. Berliner Mastviehausstellung. Mitteilungen der Vereinigung deutscher Schweinezüchter, 1910, S. 149.

das Pfund Lebendgewicht der im Anfangsgewicht von 102 Pfund zur Mast gestellten Tiere:

		wenn Läufer in Rechnung zu setzen sind		
		mit 40 Mk.	50 Mk.	60 Mk.
bis 198,5 Pfd.	30 Pf. . . .	34 3/4 Pf.	40 Pf.	45 Pf.
„ 250 „	32 „ . . .	35 „	39 1/4 „	43 1/2 „
„ 316 „	35 1/2 „ . . .	37 „	40 1/4 „	43 1/2 „

Wie verschieden sich die Produktionskosten bei fast gleicher Betriebsweise stellen können, kennzeichnen die Masterfolge an zwei auf der 24. Mastviehausstellung zu Berlin zur Schau gebrachten Gruppen [1].

In der ersten Abteilung standen 6 Schweine im Alter von 6 Monaten 27 Tagen, welche nach einer 78tägigen Mastzeit 820 Pfund (oder pro Kopf 137 Pfund) zugenommen hatten.

Gesamtfutterverbrauch:

180 Pfund gedämpfte Kartoffeln à 2 Pf.	3,60 Mk.
2796 Liter Magermilch à 3 Pf.	83,88 „
936 Pfund Gerstenschrot à 7 Pf.	65,62 „
984 „ Maisschrot à 6 Pf.	59,04 „
Summa	212,14 Mk.

Futteraufwand zur Erzielung von 1 Pfund Lebendgewicht: 26 Pf.

In der zweiten Abteilung standen 3 Schweine im Alter von 9 Monaten, welche nach 78tägiger Mastzeit um 392 Pfund (oder pro Kopf 130 Pfund) zugenommen hatten.

Gesamtfutterverbrauch:

120 Pfund gedämpfte Kartoffeln à 2 Pf.	2,40 Mk.
1284 Liter Magermilch à 3 Pf.	38,52 „
930 Pfund Roggenschrot à 7 Pf.	65,10 „
948 „ Gerstenschrot à 7 Pf.	24,36 „
Summa	130,38 Mk.

Futteraufwand zur Erzielung von 1 Pfund Lebendgewicht: 36 Pf.

Im großen und ganzen bewegen sich die aus der Praxis bekanntgegebenen Zahlen zwischen 28 und 42 Pf. für das Pfund Lebendgewichtszuwachs bei einem täglichen Futteraufwande von 18—32 Pf. Die Differenz ergibt sich aus der verschiedenartigen Futterverwendung. Wo neben Molken und Magermilch hauptsächlich nur Kartoffeln, Rüben und Abfälle von Mais, Reis oder sonstige Fabrikationsrückstände verwandt

---

[1] Störner, Praktische Schweinezucht. 2. Aufl. Neudamm 1909, S. 264.

werden, produziert man natürlich billiger als bei der Kernmast mit Kleie, Gerste und sonstigem teuren Zufutter. Der Ersatz derselben durch billige Futtermittel findet aber seinen Ausgleich in dem geringeren Erfolge.

Zur Beantwortung der Frage, ob der Nutzungswert mit dem Kostenaufwande in gleicher Weise steigt, müssen wir uns auf folgende Aufstellung stützen[1]:

Bei einem Fütterungsversuch zwecks Erzielung einer für Dauerwarenfabrikation geeigneten Fleischqualität war die Zusammensetzung des Futters:

Grundfutter: Kartoffelflocken und gedämpfte Kartoffeln;

Kraftfutter: vorwiegend Ackerbohnen und Gerstenschrot, Magermilch.

Die Tiere (deutsche Edelschweine) standen im Versuch:

vom 4. November 1908, ca. 4½ Monate alt, 88 Pfund schwer,
bis 12. April 1909, „ 10¼ „ „ 327 „ „

pro Tag und Stück berechnet.

	Futterration							Zunahme		Kosten	
	Grundfutter		Kraftfutter								
	Kartoffelflocken Pfd.	gedämpfte Kartoffeln Pfd.	Bohnenschrot Pfd.	Gerstenschrot Pfd.	Reismehl Pfd.	Zuckerschnitzel Pfd.	Magermilch Ltr.	Gesamtzunahme Pfd.	täglich Pfd.	täglich Pf.	für 1 Pfd. Lebendgewicht Pf.
8 Tiere erhielten von 4½ bis 6 Monat . .	3	1	¾	¾	½	—	3	71	1¾	49½	28
4 Tiere erhielten von 6 bis 7½ Monat[2] .	3¾	—	1	1¼	⅓	⅛	3	79	1¾	61½	35¼
Desgleichen	—	12	1	1¼	⅓	⅓	3	65½	1½	49½	31¾
7 Tiere erhielten von 7½ bis 9¾ Monat .	½	9	1	2	—	—	3	77½	1¼	51¾	42¾
7 Tiere erhielten von 9¾ bis 10¼ Monat	3½	—	1,1	2	—	—	3	19½	1⅓	64	46¼

Der Futteraufwand hat sich also, pro Pfund Lebendgewichtszuwachs berechnet, von 28 auf 46¼ Pf. oder um 66 % erhöht. Hat sich dementsprechend auch der Nutzungswert der Tiere erhöht? Da die Schlachtresultate dieser Tiere nicht festgestellt worden sind, müssen wir uns auf

[1] Hartmann, a. a. O. S. 231. Andere, in ähnlicher Weise durchgeführte Fütterungsversuche haben die grundsätzliche Richtigkeit der im folgenden Beispiel gefundenen Aufwandssteigerung ergeben.

[2] Ein Tier wurde ausgeschaltet.

die von Wolff[1] bekanntgegebenen Schlachtgewichtswerte für Mittel- und Fettschweine stützen.

100 Pfund Lebendgewicht enthalten:

Bezeichnung der Körperteile	mittel	fett
1. Abfälle	7,9 Pfd.	5,4 Pfd.
2. Blut	7,3 „	3,6 „
3. Eingeweide und Zunge .	10,3 „	6,4 „
4. Fleisch und Fett . . .	74,5 „	84,6 „
	100,0 Pfd.	100,0 Pfd.

Bei mittelschweren Speckschweinen mit einem Gewicht von 200 bis 220 Pfund, wie sie für den Berliner Markt hauptsächlich in Frage kommen, ist ein Schlachtverlust von 20 % im Durchschnitt anzunehmen; er sinkt mit zunehmendem Gewicht bei 300 Pfund und darüber bis auf 12 % und steigt bei fallendem Gewicht bis auf 28 % und darüber. Die je nach dem Mastzustande erkennbare Schlachtausbeute ist bei der Einteilung nach Qualitätsklassen zugrunde gelegt. Je schwerer und besser ausgemästet ein Tier ist, um so besser schlachtet es sich aus, d. h. um so mehr liefert es an Fleisch und Fett sowohl absolut als auch relativ gegenüber leichteren Tieren. Die Qualitätsverbesserung des Fleisches findet dabei aber selten eine dem steigenden Kostenaufwande entsprechende Bewertung. Bei der Beurteilung der lebenden Schlachtware bewegt sich die Spannung höchster und niedrigster Preise nicht über 33 % hinaus.

Bei einer über die Marktreife hinaus weitergeführten Mast erhöhen sich demnach die Produktionskosten in stärkerem Maße, als das Tier an Fleisch- und Fettgehalt zunimmt. Für die Rentabilität dieser Masterzeugnisse ist daher die Frage entscheidend, ob die Preisspannung zwischen den einzelnen Schlachtwertklassen eine dieser Aufwandssteigerung entsprechende Verwertung sichert.

Die Höhe der Rente beruht in erster Linie auf dem kaufmännischen Geschicke des Wirtschaftsleiters. Dieses zeigt sich in der richtigen Einfügung der Schweinehaltung in die gesamte Organisation des Wirtschaftsbetriebes und in der Schaffung möglichst günstiger Produktionsbedingungen. Die beste Produktionsmöglichkeit ist gegeben mit der Aufstellung der leistungsfähigsten Tiere und Verwendung der geeignetsten Futtermittel. Das Optimum der Mast, d. h. der beste Masterfolg läßt sich nur durch peinliche Auswahl und sorgfältige Zusammenstellung der zur Verfügung

[1] Deutsche Landwirtschaftliche Presse 1909, S. 42.

stehenden Futtersorten erreichen. Da $^{9}/_{10}$ aller Wirtschaftsbetriebe auf der Verwertung von selbst produzierten oder wirtschaftlich günstig gebotenen Futtermitteln (Grundfutter: Abgänge und Nebenprodukte im Haushalt oder Betrieb, Kartoffeln, Magermilch, Molken, Schlempe u. a. m.) und auf dem Zukauf von konzentriertem Kraftfutter (Zufutter) basiert sind, so stellen sich die Produktionsbedingungen um so günstiger, je höher sich die Verwertungsmöglichkeit des Grundfutters stellt, je mehr also an dem käuflichen Zufutter gespart werden kann. Das läßt sich an der Hand einiger Beispiele erkennen.

Ertrag der Schweinehaltung einer oldenburgischen Wirtschaft[1]:

Wert des Bestandes (68 Tiere) Mai 1901 . 3865,00 Mk.

1.	Zinsen des Anlagekapitals zu 4 % rund . . .	155,00	Mk.
2.	Brandkasse, Zinsen, Abgaben, Amortisation der Gebäude (6000 Mk.)	318,00	„
3.	Stallgeräte, Feuerung, Beleuchtung	122,00	„
4.	243 dz Mehl, von dem etwa 125 dz Kleie, das andere Mais, Gerste, Roggen II. Qualität à Zentner 7 Mk.	3402,00	„
5.	460 dz Kartoffeln à 3 Mk.	1380,00	„
6.	Ankauf eines Ebers	150,00	„
7.	Futtermeister, Lohn und Prämie	800,00	„
	Summe der Ausgaben	6327,00	Mk.

Die Einnahmen setzen sich zusammen:

1.	181 verkaufte Ferkel (durchschnittlich à 16,50 Mk.)	2995,50	Mk.
2.	15 fette Schweine, zusammen 1580 kg schwer, pro Stück 115 kg, à 50 kg = 42 Mk. . .	1476,84	„
3.	1 Eber	100,00	„
4.	13 tragende Sauen (durchschnittlich à 128 Mk.)	1614,00	„
5.	Mehrwert des Bestandes Mai 1902	935,00	„
	Summe der Einnahmen	7121,34	Mk.
	„ „ Ausgaben	6327,00	„
	Reinertrag	794,34	Mk.

Das nicht in Anrechnung gebrachte Grundfutter, 10 000 Liter Magermilch, sowie der Ertrag an Bohnen und Serradella von $^{1}/_{2}$ ha Grünfutterland konnte hiernach recht günstig verwertet werden.

[1] Zitiert nach Störner, a. a. O. S. 4.

Da in der Mehrzahl der Wirtschaften die Schweinehaltung auf dem eigenen Kartoffelbau beruht, so möge folgende Kalkulation die Verwertungsmöglichkeit der Kartoffel als Grundfutter dartun.

Bei monatlicher Einstellung von 67 Schweinen mit dreimonatlichem Umschlag ist ein jährlicher Umsatz von 800 Stück (unter Verlust von 4 Stück) anzunehmen.

Einkaufspreis (für 100 kg = 100 Mk.)	62 520 Mk.
Verkaufspreis (bei Zunahme von 750 g täglich pro Kopf)	96 600 "
Das Futterkonto stellt sich danach auf	34 380 Mk.
Rechnet man pro Kopf und Tag $1^1/_2$ kg Kraftfutter (Zufutter)	18 000 Mk.
so ergibt sich eine Verwertung der verfütterten Kartoffeln (Grundfutter) mit	16 380 "
Da die verfütterte Menge sich auf ca. 6000 dz stellen wird, Verwertung pro Doppelzentner mit . . .	2,73 "

Je nachdem nun der Marktpreis der Kartoffel über oder unter diesem Verwertungspreis steht, wird die Schweinemast als rentabel oder unrentabel bezeichnet werden müssen. Würde z. B. der Ernteertrag an Kartoffeln unter das durchschnittliche Maß sinken und könnte der Ausfall nicht durch entsprechende Gaben von Futterrüben (Nährstoffverhältnis wie 2 : 1), Rübenschnitzel oder andere billige Futterstoffe ersetzt werden, so müßte zu den teuren Futtermitteln gegriffen werden. Dadurch würden sich die Produktionskosten nach folgendem Schema erhöhen:

	bei einem Preise für dz	stellt sich die Nährwerteinheit auf
frische Kartoffel .	2,73 Mk. (s. o.)	11,1
	3,50 "	14,0
getr. Kartoffel . .	18,00 "	17,6
Gerste	16,00 "	14,0
Futtergerste . .	13,00 "	12,8
Roggen	15,00 "	15,8
Mais	17,00 "	13,4
Kleie	16,00 "	13,7.

Dieser Fall trat sehr deutlich in Erscheinung in dem Jahre 1908 mit einem Preise von 3,04—3,30 Mk. pro Doppelzentner Kartoffeln, gegenüber 1907 mit 1,80—2,40 Mk. Nicht selten tritt dann noch der für die Rentabilität verhängnisvolle Umstand hinzu, daß der Mäster nach einer Periode mit hohen Produktionskosten mit seiner Ware auf einen Markt mit sinkender Konjunktur gerät. Da sich seine lebende Ware nicht aufstapeln läßt, zumal weitere Fütterung dem Körperzuwachs nicht mehr entspricht, ist er gezwungen, zu verkaufen. Ist dieser Zustand das Zeichen der allgemeinen Marktlage, so tritt weitgehende Entmutigung ein, die eine Erschlaffung der Schweinehaltung nach sich ziehen muß. Besonders sind es zwei Faktoren mit stark wechselndem Einflusse, die noch heute einem gedeihlichen Fortgang in der Schweineproduktion hemmend entgegenstehen. Einmal sind es die hohen Ferkelpreise. Von Jahr zu Jahr sehen wir schon bei den Tieren im Alter von 6—8 Wochen eine Preisgestaltung von 6—30 Mk., was bei einem Anteil mit 10—50 % an der Höhe der Produktionskosten schon allein die Unrentabilität herbeiführen kann. Sodann geben die ausgelegten Futtermittelpreise den maßgeblichen Ausschlag.

Zur Erzeugung von 200 Pfund Lebendgewicht unter Zugrundelegung der gebräuchlichsten Futtermittel werden 4 Ztr. Kleie oder Gerstenschrot neben 13—15 Ztr. Kartoffeln oder 11—12 Ztr. Mais benötigt. Da nun gerade hinsichtlich der Kartoffel- und Maispreise Schwankungen bis zu 50 % von einem Jahr zum anderen nicht zu den Seltenheiten gehören, so muß sich auch die Höhe der Produktionskosten dementsprechend verändern. Außerdem ist zu berücksichtigen, daß im Laufe der letzten 15 Jahre bei fast allen Kraftfuttermitteln eine Preissteigerung von durchschnittlich 35—40 % eingetreten ist, eine Tatsache, die auf die Gestaltung der Mastviehpreise nicht ohne Einfluß bleiben konnte. So berichtet Allgermissen[1], daß allein während der beiden letzten Jahre das Pfund Mastfutter, bestehend aus Gerstenschrot, Mais, Fisch- und Fleischmehl, nach den Durchschnittspreisen von 6 auf 8 Pf. gestiegen ist. Hohe Preisschwankungen auf dem Futtermittelmarkte ziehen stets eine Veränderung in der Betriebsweise nach sich, indem sie einen stetigen Wechsel der Futtermischungen bedingen. Dieser Umstand beeinflußt dabei auch die Produktivität der Schweinehaltung im allgemeinen. Derselbe Gewährsmann weist mit Recht darauf hin, daß richtige Durchschnittsresultate für die Höhe der Erzeugungskosten nur auf Grund langjähriger Beobachtung festgestellt werden können. Nach seinem Wirtschaftsbuche stellen sich dieselben für 1 Pfund Schweinefleisch (Lebendgewicht) im Jahre 1909:

---

[1] Wie hoch stellen sich die Erzeugungskosten für 1 Pfund Schweinefleisch? Hannoversche Land- und Forstwirtschaftliche Zeitung, 1910, S. 350.

Magerschweine wurden 50 Pfund schwer eingestellt und nach einer sechsmonatlichen Mastzeit mit 225 Pfund Lebendgewicht an den Markt gebracht. Bei einer durchschnittlichen Gewichtszunahme von 0,96 Pfund pro Tag und Kopf stellte sich das verbrauchte Mastfutter auf 4 Pfund

nach dem Durchschnittspreise	à 8 Pf.	32 Pf.
dazu 5 l Molken	à 0,5 „	2,5 „
1/2 l Buttermilch	à 4,0 „	2 „
Rechnet man auf 200 Schweine 1 Mann zum Füttern usw. mit einem Tagelohn von 3 Mk. bei zweimaligem Wechsel pro Tag und Kopf		0,8 „
Anlagekapital der Ställe für 200 Schweine = 4000 Mk., bei Verzinsung mit 5 % = 200 Mk., Abschreibung 3 % = 120 Mk., Reparatur, Weißen, Desinfizieren = 118 Mk., zusammen 438 Mk., pro Kopf und Tag berechnet		0,3 „
= Futterkosten pro Kopf und Tag.		37,6 Pf.
Bei täglicher Zunahme von 0,96 Pfund also 37,6 : 0,96 = pro Pfund Lebendgewicht		39,2 „
Unter Berücksichtigung der Preisdifferenz zwischen Mager- und Fettschweinen in Höhe von 15 Pf. pro Pfund wird das Pfund noch belastet mit		4,3 „
Dazu noch als Risiko für erfahrungsgemäß alljährlich wiederkehrende Verluste		3,0 „
Die Produktionskosten pro Pfund Lebendgewicht (1908)		46,5 Pf.

Der Berliner Marktnotiz entsprechend auf Fleischgewicht berechnet, würde sich demnach der Gestehungspreis für das Pfund Schweinefleisch auf 56 Pf. stellen. An der Wende des Jahres 1910 wurde in einer hannoverschen Mastanstalt (Hudemühle) folgendes Ergebnis gefunden:

Die Schweine, eingestellt mit einem Gewicht von 80—100 Pfund erhielten an Futter täglich:

von 80—100	Pfund	schwer	4	Pfund	Gerstenschrot
„ 100—120	„	„	4 1/2	„	„
„ 120—150	„	„	4 1/2—5	„	„
„ 150—200	„	„	5 1/2—6	„	„

außerdem pro Tag und Kopf ca. 0,8—1 Pfund Fischmehl, welches mit dem Gerstenschrot vermischt wird. Die Schweine von 80—130 Pfund Schwere erhalten das Futter mit Wasser vermengt in ziemlich dünnem Zustande. Von 130—200 Pfund Schwere wird das Futter allmählich steifer verabreicht. Von 150 Pfund Schwere an wird etwas grober Schrot nachgestreut.

Dank günstiger Abschlüsse stellte sich

1 Ztr. Schrot franko Stall auf 6,50 Mk.
1 „ Fischmehl „ „ „ 7,— „

Die Fütterung mit Gerstenschrot und Fischmehl stellte sich demnach pro Schwein und Tag auf ca. 36—38 Pf. oder auf 40 Pf. inkl. Betriebsaufwand. Die Gewichtszunahme schwankte dabei um $1^1/_4$ Pfund und mehr.

Futterschweine von 80 Pfund kosteten zur Zeit im Einkauf	37,60 Mk.
100 Tage Futterkosten à 40 Pf.	40,— „
Zunahme in 100 Tagen 125 Pfund = 205 Pfund .	77,60 Mk.
Zur Zeit der Abgabe kosteten Schweine von 200 Pfund am Berliner Markte 64 Mk. pro 100 Pfund. 205 Pfund — 20 % à 0,64 = 104,96 Mk., ab Fracht, Unkosten und Gewichtsverlust vom Stall bis an den Markt per Zentner 5,50 = 11,— Mk. = 93,96 Mk.	93,96 Mk.
Gewinn	16,36 Mk.

Unter günstigen Produktionsverhältnissen, d. h. bei mäßigen Produktionskosten und niedrigem Verlustkonto zeigte sich eine Rente von 20 % des Betriebskapitals bei einer Umschlagszeit von 3—4 Monaten. Diese beiden Ergebnisse entstammen Mastbetrieben, die rein industriemäßig die Schweinefleischproduktion unter Ankauf der dazu benötigten Rohstoffe, des Tiermaterials und der Futtermittel, betreiben.

Wir gewinnen ein anderes Bild, wenn wir uns bei der Zusammenstellung der einzelnen Komponenten auf die mit einem landwirtschaftlichen Betriebe verbundene Schweinehaltung stützen. Nach einer von Plehn-Josephsdorf (Kreis Kulm) mitgeteilten Aufstellung reichte die Masthaltung vom 1. Juli 1898 bis 1. Juli 1904. Der Bestand der Zuchtsäuen schwankte während dieser Zeit zwischen 16 und 24 Stück, die Zahl der von denselben aufgezogenen Ferkeln zwischen ca. 220 und über 300. Das Futter bestand hauptsächlich aus Kartoffeln, Weizenkleie, Gaben von Mager- und Futtermilch, dabei etwas Weide- und Grünfutter. Der Absatz schwankte zwischen 550 und 600 Zentner Lebendgewicht und 10—15 Zentner Wirtschaftskonsum im Jahr. In den 6 Jahren wurden also 35 000 Zentner produziert, abgesehen von eingegangenen Tieren, die eine Verwertung ausschlossen. Zu beachten ist noch, daß der Kostenpunkt pro Zentner

Lebendgewicht ohne Rücksicht auf die in den einzelnen Jahren schwankenden Futterpreise nur im Durchschnitt der Jahre erscheint.

Kosten:

1.	10 500 Ztr. vom Speicher und zwar etwa 3—4 Teile Gerstenschrot, 1 Teil Weizenkleie, eine geringere Menge Weizenkörner, sowie Roggen-, Hafer- und Erbsenschrot	63 000	Mk.
2.	20 000 Ztr. gedämpfte Kartoffeln (inkl. Kohlenverbrauch) à 1,— Mk.	20 000	„
3.	400—500 000 l ca. 4/5 Mager-, 1/5 Futtermilch, je nach Milchvorrat, im Jahr 60—80 000 l, à 2—2 1/2 Pf.	10 000	„
4.	Weide- und Grünfutter, 400 Mk. jährlich, dazu Desinfektion	3 000	„
5.	Rotlaufserum, Tierarzt, Zuchteber (je 1 bis 2 Jahr ein Tier)	2 000	„
6.	Stallpersonal	4 500	„
7.	Gebäudemiete, Feuerprämie	9 000	„
8.	Unterhaltung des Kartoffeldämpfers, Koks zur Heizung des Füllofens im Mutterstall, 25 Ztr. jährlich, Verschiedenes	500	„
9.	Schweinestreu = Schweinedung gerechnet . . .	—	
	3 500 Ztr. kosteten	112 000	Mk.

Demnach kostete das Pfund Lebendgewicht 32 Pf.
„ „ „ „ Schlachtgewicht 40 „

Unter Berücksichtigung der Preissteigerung auf dem Futtermittelmarkte der letzten Jahre würden sich gegenwärtig die Gestehungskosten für das Pfund Lebendgewicht auf 38,5 resp. 48 Pf. für das Pfund Schlachtgewicht stellen. Diese Zahlen stimmen mit dem von Allgermissen gefundenen Resultate überein, sofern nicht das Risiko und die Preisdifferenz zwischen Magervieh- und Fettviehpreise in die Kostenrechnung einzusetzen sind. Wenn auch der erstere Faktor nur in den seltensten Fällen außer Ansatz bleiben wird — am obigen Beispiel besteht er in dem Verlust durch eingegangene Tiere — so fehlt letzterer jedoch überall da, wo die Mast mit der Aufzucht verbunden ist. Durch das Aufstellen selbstgezogener Ferkel wird eine höhere Rente gewährleistet, als sie sich bei den sehr schwankenden Marktpreisen für Mager- und Fettvieh erwarten läßt. Die Rentabilität geht um so mehr zurück, je höher sich die

Spannung zwischen Einkaufspreis und Verkaufspreis zuungunsten des letzteren stellt.

Hinsichtlich der Betriebsform lassen sich in der Schweinefleischproduktion drei Klassen unterscheiden. Der ersten Klasse, dem Kleinbesitzer, der mangels irgendwelcher Kapitalkraft und aller technischen Hilfsmittel bar, jeder Produktionsorganisation entbehrt, steht als eine nahezu immer gleichstark fließende Futterquelle, jahraus, jahrein die Küchenabfälle aus dem eigenen Haushalte, Unkräuter aus Feld und Garten u. a. m. zur Verfügung. Starkwechselnd und in ungleicher Menge vorhanden sind in den verschiedenen Jahren die für die Schweinefütterung überschießenden Kartoffeln und Rüben. Trotzdem bei den kleinen Leuten von einer rationellen Fütterung nur in den seltensten Fällen gesprochen werden kann, zumal es sich in der Hauptsache um die Verwertung jener Futterstoffe handelt, so wird sich ihre Produktion von 6—10 Zentner jährlich doch billiger stellen, als da, wo die Schweinehaltung gewerbsmäßig betrieben wird. Die menschliche Arbeitskraft und der Betriebsaufwand kommen für sie nicht in Betracht und das Futter braucht nur mit der Hälfte des Wertes in Rechnung gesetzt zu werden. In ungünstigen Futterjahren wird ihnen dieser Vorteil jedoch zum Verhängnis. Denn zu einem ausgleichenden Futterzukauf fehlen sowohl die Betriebsmittel wie die wirtschaftliche Organisation. Sind die Futtermittel knapp, so wird nicht nur die Mast, sondern auch die Zucht beim Kleinbesitzer eingeschränkt. Die jungen Zuchtsäue werden im Winter für den eigenen Haushalt geschlachtet oder an den Markt gebracht. Und daher wird der größere Zutrieb solcher Tiere auf den Berliner Markt als sicherer Vorbote kommender Hausse angesehen. Ist dann im nächsten Jahre vielleicht der Futterertrag günstiger, so sind die Ferkel knapp und bedingen hohe Preise. Dadurch wird die Züchtung, wieder reichlichen Gewinn versprechend, stark ausgedehnt. Die frisch aufgezogenen Säue werden zwar schon im Alter von 8—9 Monaten zeugungsfähig; ehe aber von ihnen Ferkel geboren werden, und diese zu Faselschweinen heranwachsen und darauf schlachtreif gemacht werden, vergeht doch Jahr und Tag, so daß die stark wechselnde Produktivität dieser Klasse mit zwei fetten und zwei mageren Jahren, wie noch des Näheren zu besprechen sein wird, eine wohl begründete Erklärung findet. Der Schwerpunkt unserer heimischen Schweinehaltung beruht auf dem jährlichen Ernteausfall an Kartoffeln. Bei dem gegenwärtigen Schweinebestand von rund 22 Millionen Stück im Deutschen Reich entfallen nach einer normalen Ernte auf jedes Schwein etwa 9 Zentner Kartoffeln als eine ausreichende Jahresration. Geht die Ernte über das Normale hinaus, so wird mehr für gewerbliche Zwecke verwendet und mehr verfüttert. Der nun entstehende Schweineüberfluß drückt den Preis bis unter die Grenze der Produktionskosten herab und führt damit wieder zur Einschränkung der Produktion. Diese stärkere Anpassung der Schweinezucht und -haltung an die Konjunktur, der über die Hälfte unseres Schweinebestandes unterworfen ist, wird allerdings durch die stärkere Generationskraft der Schweine erleichtert. Da nämlich auf jede Zuchtsau jährlich zwei Würfe mit je 10 Ferkeln zu rechnen sind, so kann eine gute Konjunktur durch vermehrte Aufzucht noch immerhin einigermaßen ausgenutzt werden. Der Übelstand ist nur der, daß, während bei schlechter Konjunktur eine starke Einschränkung der Aufzucht eintritt, eine Ausdehnung derselben erst mit dem Eintritt einer reichlichen Ernte einsetzen kann. Die stärkere Nachfrage nach Jungvieh steigert natürlich dessen Preise, was aber in Anbetracht der hohen Schlachtviehpreise keineswegs hemmend auf die Schweinehaltung einwirkt. Der Übelstand ist dabei der, daß nach wenigen Monaten diese Tiere unter dem Druck vermehrten Angebots keine den Haltungskosten entsprechende Bewertung finden. Daher stehen infolge der Schwankungen der alljährlichen Futtererträge Produktionspreis und Verkaufspreis bei der Schweinehaltung nur in einem losen Zusammenhang.

Zu dieser Klasse von Schweinemästern, die dem zweijährigen Wechsel zwischen hohen und tiefen Preisen ausgesetzt sind, ist neben dem Kätner und Arbeiter der kleine Landwirt und teilweise auch der mittlere Grundbesitzer zu rechnen, da auch sie aus den entwickelten Gründen nicht anders handeln können, als bei schlechten Preisen die Schweinehaltung, die nicht mit Unrecht als eine Sparbüchse des kleinen Mannes bezeichnet wird, abzuschaffen, bezw. zu beschränken und erst mit guten Preisen wieder zu erweitern.

Die Betriebsform der zweiten Klasse ist überall da gegeben, wo die Mast rein fabrikationsmäßig unter dem Gesichtspunkte möglichster Arbeitssparung und Rohstoffausnützung betrieben wird, um die tierische Leistung zur höchsten Entfaltung zu bringen. In erster Linie kommt hierfür der mittlere und Großgrundbesitz in Frage. Zucht und Mast finden wir hier in der geschicktesten Weise verbunden. Der größere Landwirt kann die Organisation seiner Schweinehaltung auf dem Preisdurchschnitt basieren; er wird auch geschäftlich gut fahren, wenn er dieses tut. Im zweiten Jahre der schlechten Konjunktur beginnt er bereits seine Bestände an Ferkeln und Faseln stark zu vermehren, um eine spätere Ausdehnung des Mastbetriebes vorzubereiten. Er ist dann, wenn das dritte Jahr (also das erste Jahr der guten Konjunktur) einsetzt, einen angemessenen Vorteil mitzunehmen in der Lage und bewirkt durch diese ihm nützliche Taktik doch noch, daß die Preise nicht allzu rapide steigen. Andererseits muß er im zweiten Jahre der Hochkonjunktur vor deren Ablauf die Aufstellung junger Tiere (Ferkel und Fasel für das nächste Jahr) bereits rechtzeitig einschränken. Indem er sich damit beeilt, um nicht mit den fertigen Mastprodukten in die spätere Preisdepression hineinzugeraten, ist er imstande, einmal die durch den Ausfall der ersten Klasse hervorgerufene Hausse abzuschwächen und ebenso verhindern zu helfen, daß darauf eine zu starke Depression eintritt. Durch diese Art des Mastbetriebes wird also in der Depressionsperiode das zu starke Angebot vermindert, in der Hausseperiode das sonst zu schwache Angebot verstärkt, es wird also ein allen Beteiligten nützlicher Ausgleich der Preise in der Richtung einer mehr konstanten mittleren Linie bewirkt.

Diese mehr theoretische Rechnung leidet in der Praxis an dem Fehler, daß der Faktor der ersten Klasse stärker ist als der Faktor der zweiten Klasse. Wenn wir annehmen dürfen, daß neben dem im großbäuerlichen und Großgrundbesitz gegebenen Anteile des deutschen Schweinebestandes noch ein gut Teil auf den mittelbäuerlichen Höfen in der gleichen zweckmäßigen Weise gehalten wird, so ergibt sich eine Beeinflussungsgröße von etwa einem Drittel der Gesamtproduktion. Das reicht schon aus, um einen starken Einfluß in der erörterten Richtung auszuüben. Daß die Entwicklung nun in diesem Sinne Fortschritte gemacht hat, dafür spricht folgende Übersicht über die Verteilung der Schweinebestände in den Jahren 1895 und 1907 in den verschiedenen landwirtschaftlichen Betrieben. Die Zahlen beziehen sich auf den preußischen Staat, als das für den Berliner Markt in Frage kommende Versorgungsgebiet.

Betriebsfläche	1895				1907			
	Wirtschaftsfläche		Schweinebestand		Wirtschaftsfläche		Schweinebestand	
	überhaupt 1000 ha	v. H.	überhaupt 1000 St.	v. H.	überhaupt 1000 ha	v. H.	überhaupt 1000 St.	v. H.
Parzellenbetrieb, unter 2 ha	1 335	5	2480	27	1 393	5	3 150	25
Kleinbäuerlicher Betrieb, 2—5 ha	2 131	7½	1391	17	2 266	8	1 967	14
Mittelbäuerlicher Betrieb, 5—20 ha	6 667	22½	2468	27	7 739	27	4 089	33
Großbäuerlicher Betrieb, 20—100 ha	9 015	32	1824	21	8 823	31	2 607	20
Großgrundbesitz über 100 ha	9 332	33	692	8	8 292	29	1 100	8
Gesamtzahl	28 480	100	8855	100	28 513	100	12 913	100

An diesem Bilde tritt die hinreichend bekannte Erscheinung zutage, daß der mittelbäuerliche Besitz wie für die Viehhaltung im allgemeinen, so für die Schweinehaltung im besonderen entwicklungsfähig ist. Mit Ausnahme des Großgrundbesitzes haben die anderen Betriebe mit dem mittelbäuerlichen Besitz hinsichtlich der Entwicklung der Schweineproduktion nicht gleichen Schritt halten können. Die oben besprochene starke Schwankung im Kleinbetriebe läßt auch folgende Beobachtung erkennen: Im Jahre 1907 wurden in Preußen 15 070 311 Schweine insgesamt gezählt, die sich auf 3 044 484 Gehöfte, oder nach den selbständigen Haushaltungen gezählt, auf 3 789 277 Betriebe verteilten. Im Jahre 1908 war die Zahl der Schweine auf 13 423 739 zurückgegangen, d. h. um nahezu 1 1/2 Millionen. Die Gehöfte mit Viehbestand waren in derselben Zeit auf 2 602 921, die viehhaltenden Haushaltungen sogar auf 3 135 270 zurückgegangen. Während die ersteren um 400 000, haben die letzteren um nicht weniger als 650 000 abgenommen. Das läßt erkennen, daß der kleine Mann viel leichter geneigt ist seine Schweinehaltung einzuschränken. Die weitere Steigerung der Schweineproduktion wird sich also in der Weise entwickeln müssen, daß der mittelbäuerliche Betrieb mit der Verstärkung seiner Bestände fortfährt und durch genossenschaftlichen Zusammenschluß zum Zwecke einer Verbilligung und Verbesserung der Produktionsfaktoren auf der Grundlage von Dauerfutter, Rasseneinheit und -reinheit auch für die kleineren Betriebe günstigere Produktionsbedingungen schafft.

Auch der dritten Klasse wird die Hebung der Zuchtbestände und die gesicherte Gleichmäßigkeit der Futtervorräte in hohem Maße zugute kommen und damit eine wesentliche Verstärkung des preisnivellierenden Faktors herbeiführen. Es handelt sich hierbei um diejenigen Bestände, deren Haltungsart von der landwirtschaftlichen Betriebszählung nicht oder doch nur in geringem Maße berücksichtigt wird. Diese Mastanstalten verdanken ihr Entstehen dem Anwachsen der landwirtschaftlichen Großindustrie und sind insbesondere im Anschluß an die Molkereien, Käsereien, Brennereien, Zuckerfabriken usw. ins Leben gerufen; sie verwerten die zum Teil nährstoffreichen Nebenprodukte. Auf gleicher Grundlage steht die Mästerei als selbständiger Betrieb. Ihre Zahl vermehrt sich von Jahr zu Jahr. Bestände von 400—700 Stück und noch darüber liegen nicht selten in der Hand eines Unternehmers, welcher bei 4—6 monatlichem Umschlag jährlich mehrere tausend Tiere an den Markt abgeben kann. Im Jahre 1907 ging durch die Presse die Mitteilung, daß das Preußische Landwirtschaftsministerium eine Enquete zu veranstalten beabsichtigte, um den Umfang der selbständigen Mastbetriebe festzustellen. Von einer Durchführung derselben ist jedoch nichts bekannt geworden. Daß die Feststellung ihrer Zahl wünschenswert erscheint, läßt sich daraus ermessen, daß die Zahl der von dieser Klasse gemästeten Schweine mehrere Millionen alljährlich umfassen soll, ein Umstand, der bei einer Stetigkeit in der Ergänzung durch forcierte Aufzucht ganz besonders für die Stabilisierung der Viehpreise zu wirken verspricht.

Das Interesse dieser Mäster ist gerade darauf gerichtet, das Tier in möglichst vorteilhafter Form zum Verkauf herzurichten; die heutige Geschmacksrichtung kommt ihnen dabei entgegen. Man liebt eben frühreifes, nicht zu fettes Fleisch. Dieses ist für sie besonders vorteilhaft; denn in einem gewissen Stadium entspricht die Gewichtszunahme des Tieres nicht mehr der zur Ernährung derselben verfütterten Nahrungsmenge. Das Fleisch gewinnt dann mehr an innerer Qualität als das Tier an Gewicht, resp. das Verhältnis vom Lebendgewicht zum Schlachtgewicht (d. i. das Gewicht des Körpers nach Abzug der Schlachtabfälle) verschiebt sich. Das hat für den Mäster keinen Wert, denn er verkauft an den Händler nach Lebendgewicht.

Bei der Einstellung des Tiermaterials wird mit besonderem Geschick vorgegangen. Bereits angefleischte Tiere mit einem Gewicht von 60–100 Pfund werden als beste Futterverwerter zur Mast gestellt. Und während der Landwirt mehr oder weniger die Belegung seiner Mastställe den jeweiligen Futtervorräten oder der Marktkonjunktur anpaßt, wird in den reinen Mastbetrieben gleichmäßig produziert. Bei dem ständigen Wechsel der Preise für Faselschweine von 0,50—1,25 Mk. pro Alterswoche und bei der stetigen Verteuerung der Futtermittel, die gerade bei den hier in Frage kommenden Arten wie Kleie, Futterkuchen und -Mehle seit Anfang der 90er Jahre eine Steigerung von 20—50 % erfahren haben, bedarf es einer genauen Buchführung. Dieses ermöglicht wiederum eine scharfe Kalkulation, um die Erzeugungskosten für die marktfähige Ware festzustellen. Und da er außerdem einen auskömmlichen Unternehmergewinn erzielen will, wird er eine bestimmte Preisforderung stellen können, er muß dieses auch tun, um seinen Betrieb im vollen Umfange aufrechterhalten zu können. Dieser Umstand bildet für die allgemeine Marktlage ein preisbefestigendes Moment, das für die Preisentwicklung der letzten Jahre nicht unterschätzt werden darf.

Für die Preisbildung am Markte kommt dieser Faktor allerdings noch wenig zur Geltung. Dieses Gewerbe ist zwar in guter Entwicklung begriffen, aber zumeist abhängig und kann daher sein Interesse nicht voll ausnützen, da der Mäster in den meisten Fällen zu kapitalarm ist, deshalb mit Kredit arbeiten muß und gerade bei seinem wirtschaftlichen Gegner, bei dem Händler, große Geneigtheit findet, sich das Geld für das Futter und das Jungvieh vorstrecken zu lassen. Sein Einfluß kann heute noch sogar abschwächend wirken infolge der Tatsache, daß die Mastviehproduktion von der Produktion der Rohstoffe in vollem Umfange bei ihm abhängig ist. Daher hat er noch bei weitem mehr als die Mäster der beiden ersten Klassen unter den nach jeweiligem Ausfall der Futterernten eintretenden Preisschwankungen zu leiden.

Demgegenüber führt sich seit kurzem eine Maßnahme ein, die eine Milderung der Extreme, also eine Befestigung der Preise auf mittlerer Linie zu bewirken verspricht. In nächster Nähe von Berlin befindet sich nämlich eine größere Anzahl selbständiger Schweinemästereien, in deren Betrieben hauptsächlich die Speiseabfälle aus den Speisehäusern, Hotels, Krankenhäusern, Kasernen, überhaupt Küchen größerer Institute zur Verwendung kommen. Diese Futterquelle fließt gleichmäßig und ist auf festen Preisen basiert. 200—500 Schweine sind zuweilen in einer Hand, so daß mit Einschluß der kleineren Stallungen die Gesamtzahl auf über 25000 geschätzt wird. Es stellte sich dabei heraus, daß mit der Haltung von 30—40 Mastschweinen in der nächsten Umgebung von Berlin kleine Leute sich und ihre Familie ernähren konnten, wenn sie nicht besonderen Aufwand für das benötigte Grundstück und die Stallung zu verzinsen hatten. Für eine größere Anlage in Friedrichsfelde ist bei einem Einkaufspreise von $2^1/_2$ Pf. pro Liter Abfälle und Beigabe anderer Futtermittel eine besondere Rentabilität des Unternehmens nachgewiesen. Durch diese Tatsache ermutigt, ist man in Charlottenburg, das als Vorort von Berlin mit dem Berliner Fleischmarkte eng verbunden ist, dazu übergegangen, durch Trennung der Küchenabfälle von den anderen Bestandteilen des Hausmülls eine Verwertung derselben zur Schweinemast nutzbar zu machen. Der Probebetrieb der Charlottenburger Abfuhrgesellschaft mit Schweinemästung in eigener Regie hatte eine Verwertung pro Tonne der Küchenabfälle mit 26 Mk. erzielt, während bei dem direkten Verkauf nur 10 Mk. erzielt wurden. Die Jahr und Tag dauernde Fütterung hatte nach Dr. v. d. Linde 600 Haushaltungen der verschiedenen Volksschichten und im Durchschnitt der Jahreszeiten, in denen die Speiseabfälle selbstverständlich eine recht verschiedene Zusammensetzung besitzen, zur Verfügung. Die hierbei in Betracht kommenden Wohnungen bestanden aus:

35	mit	1	Zimmer	45	mit	6	Zimmern
147	„	2	„	21	„	7	„
165	„	3	„	41	„	8	„ und mehr,
77	„	4	„	35	Läden		
29	„	5	„	9	kleine Restaurants		

rund 600 Wohnungen.

Es hat sich nun ergeben: 7,5 Haushaltungen liefern reichlich Futter für ein Mastschwein bei 1,2 Pfund täglicher Zunahme. Die Speisereste einer durchschnittlichen städtischen Haushaltung entsprechen demnach einer jährlichen Produktion von $\frac{1{,}2 \times 360}{7{,}5} = 57{,}6$ Pfund Schweinelebendgewicht, und es ergibt sich — solches nur zu 40 Pf. pro Pfund angenommen (gegenwärtig etwa 14 Pf. mehr) — ein Wert der Abfälle für den einzelnen städtischen Haushalt mit 23 Mk., oder solche auf etwa 5 Personen angenommen, 4,50 Mk. pro Kopf der Bevölkerung. Bei einer täglichen Zunahme von nur einem Pfund Lebendgewicht pro Tier, welche für die Mehrzahl der Fälle das höchst Erreichbare im Durchschnitt sein wird, würde sich der Wert der Küchenabfälle auf 19 Mk. für den Haushalt ermäßigen und auch damit immer noch der höchsten ökonomischen Beachtung wert bleiben.

In ähnlicher Weise hat die Stadt Potsdam für die Verwertung der Abfälle durch Einführung des Dreiteilungsverfahrens gesorgt. Hier werden die Küchenabfälle an einen Einzelunternehmer verkauft, welcher in der Nähe der Stadt einen größeren Mastbetrieb unterhält. Auch in Rixdorf und Schöneberg ist man diesem Gedanken näher getreten. Die Stadt Berlin hat sich dafür entschieden, auf den städtischen Gütern die Schweinemast im weiteren Umfange zu betreiben und zwar unter Verwendung der Abfallstoffe aus den Küchen der kommunalen Anstalten. Die Verwertung der städtischen Küchenabfälle in frischem Zustande hat bisher in großen Mastanstalten wegen der damit verbundenen Krankheitsgefahren für große Tierbestände den Erwartungen nicht entsprochen. Man ist neuerdings dazu übergegangen, die in den Abfällen enthaltenen Futterstoffe in einen haltbaren Zustand überzuführen, um auf diese Weise ein hochwertiges Dauerfutter zu gewinnen. Würde diese Maßnahme seitens der Verwaltungen unserer Großstädte durchgeführt, so würden an der Peripherie derselben Mastanstalten mit tausenden von Tieren ständig unterhalten werden können. Damit würde zugleich das Problem einer ausreichenden Versorgung unserer deutschen Bevölkerung mit Fleisch seiner Lösung näher gebracht. Ist dieser Weg einmal beschritten, so würde Aufzucht und Mast in steigendem Maße voneinander getrennt werden. Die Aufzucht wird für den kleineren und mittleren Besitz vorherrschend bleiben, während die Vollmast, rein gewerbsmäßig und industriell betrieben, vornehmlich den kapitalkräftigen Großbetrieben überlassen bliebe.

2. Der Zwischenhandel.

a) Der Händler.

Je stärker der Berliner Markt im Laufe des vorigen Jahrhunderts die Produktivkraft des ihn mit Vieh versorgenden Hinterlandes in Anspruch nahm, um so mehr mußte sich dieses erweitern und damit die örtliche Berührung des Mästers mit dem Fleischer auf dem Markte zurücktreten. Mit der Höhe der Leistungsansprüche wuchs zugleich das Bestreben nach Arbeitsteilung. Die vermittelnden Zwischenglieder traten allmählich in einem Umfange auf, wie sie eben nur ein Markt wie Berlin ins Leben rufen kann. Heute hat der Mäster sein Vieh kaum bis zur Schlachtreife gebracht, da stellt sich auch schon der Abnehmer ein. Der Verkaufsabschluß vollzieht sich nun entweder pro Stück, indem beide Teile den Wert des Tieres nach Gesicht, d. h. nach der eigenen Anschauung, einschätzen und sich über den Preis im ganzen einigen, oder nach Lebendgewicht, indem der Preis für das Pfund Lebendgewicht als Gewichtseinheit zugrunde gelegt wird. Vielfach erscheint der Käufer schon früher im Stalle des Mästers und weiß diesen -- vielleicht hat er von dessen Kreditbedürfnis gehört oder er macht ihm ein verlockendes Angebot — zu veranlassen, ihm sein Vieh zu versprechen. Der Kauf wird zwar noch nicht abgeschlossen, wohl aber die Verpflichtung gegeben und genommen, das vorhandene Vieh bis zu einem noch zu bestimmenden Tage zu mästen. Es handelt sich hierbei also um die Einräumung eines Vorkaufsrechtes.

Der weit häufigste Fall des Viehverkehrs im Lande ist jedoch derart, daß statt des Händlers irgendein Aufkäufer, welcher für diesen, in dessen Dienst er verpflichtet ist, möglichst vorteilhaft einzukaufen sucht, und dessen größtes Vertrauen er genießt, von Ort zu Ort, von Hof zu Hof und von Stall zu Stall wandert, um die für seinen Herrn geeigneten Stücke Vieh aufzukaufen. Der Verkauf am Mastorte hat für den Verkäufer den großen Vorzug, daß er das Risiko des Transports nicht zu tragen hat. Ein Treiber besorgt dann das Überbringen von dem Ursprungsorte nach der nächsten Bahnstation, er besorgt die Verladung und begleitet die Tiere auch wohl bis zu ihrem Bestimmungsorte Berlin, wo er die Ausladung, ferner die Unterbringung in die Viehhofshallen und die Fütterung überwacht.

In Gegenden mit geringerer Viehhaltung bereist der mittlere und kleine Händler persönlich die Ortschaften, wo er bei den Dorfwirten oder von seinen Agenten im Nebengewerbe, die sich zum größten Teil aus Bierkutschern, Hausierern und Briefträgern rekrutieren, die nötige Auskunft über das Vorhandensein von schlachtreifem Vieh auf den einzelnen Höfen erhält. Auch kann ihnen der erste Verkäufer in der Regel über die Viehverhältnisse in der Nachbarschaft Bescheid geben. Eine größere Anzahl der aufgekauften Tiere wird sofort abgenommen, nach dem Bahnhofe in der Nähe getrieben und nach der Sammelstation verladen, von wo aus der Massentransport sich vorteilhafter gestaltet als derjenige in kleineren Posten.

Die Zeiten, wo der Händler unter Anwendung aller nur erdenklichen Kniffe den kleinen Mann ohne Rücksicht auf die jeweilige Marktlage das Vieh zu möglichst niedrigen Preisen abnehmen konnte, sind im großen und ganzen vorüber. Denn dieser hält heute mit geringer Ausnahme seine Zeitung und orientiert sich vor dem Verkauf genau über die am letzten Berliner Markttage gezahlten Preise. Er hat auch längst den Vorteil eines Verkaufs nach Lebendgewicht erkannt. Als Lebendgewicht gilt entweder das Gewicht, welches die Wage nach 12—14 stündiger Fastenzeit für das Verkaufsobjekt zeigt. Hierbei muß natürlich die Verpflichtung vorausgehen, von einer bestimmten Stunde ab, gewöhnlich von 6 Uhr abends bei Ablieferung am anderen Morgen, nicht mehr zu füttern. Oder es wird die Vereinbarung getroffen, daß für die aufgenommene Futtermenge ein Abzug von 3—5 % des Gewichts in Anrechnung gesetzt wird.

Vielfach ist es auch üblich, daß der Verkäufer das verkaufte Vieh auf Abruf, d. h. an dem Termine, dessen Bestimmung sich der Käufer vorbehalten hat, nach irgendeiner Bahnstation zu bringen, wo auch die anderen von dem Händler in derselben Gegend erworbenen Tiere, soweit er sie abgerufen hat, an einem bestimmten Tage zusammentreffen. Dort werden sie auf der Bahnhofs- oder Wirtshauswage gewogen. Das Wiegegeld im Betrage von 50 Pf. pro Stück geht in der Regel zu Lasten des Verkäufers. Dieser hat aber noch dazu den Verlust durch das Treiben zu tragen. Demgegenüber bietet der Verkauf ab Stall einen bedeutenden Vorteil.

Mit den größeren Mästern, soweit sie es nicht vorziehen, das Vieh auf eigene Hand an den Markt zu schicken, sucht sich der Händler in ein festes Lieferungsverhältnis zu setzen. Während der kleine Mäster den

Verkauf gegen bar bevorzugt und damit auf die etwaig eintretende günstigere Marktkonjunktur verzichtet, gehen jene mit mehr kaufmännischem Geschick vor. Sie verkaufen nach bestimmten Prozentsätzen der an dem nächsten Markttage in Berlin amtlich notierten Preise. Hierbei hat sich die seit Jahr und Tag getroffene Vereinbarung eingebürgert, daß als Preis entweder $^{7}/_{10}$ der höchsten Berliner Notiz mit einem Zuschlag von 1—2 Mk. oder 73—75 % der heute in der Klasse C verzeichneten Schweine gilt. Zeitlich oder örtlich vorherrschende Handelsgebräuche haben sich nicht feststellen lassen. Im allgemeinen entscheidet das persönliche Ermessen der Beteiligten. Man darf wohl sagen, daß der Händlerstand heute mehr und mehr jene Anrüchigkeit verliert, die ihm wohl nicht ganz mit Unrecht seit alters her anhaftete. Die Klagen der kleinen Mäster wegen Übervorteilung durch die Händler wollen zwar immer noch nicht verstummen, aber auch diese klagen darüber, daß eine Verständigung mit jenen nur nach langem Handeln möglich ist. Gegenüber den Vorwürfen, daß sie durch gegenseitiges Unterbieten die Preise zu drücken versuchen, weisen die Händler auf die stetig wachsende Konkurrenz untereinander hin. Der Händler ist allerdings dadurch im Vorteil, daß er sich auf die Schätzung der Qualität besser versteht; auch weiß er durch Nachgeben gegenüber der Forderung des Biergeldes für den Mann oder des beliebten Schürzengeldes für die Hausfrau in Höhe von 1—2 Mk. den Einheitspreis um 1—2 Pf. pro Pfund zu drücken und dadurch noch einen besonderen Vorteil für sich herauszuschlagen.

Welche Unkosten erwachsen nun an jedem Stück Vieh auf dieser ersten Stufe des Zwischenhandels? An sachlichen Kosten sind zunächst die Transportkosten zu tragen, dann die Kosten für den Begleiter, vielleicht auch Futterkosten, Streugeld, Versicherungsgebühren und etwaiger Schaden, der durch Umstehen einzelner Tiere entstehen kann. Nicht selten schwindet das Gewicht auf den häufig weiten Wegen bis zum Viehmarkte um 10—12 Pfund und mehr.

An Geschäftsspesen hat der Händler als feste Unkosten zu rechnen:

Eisenbahnfrachtkosten auf eine Entfernung

von	100 km	35—45	Schweine	in 1 Waggon	. . . 45,20	Mk.
„	100 „	70—90	„	„ 1 Etagenwagen	. . 55,10	„
„	100 „	110—125	„	„ 1 „	. . 73,50	„
„	300 „	110—125	„	„ 1 „	. . 164,60	„

also durchschnittlich 50—60 Pf. pro Stück auf 100 km. Dieser Frachtsatz steigert sich mit der Entfernung und beträgt, vom Zentrum des

Versorgungsgebietes (350 km im Umkreise von Berlin) aus berechnet, 1,50—1,75 Mk. Hierbei handelt es sich um Abnahme loco Versandstation, während bei der vom Verkäufer mehr betriebenen Abnahme loco Hof weitere Unkosten in Rechnung zu setzen sind. In diesem Falle hat der Händler auch die Anfuhr nach der Versandstation, die Verladung daselbst und die dabei notwendigen Trinkgelder auf sich zu nehmen.

Für diese Art der Geschäftsabschlüsse sind an festen Unkosten zu rechnen:

Frachtkosten	0,60	bis	1,50	Mk.
Standgeld	0,50			„
An Treiberlohn, erster Tag . .	0,35	„	0,90	„
ev. zweiter Tag	(0,55)			
Transportversicherung $1/8$—$1/2$ % .	0,30	„	0,90	„
Fütterung	0,75			„
Provision	1,20			„
Geschäftsspesen 1910 =	3,80	bis	5,85	Mk.
sie sollen gegenüber 1895 mit	2,75	„	4,75	„

durchschnittlich um 1,10 Mk. gewachsen sein.

b) Der Kommissionär.

Auf dem Berliner Markte sind die Verhältnisse nun im Laufe der Jahre so kompliziert geworden, daß der Viehhändler und der Schlächter nicht mehr mit Bestimmtheit darauf rechnen können, sich auf dem Markte zu treffen. Auch kennen sie sich einander und die gegenseitige Zuverlässigkeit und Kreditwürdigkeit bei der beiderseitig großen Zahl nicht mehr genügend. Da schieben sich Verkaufsvermittler, die Kommissionäre, zwischen Viehhändler und Schlächter. „Der Kommissionär im Viehhandel gehört zu der allgemeinen Gruppe der Verkaufsvermittler, welche überall da auftreten, wo der Verkehr zu verwickelt geworden ist, um den Parteien den nötigen Überblick über den gesamten Verkehr zu lassen. In ihrer Persönlichkeit finden Angebot und Nachfrage den erwünschten Ruhepunkt, und ihre spezialisierte Orts- und Sachkenntnis sichert dem Umsatz die erforderliche Stabilität und Präzision. Das eigentümliche Wesen des Vermittlers ist, daß er auf einem bestimmten Markte den Umsatz gegen bestimmte Abgaben, Kommissionsgebühren, bewerkstelligen hilft, ohne eigene Geschäfte zu treiben, ohne nach einer der beiden Seiten hin ein stärkeres Interesse zu empfinden [1]." In dieser an sich sehr nützlichen Eigenschaft

[1] von Halle, Die Organisation des Berliner Vieh- und Fleischmarktes, S. 65.

würde er zweckentsprechend wirken; aber eine üble Verbindung von Kreditgeschäften mit dem Kommissionshandel war schon im Keime gegeben. Als der erste Kommissionär am Berliner Markte trat ein aus der Mitte der märkischen Händler gewählter Vertrauensmann als Vertreter auf, um ständig am Markte für deren Interessen wirken zu können, selbst ein Händler, der naturgemäß die Interessen seiner Genossen vertrat und so dem Kommissionsgeschäft von vornherein das Gepräge eines reinen Handelsgeschäftes gab. Dieses gab weiter kapitalkräftigen Händlern den Anreiz, das gleiche auf eigene Faust zu unternehmen. War man anfangs von seiten der mehr und mehr zunehmenden Kommissionäre bemüht, lokale Abgrenzungen für den Kommissionshandel maßgebend zu machen, so brachte es doch bald die leidige Konkurrenz dahin, daß man die einzelnen Händler, gleichviel aus welcher Provinz, mit sich zu liieren suchte. Der Kommissionär mußte bald Viehhändler und Schlächter, welche von ihm Kredit empfangen hatten, in ständiger Abhängigkeit von sich zu halten. Daß sich dieses zuungunsten der allseitigen Interessen entwickeln mußte, zeigen folgende Tatsachen.

Hat nämlich ein Aufkäufer oder Treiber einige Jahre hindurch glücklich für einen Händler operiert, so wächst in ihm die Selbständigkeitssucht. In dem Kommissionär am Berliner Markte findet er einen hilfsbereiten Geldmann. Ein Vorschuß von 10 000, ja bis 20 000 Mk. ermöglichen es ihm nun, den Handel auf eigene Faust zu versuchen. Da der Kredit nur als ein kurzfristiger zu betrachten ist, wird er bestrebt sein müssen, das aufgenommene Kapital mindestens einmal wöchentlich umzuschlagen, er muß also stets einen entsprechenden Posten Vieh an den Markt zu bringen suchen. Trotzdem ihn der Kommissionär ständig über die Marktlage auf dem Laufenden hält, bleibt es nicht aus, daß er beim Einkauf zu hohe Preise bewilligt und infolgedessen auf dem nächsten Markte mit Verlust abschneidet. Den Ausfall hofft er natürlich in der nächsten Woche wieder zu ergänzen. Da eine fallende Konjunktur sich nicht immer voraussehen läßt, können die erwarteten Einnahmen wieder um Hunderte zurückbleiben. Der Händler im Lande muß gewissermaßen immer auf steigende Preise am Markte spekulieren. Hat er nun Glück, so wird er sich auf die Dauer über Wasser halten können; es soll aber die Regel sein, daß es ihm nicht gelingt, wieder hoch zu kommen. Der Kommissionär wird schließlich zurückhaltender mit seinen Vorschüssen und, da er auf dem Lande nur gegen bar einkaufen kann, werden seine Anlieferungen an den Markt immer kleiner. Schließlich muß er auch seine Selbständigkeit wieder an den Nagel hängen. Inzwischen hat der Kom=

missionär Gelegenheit gehabt, aus den Provisionen und Zinsen das vorgestreckte Geld wieder an sich zu bringen. Auf der anderen Seite sehen wir das gleiche Spiel.

Nach einer mündlichen Überlieferung soll es der Kommissionär gewesen sein, der das Engros-Schlächtergewerbe ins Leben gerufen hat. Angesichts der wachsenden Gefahr von Verlusten, welche ihm auf der einen Seite mit der Zunahme der Auftriebsziffern durch Uberstände, auf der anderen Seite mit der Zunahme der Käufer durch vermehrte Kreditoperationen drohten, sah sich der Kommissionär dazu gezwungen, sich nach Abnehmern von größeren Posten umzusehen. Zuerst einen, dann mehrere ihm als tüchtig bekannte Schlächtergesellen wußte er unter Eröffnung eines 8—14 tägigen Kredits zu veranlassen, ihm die schwer verkäuflichen Stücke abzunehmen, sie auszuschlachten und das Fleisch in der Engros-Markthalle oder an die Ladenschlächter loszuschlagen. Aus diesem Grunde sieht man heute kaum eine alte Schlächterfamilie in dem Stande der Engros-Schlächter vertreten, sondern immer nur Leute, die aus dem Gesellenstande hervorgegangen sind, und von denen sich auch nur ein Teil dank einer ausgezeichneten Geschäftsroutine ein Vermögen zu erwerben verstanden hat.

Da die Käufer am Berliner Markte gewohnheitsmäßig einen Kredit von 8—14 Tagen und noch länger in Anspruch nehmen, ist der Kommissionär genötigt, ein größeres Betriebskapital im Umlauf zu halten. Er ist also nicht Verkaufskommissionär im technischen Sinne; denn er übernimmt auch das Delkredere, indem er dem Händler resp. Landwirt sogleich nach Abschluß des Geschäfts den Kaufpreis auszahlt, während er beim Käufer eine Bezahlung gegen bar nicht findet. Verlustreiche Jahre haben auch einen Teil der früher selbständigen Händler in Abhängigkeit gebracht. Ein ständiges Kreditkonto von 50 000—75 000 Mk. beim Kommissionär soll nicht zu den Seltenheiten gehören.

Sinkende Preise sind für die Marktverkäufer, zumal wenn sie — wie immer mehr üblich — Lieferungskäufe mit längerer Frist in den Ställen der Mäster abschließen, stets verhängnisvoll, da sie meist Preise bewilligen, welche nur bei steigender Konjunktur einzubringen sind. Bei solchen Verlusten ist es wohl erklärlich, daß die Zahl der Händler, welche nur mit eigenen Mitteln und ohne Vorschüsse der Kommissionäre Vieh kaufen, immer mehr zurückgeht. Und dennoch, um nicht die Kundschaft zu verlieren, bewilligt man in der Besorgnis, ein Konkurrent möchte mehr bieten. Diesem Umstande ist es auch zu verdanken, daß die Zahl der Landwirte, welche unter Umgehung des Handels und der Terminverkäufe ihr Vieh direkt an den Markt bringen, sehr gering geworden ist. Zudem findet der Teil der Mäster, der des Vorschusses bedarf, und sei es auch nur zum Ankauf von Magervieh, durch die Hand des Händlers einen billigen Kredit, der natürlich in dem Bureau des Kommissionärs realisiert wird. Daß dabei trotz aller Vorsicht größere Verluste für den Kommissionär unvermeidlich sind, unterliegt daher keinem Zweifel. Aus diesem Geschäftsgebaren erklärt sich auch die Höhe der Provisionsgebühr von 1 1/2 %. Gegenüber einigen Großhändlern, welche im Jahre 100 000 und mehr Stück Vieh umsetzen und außerdem einen Kredit nicht in Anspruch nehmen, ist die Gebühr auf 1 % ermäßigt.

Im Rechnungsjahre 1909/10 wurden durch die Kommissionäre 1 290 948 Schweine verkauft, die bei einem Durchschnittsgewicht von 106,3 kg und einem geschätzten Durchschnittswerte von 114 Mk. pro Stück einen Gesamtwert von 147 Mill. Mk. umfaßten. Demnach sind allein aus dem Schweinehandel über 2 Mill. Mk. in die Kassen der Kommissionäre geflossen. Dieser Ertrag ist jedoch nur ein augenscheinlicher. In Wahrheit wird er nur die Hälfte betragen. Bei den hohen Kreditansprüchen von seiten der Käufer wie Verkäufer wird der Kommissionär sein Betriebskapital höchstens 25 mal im Jahre umsetzen können, was immerhin einer Verzinsung von 35—40 % desselben entspräche.

Dabei ist zu beachten, daß auch auf der anderen Seite die Engros-Schlächter häufige Einbußen durch Zahlungseinstellungen der Fleischer, die ihren Bedarf ebenfalls bei diesen auf 8—30 tägigem Kredit decken, unterliegen. In letzter Zeit haben nicht weniger als 4 Engros-Schlächtereien ihren Betrieb eingestellt, wobei Forderungen von mehreren Hunderttausenden ausfielen, welche den Kommissionären verloren gingen. Auch beanspruchen den Kredit nicht selten Großexporteure, die sich mitunter auch verrechnen.

So verfolgt den Käufer am Markte das gleiche Schicksal wie den Händler. Auch er muß kaufen, nicht immer, um den voraussichtlichen Bedarf seiner Kundschaft zu decken, sondern um seinem Kreditgeber am nächsten Zahltage aus dem Erlös der heute gekauften Tiere den Schuldbetrag aus der Vorwoche überbringen zu können. Lassen ihn nun seinerseits die Schuldner im Stich oder ist die Marktlage für Fleisch eine gedrückte, so sieht er einen Ausweg in der Übernahme eines größeren Postens. Das Loch, welches er graben muß, um das frühere auszufüllen, wird immer größer, bis der Kommissionär die Sachlage erkennt und ihm weiteren Kredit versagt. Auf einige Zeit verschwindet dann dieser Käufer vom Markte, um eines Tages im Besitz von etwa 1000 Mk., die er angeblich von Verwandten oder Gönnern erhalten hat, wieder zu erscheinen.

In den ersten Wochen kauft er nur gegen bar. Schließlich erhält er aber doch wieder Kredit, indem ihm der Kommissionär eine ganze Partie überläßt, die er nicht voll bezahlen kann. Das Spiel beginnt von neuem. Über die persönlichen und geschäftlichen Verhältnisse sucht sich der Gläubiger durch seine persönlichen Beziehungen zu dem Bekanntenkreise des Schuldners nach Möglichkeit auf dem Laufenden zu halten. Auch stehen sie untereinander soweit in Verbindung, daß eine Verständigung darüber möglich ist.

Diese Vorgänge spielen sich ab, ohne selbst den Näherstehenden bekannt zu werden. In keinem Fall wird jemals der Kommissionär über seine Geschäftsverhältnisse etwas verlauten lassen. Bis auf die wenigen Käufer, welche ständig bar bezahlen und daher Bewegungsfreiheit und die Kraft haben, die Forderung zu unterbieten, ist der Kundenkreis stets derselbe. Wird vom Käufer ein exorbitanter Preis gefordert, so merkt er sofort, daß sein Kreditkonto gesperrt ist. Er muß den Markt verlassen, ist er nicht imstande, seine Verpflichtungen zu lösen; denn er weiß, daß es ihm an den anderen Ständen ebenso ergehen wird.

Bei diesen ständig drohenden Verlusten erscheinen daher die angegebenen Bruttogewinne nicht übertrieben und die Kommissionäre wehren sich auch wohl nicht mit Unrecht gegen die Unterstellungen eines übermäßig hohen Verdienstes. Will man eine Verbilligung der Spesen durchführen, so wird man vor allem auf eine Änderung der ungesunden Kreditzustände zu trachten haben. „Bei uns erhält das Publikum vom Detail-Händler, dieser vom Großschlächter, der wiederum vom Kommissionär Kredit, und so geht es weiter zum Schaden des Produzenten und mit geringeren Ausnahmen wieder des Konsumenten, der in erhöhtem Kaufpreise eine Versicherungsprämie an den Zwischenhändler für dessen erlittene oder noch bevorstehende Verluste aus diesem System bewilligen muß. Der Zwischenhandel ist unter den heutigen Verhältnissen ein notwendiges Übel. Zweckmäßig organisiert, müßte es aber so wenig Glieder als möglich aufweisen, da mit jedem neuen Gliede eine neue Menschengruppe auftritt, die aus dem betreffenden Umsatz Ernährung und Gewinn ziehen will, was der Konsument tragen muß." Dieses schrieb von Halle[1] im Jahre 1891; inzwischen haben sich die Verhältnisse nicht gebessert.

Der Schweinehandel am Markte liegt in den Händen von 33 Kommissionsfirmen, welche jährlich je 10—100 000 Tiere umsetzen. Entsprechend der Größe des Umsatzes stehen den Firmeninhabern auf dem Markte 1—4

[1] a. a. O. S. 67.

Verkäufer zur Seite. Sie beziehen ein Jahresgehalt von 3000—6000 Mk. und übernehmen dafür in einigen Fällen auch den Einkauf im Lande (siehe Tabelle I auf Seite 38). An weiterem Hilfspersonal spielen die Treiber bei dem Viehhandel eine Rolle. Sie zerfallen in Obertreiber und Treiber. Unter ersteren — für den Schweinemarkt kommen etwa 40 in Betracht — versteht man diejenigen Treiber, welche das Gewerbe selbständig und, ohne in jemandes Dienst zu stehen, gegen Stücklohn betreiben, bzw. als Arbeitgeber Gehilfen — je etwa 6—8 — gegen Wochenlohn beschäftigen. Die Aufgabe der Obertreiber besteht darin, die Tiere bei der Ankunft in Empfang zu nehmen, seinen Auftraggeber bei der Sortierung nach den einzelnen Qualitätsklassen zu unterstützen und sie dann gruppenweise zu 20—25 Stück in die für sie bestimmten Buchten treiben zu lassen. Sie werden dafür mit 30 Pf. pro Stück bezahlt. 25 Pf. erhält er in bar ausgezahlt und 5 Pf. bleiben im Kontor als Kaution, da er für jeden Schaden durch Verlust oder Unfall des Viehes aufkommen muß. Er hat weiter auch den Kommissionär beim Verkauf zu unterstützen und die Übergabe der Tiere an der Wage vorzunehmen. Bei ihrer geringen Zahl ist ihr Verdienst sehr groß, so daß in Berliner Fleischerkreisen die Redensart: „Schweinetreiber mit Ministergehalt" sprichwörtlich geworden ist.

3. Der Schlachtviehmarkt.

a) Berlin als Schweinemarkt.

Der Verkehr mit lebendem Schlachtvieh vollzieht sich heute in Berlin lediglich auf dem Zentralviehhof, welcher seit dem Jahre 1881 besteht und im Nordosten der Stadt gelegen ist. Es ist naturgemäß, daß der Berliner Markt mit der durch die Größe der Stadt gesicherten Konsumtion eine starke Anziehungskraft auf das Angebot des ganzen Landes ausüben muß. Die Folge davon ist, daß derselbe auch von der Nachfrage entfernt liegender Gegenden als Mittelort für eine bequeme Versorgung, als Ort, an welchem man stets sicher sein kann, die gewünschte Ware unter dem massenhaften Angebot vorzufinden, sehr stark beherrscht wird.

Die Tabelle II gibt ein Zeugnis von der zunehmenden Bedeutung des Marktes nicht nur für die Versorgung der Reichshauptstadt allein, sondern auch für den Export nach anderen Teilen Deutschlands. Die Tabelle III gibt einen Überblick über das Ursprungs- und Versandgebiet und die Entwicklung ihres Viehverkehrs mit dem Berliner Markt.

Da die Zahlen aus der von den deutschen Eisenbahn-Verwaltungen

Tabelle I. **Die Kommissionsfirmen, ihre Verkäufer und Verkaufszahl während der 4 Quartale des Jahres 1909.**

Monat	Arnd & Co.	Berl. Viehkomm. und Wechselbank	Blaubach & Moll	Brüser & Willmann	W. Chestaedt & Co.	Ad. Fröhlich	H. Fuhrmann	Graul, Stünkel & Eisermann	L. Haupt	Hedtke & Wendt	C. Hippe & Co.	Salm & Westphal
I—III	3842	33 359	8949	4896	9321	3158	15 872	10 085	4351	5931	7661	3569
IV—VI	3562	35 557	9908	3494	8294	3469	18 779	9 382	3551	6699	9377	3575
VII—IX	3879	32 149	9132	2692	8953	2574	15 728	8 436	3599	4717	9097	2370
X—XII	3041	36 099	9654	3485	9940	2667	16 783	8 291	3843	6289	7430	3306
Verkäufer	Beide Inh.	5	1	1	2	1	3	2	1	1	Beide Inh.	1

Monat	W. Kailer	Klocke & Wothge	Aug. Krebs	Landw. Bank-Inst. Albert Weiß	Gebr. Lauermeier	A. Lehmann & Philipp	H. Mittenzweig	Schelsky & Müller	H. Schneeweiß	Carl Schultze	G. Schultze & Co.	Siebert & Stünkel
I—III	4862	10 224	15 156	2734	9856	5866	13 369	17 924	7362	5409	3522	8 564
IV—VI	6181	9 634	14 680	3668	8719	7996	16 294	18 575	6725	5399	3073	10637
VII—IX	4532	6 139	11 651	2676	8702	6615	14 686	15 299	6542	4253	2229	7 751
X—XII	4284	8 344	16 496	3250	8646	6169	16 573	16 409	6543	7062	1968	10074
Verkäufer	1	2	4	1	2	2	2	1	1	1	2	1

Monat	G. Spielberg & Co.	C. Spohnholz & Co.	F. Staerke & Co.	Edm. Steeger & Co.	Tscheck & Zimmermann	C. Wagener & Co	F. Wermann	F. W. Zink & Sohn	Zink & Inlow	Ohne Kommissionäre verk.	Summa
I—III	12 263	13 811	5892	6972	4520	10 168	19 938	17 700	8 820	1200	317 126
IV—VI	12 104	14 162	5538	9128	4509	10 905	20 012	19 356	10 302	32	333 592
VII—IX	11 038	13 878	4498	7439	3594	10 459	18 499	19 634	13 315	116	298 326
X—XII	10 320	14 933	5286	7061	4619	12 833	23 015	27 769	9 352	127	335 916
Verkäufer	1	1	1	1	1	4	2	2	1	—	

herausgegebenen statistischen „Übersicht über die Güterbewegung auf den deutschen Eisenbahnen" entnommen sind, so können sie nicht für die Fleischversorgung von Berlin im engeren Sinne in Frage kommen, da auch das für den Magerviehhof und die Viehausstellungen bestimmte Zucht- und Jungvieh sich darunter befindet. Nicht selten ist auch Vieh darunter, welches, ohne den Markt zu berühren, über Berlin geführt wird. Immerhin geben die Daten einen schätzbaren Überblick für die Frage woher? und wohin? hinsichtlich des Berliner Viehverkehrs. Die nordöstlichen Provinzen kommen danach für die Versorgung im überwiegenden Maße und nebeneinander fast gleichmäßig in Betracht. Berlin als Bezugsmarkt nehmen vornehmlich die Industriebezirke in Schlesien, Sachsen, Rheinland und Westfalen in Anspruch. Für Brandenburg ist er gewissermaßen der

Tabelle II.

(Nach den Verwaltungsberichten der Stadt Berlin.)

Etatsjahr	Auftrieb	Export	Schlachtung
1881/1882	400 573	112 093	288 480
1882/1883	408 682	116 000	292 682
1883/1884	422 278	104 500	318 228
1884/1885	434 939	89 000	345 939
1885/1886	457 375	81 799	375 576
1886/1887	508 831	101 047	407 784
1887/1888	591 757	129 925	461 832
1888/1889	625 552	125 253	479 124
1889/1890	600 273	146 428	442 115
1890/1891	604 300	131 441	472 859
1891/1892	675 986	145 435	530 551
1892/1893	630 647	99 030	518 073
1893/1894	707 646	150 073	557 573
1894/1895	678 397	112 574	579 367
1895/1896	819 754	191 933	627 821
1896/1897	894 885	200 715	694 170
1897/1898	856 859	195 691	657 659
1898/1899	832 178	172 625	659 553
1899/1900	921 230	169 609	741 889
1900/1901	1 004 552	167 377	837 175
1901/1902	917 832	145 515	773 513
1902/1903	910 121	138 843	778 538
1903/1904	1 144 428	188 662	950 986
1904/1905	1 205 723	201 945	1 008 257
1905/1906	1 133 521	197 378	932 119
1906/1907	1 244 142	226 562	1 018 693
1907/1908	1 398 275	235 986	1 165 231
1908/1909	1 312 969	206 746	1 100 647
1909/1910	1 291 223	194 907	1 102 210

Tabelle III.

Nr.	Bezeichnung des Verkehrsbezirks	1896 Empfang	1896 Versand	1897 Empfang	1897 Versand	1898 Empfang	1898 Versand
1.	Ost- und Westpreußen	379 069	—	387 652	—	359 526	61
2.	Ost- und westpr. Häfen	17 371	—	17 215	—	13 993	—
3.	Provinz Pommern .	367 884	4	344 820	5	309 599	364
4.	Pommersche Häfen .	29 881	83	29 634	53	28 189	73
5.	Mecklenburg-Schwer. und Strelitz . . .	62 567	286	59 932	183	59 436	1 270
6.	Häfen Rostock bis Flensburg	4 963	—	5 560	—	3 298	199
7.	Provinz Schleswig-Holstein.	517	—	754	7	77	110
8.	Elbhäfen	2 524	—	254	553	794	—
9.	Weserhäfen	202	216	—	—	417	76
10.	Emshäfen	13	—	—	—	—	—
11.	Hannov., Oldenb. usw.	30 461	2 840	18 273	3 997	35 039	829
12.	Provinz Posen . . .	99 640	141	138 429	304	103 407	900
13.	Regierungsbz. Oppeln	—	507	41	30	254	155
14.	Stadt Breslau . . .	—	34	304	—	251	—
15.	Regierungsbeze. Breslau und Liegnitz .	363	6 027	1 114	2 581	103	295
16.	Provinz Brandenburg	118 929	110 752	119 340	108 223	111 572	121 458
17.	Regierungsbz. Magdeburg und Anhalt .	3 398	10 774	2 502	12 585	6 438	6 444
18.	Regbze. Merseburg u. Erfurt u. Thüringen	554	59 620	400	41 714	73	12 462
19.	Königreich Sachsen .	—	138 755	323	132 169	29	118 105
20.	Hessen-Nassau und Oberhessen. . . .	—	3 458	—	3 599	—	2 415
21.	Ruhrrevier (Westfal.)	—	2 514	—	7 742	—	220
22.	Ruhrrevier (Rheinpr.)	84	4 020	—	6 816	75	877
23.	Prov. Westfalen usw.	25 289	89	9 052	2 027	14 578	253
24.	Rheinprovinz rechts des Rheins. . . .	—	—	—	85	—	—
25.	Rheinprovinz links des Rheins. . . .	—	478	—	1 445	—	175
26.	Saarrevier usw. . .	16	—	—	—	—	253
27.	Rheinhäfenstationen.	—	—	—	424	—	76
28.	Lothringen.	—	—	—	—	—	—
29.	Elsaß	—	106	—	—	—	—
30.	Bayrische Pfalz . .	—	—	—	174	—	376
31.	Großherzogt. Hessen .	—	86	—	994	—	423
32.	Großherzogt. Baden .	—	176	—	82	—	—
33.	Mannheim und Ludwigshafen	—	124	—	1 933	—	2 403
34.	Württemberg und Hohenzollern . . .	—	—	—	—	—	—
35.	Königreich Bayern rechts des Rheins.	2	32 782	20	65 073	—	64 492
36.	Zusammen	1 161 227	373 872	1 161 727	392 708	1 047 148	335 255

1899		1900		1901		1902	
Empfang	Versand	Empfang	Versand	Empfang	Versand	Empfang	Versand
361 240	55	363 541	—	363 102	176	400 440	376
11 182	—	7 622	102	6 311	—	11 702	—
342 676	588	349 861	825	343 094	2 131	313 012	1 504
24 477	163	23 161	67	28 447	73	26 669	144
61 603	411	63 010	429	61 378	1 253	55 454	1 974
2 637	1	2 852	—	3 988	—	2 561	—
2 845	—	137	—	938	—	4 720	—
917	94	704	281	395	—	479	35
823	—	1 219	449	549	259	286	—
141	—	—	—	—	—	—	—
40 671	509	30 554	1 006	20 234	2 308	39 373	1 111
102 604	46	175 168	471	105 093	927	92 863	2 041
134	1 249	—	1 665	46	88	231	154
—	46	—	—	—	—	24	2
999	17 167	938	2 937	476	10 545	1 690	1 447
122 296	120 926	137 967	123 948	122 191	98 089	111 219	113 410
10 729	1 563	9 580	3 997	20 432	6 417	10 164	4 606
27	14 772	213	14 968	—	11 808	61	12 600
—	105 249	3	84 624	—	78 467	4	90 793
—	3 531	—	1 097	—	2 064	—	40
—	2 194	—	1 318	—	2 904	—	1 443
42	1 578	—	2 875	—	2 512	—	1 307
27 156	199	24 232	754	18 244	942	18 575	75
—	—	—	—	—	—	—	—
—	61	—	823	—	1 837	—	561
—	74	—	—	—	572	—	152
—	2 249	—	3 699	—	720	—	233
—	80	—	—	—	—	—	—
—	—	—	200	—	180	—	88
—	—	—	—	—	200	—	—
—	607	—	354	—	159	—	—
—	443	—	1 233	—	2 097	—	—
—	2 559	—	1 902	—	3 574	—	988
—	—	—	125	—	90	—	—
—	72 002	5	59 255	—	37 707	—	25 092
1 132 269	353 644	1 191 307	309 404	1 095 118	268 099	1 088 977	260 176

Tabelle III (Fortsetzung).

Nr.	Bezeichnung des Verkehrsbezirks	1903		1904		1905	
		Empfang	Versand	Empfang	Versand	Empfang	Versand
1.	Ost- und Westpreußen	391 742	110	321 672	—	345 494	—
2.	Ost- und westpr. Häfen	9 492	—	2 180	—	4 357	—
3.	Provinz Pommern .	361 876	815	430 818	23	400 064	5
4.	Pommersche Häfen .	18 951	106	27 964	188	33 713	80
5.	Mecklenburg-Schwer. und Strelitz . . .	65 434	231	71 437	56	70 478	231
6.	Häfen Rostock bis Flensburg	1 776	—	2 376	—	4 334	—
7.	Provinz Schleswig-Holstein	8 393	—	2 753	—	6 889	—
8.	Elbhäfen	822	161	194	307	134	—
9.	Weserhäfen	—	314	817	76	501	—
10.	Emshäfen	—	—	—	—	—	—
11.	Hannov., Oldenb. usw.	21 551	286	22 906	376	9 291	1 187
12.	Provinz Posen . . .	145 219	852	152 326	3	137 639	22
13.	Regierungsbz. Oppeln	105	2 386	50	5 309	93	3 488
14.	Stadt Breslau . . .	542	—	—	55	—	20
15.	Regierungsbeze. Breslau und Liegnitz .	2 271	1 258	1 867	202	1 677	1 484
16.	Provinz Brandenburg	122 527	76 574	153 767	36 632	134 052	52 532
17.	Regierungsbz. Magdeburg und Anhalt.	7 640	5 670	15 021	1 781	11 106	1 670
18.	Regbze. Merseburg u. Erfurt u. Thüringen	226	12 611	214	1 908	71	3 202
19.	Königreich Sachsen .	239	68 692	15	33 534	6	30 655
20.	Hessen-Nassau und Oberhessen. . . .	—	534	60	175	11	260
21.	Ruhrrevier (Westfal.)	3	1 572	188	3 554	120	313
22.	Ruhrrevier (Rheinpr.)	—	1 284	64	1 499	—	786
23.	Prov. Westfalen usw.	29 405	458	9 339	756	11 269	236
24.	Rheinprovinz rechts des Rheins. . . .	—	381	—	—	—	—
25.	Rheinprovinz links des Rheins. . . .	—	304	—	1 149	—	647
26.	Saarrevier usw. . .	—	762	—	1 940	—	250
27.	Rheinhäfenstationen .	—	327	—	1 860	—	733
28.	Lothringen.	—	—	—	—	—	—
29.	Elsaß	—	1 648	—	5 470	—	1 201
30.	Bayrische Pfalz . .	—	84	—	164	—	—
31.	Großherzogt. Hessen .	—	417	—	276	—	—
32.	Großherzogt. Baden .	—	245	—	993	—	—
33.	Mannheim und Ludwigshafen	—	1 228	—	1 624	—	63
34.	Württemberg und Hohenzollern. . .	—	—	72	924	—	—
35.	Königreich Bayern rechts des Rheins.	—	28 153	2	9 438	—	—
36.	Zusammen.	1 188 214	207 483	1 216 102	110 328	1 171 362	99 185

1906		1907		1908		1909	
Empfang	Versand	Empfang	Versand	Empfang	Versand	Empfang	Versand
359 865	37	389 875	4	356 122	10	332 002	—
6 152	63	3 931	—	2 314	2	4 489	—
380 620	12	419 835	—	421 826	11	391 388	80
29 773	4	38 316	35	37 437	25	33 804	—
57 153	40	64 714	4	80 648	—	72 351	—
3 078	—	2 813	—	5 182	—	5 480	11
23 982	457	18 084	—	24 774	1	48 473	69
1 350	—	16 054	4	2 257	—	1 955	1
550	171	1 632	—	444	—	524	—
—	—	—	—	482	—	36	—
7 088	486	8 583	124	8 409	630	7 764	1 832
163 917	—	210 316	22	155 911	2	192 846	8
562	9	160	5 040	195	1 379	97	50
1 373	—	261	—	62	—	—	30
5 500	104	5 753	371	3 833	81	2 376	491
128 532	42 586	153 282	50 831	141 375	49 273	140 703	50 219
9 436	3 514	10 909	1 984	15 283	739	16 490	568
255	5 067	593	6 577	210	7 469	149	3 547
314	25 961	542	17 280	—	1 537	5	7 352
—	633	1	911	2	285	9	62
132	2 281	14	1 913	1	700	—	313
751	1 086	—	1 954	—	522	335	598
14 036	639	14	95	1 956	207	1 577	20
—	—	—	—	—	—	—	—
—	477	—	991	—	191	—	92
—	286	—	2 210	—	339	—	258
—	2 646	—	2 451	—	892	75	183
—	80	—	—	—	—	—	309
—	1 816	—	8 569	—	3 666	—	1 488
—	—	—	—	—	94	—	—
12	1 093	—	783	—	279	—	100
—	150	—	1 786	—	1 238	—	—
—	586	—	2 053	—	734	—	260
—	368	—	2 257	—	717	—	—
23	14 427	—	35 654	3	23 947	—	11 577
1 173 723	104 483	1 331 282	143 963	1 264 688	100 192	1 252 928	79 518

lokale Markt. Auch das Königreich Bayern hat bis zum Jahre 1904 einen beträchtlichen Teil seines Bedarfes am hiesigen Markte gedeckt.

Für die Stabilisierung der Konjunkturen und Ermöglichung jederzeitigen Versorgung ist der Zentralmarkt von großem Nutzen. Dies zeigt sich am besten in Ausnahmezeiten. So sehen wir den Berliner Exportmarkt je nach der Verschiedenheit der Viehbestände und Handelsverhältnisse in fortwährendem Wechsel befindlich. Zu Beginn der 80er Jahre, als die große Futtermißernte des Jahres 1881 die Viehbestände ganz Europas empfindlich vermindert hatte, haben sich als Abnehmer Berlins nicht nur Deutschland, sondern auch Holland und Belgien gezeigt. Zu anderen Zeiten haben die nordischen Länder von hier aus wieder Vieh bezogen. 1887 ist es vorgekommen, daß von Berlin aus dem Wiener Markte Schweine nutzbringend zugeführt wurden. Alles Tatsachen, welche nur durch die Konzentration des Verkehrs und die damit verbundene Übersichtlichkeit ermöglicht wurde. Der Stadt selbst ist die Größe des Marktes gleichfalls von großem Nutzen.

Besonders aber gewinnt der Berliner Markt dadurch an Interesse, daß er dank seiner Lage im Zentralpunkt von ganz Deutschland, an der Grenze zwischen dem viehreichen Osten und denjenigen Bezirken, in welchen bei starker industrieller Bevölkerung die Viehzucht den lokalen Bedürfnissen nicht mehr genügt, mit seinem Verkehr die Fleischversorgung der westlichen und südwestlichen Industriebezirke unterstützt. Von ihm, als dem größten heimischen Exportmarkt, wirkt die Preisbewegung gleich einem Pulsschlage weiter, vornehmlich in die Mark Brandenburg und nach dem Osten. Wenn am Berliner Viehhofe die Preise fallen oder steigen, so wird dadurch die Landwirtschaft und der gesamte Viehhandel Deutschlands betroffen.

In der zweiten Hälfte der 90er Jahre trafen den Markt zwei Maßnahmen, die jedoch nur vorübergehend auf die Preisbildung wirken konnten. Einmal nimmt das westliche Ausland, nach welchem noch vor Jahren ein lebhafter Handel mit Schlachtvieh aller Art von hier aus betrieben wurde, seitdem Lebendvieh überhaupt nicht oder doch nur unter erschwerenden Umständen auf; andererseits hat die im Jahre 1895 erfolgte Erweiterung des Eisenbahnstaffeltarifs über Berlin hinaus bis an die Grenzen, während ursprünglich nur vom Osten bis Berlin Vergünstigungen gewährt wurden, den Erfolg gehabt, daß die Händler der westlichen und südwestlichen Industriebezirke, die ihren Bedarf bis dahin von dem Berliner Markte zu decken pflegten, seither zum Teil die Vorteile der Frachtersparnis sich zunutze gemacht haben. Diese besorgen jetzt ihre Einkäufe direkt in den Ställen des Ostens und vermeiden dadurch, daß sie das Vieh um Berlin herumführen, zugleich die Risiken, welche das Zusammenströmen großer Tiermengen an einem Markte, zumal in seucheschwangeren Zeiten, unter den verschärften veterinär-polizeilichen Maßregeln im Gefolge haben. Der immerhin doch geringe Einfluß, besonders der letzteren Maßnahme, auf den Export vom Berliner Markte ist einmal darauf zurückzuführen, daß der Exporteur, soweit er nicht infolge seiner Kreditbedürftigkeit auf Berlin als Einkaufsort angewiesen ist, die große Mühe scheut, die ihm durch den Einkauf im Osten entstehen, während der Berliner Markt im reichlichen Maße seinen Wünschen entsprechen kann. Andererseits fehlt es ihm meistens an der nötigen Zeit, sowohl den Einkauf im Osten als den Verkauf im Westen zu bewerkstelligen.

Einen Übelstand kann die Größe des Marktes mit sich bringen, und zwar in der unheilvollen Gestalt der Viehhofssperre. Je größer nämlich der Auftrieb von Tieren und je umfangreicher das Gebiet ihrer Herkunft ist, um so leichter trifft den Markt das Geschick in Gestalt der Ausfuhrsperre. Wenn solches Verhängnis einen Markt heimsucht, auf dem sich bereits der ganze Auftrieb befindet, ein Teil zur Ausfuhr verkauft und der Bedarf der Berliner Schlächter nahezu gedeckt ist und nun tausende von Tieren zurückgehalten werden, so müssen sie zur Vermeidung von Risiken, welche dem Landwirt oder dem Händler durch Überhalten erwachsen, den Berliner Schlächtern angeboten werden. Die Preise sinken, und auch für den folgenden Markt läßt die Nachfrage nach. Die Käufer bleiben dann in den Ställen der Landwirte aus. Plötzliche Ausfuhrverbote können den Handel bei einem Jahresumsatz von über 200 Mill. Mk. um viele Hunderttausende schädigen. Derartige Katastrophen, die Anfang der 90er Jahre noch häufig auftraten und dank der getroffenen Fürsorgemaßregeln fast zur Unmöglichkeit geworden zu sein schienen, sind im Jahre 1910 mit allen ihren üblen Folgeerscheinungen mehrfach hereingebrochen [1].

Der Schweinemarkt findet zweimal wöchentlich, Mittwochs und Sonnabends, in den Vormittagsstunden statt. Das Vieh kommt während der Nacht in ca. 40 Eilzügen auf dem Viehbahnhofe an, wird unter Kontrolle eines Tierarztes ausgeladen und in die längs der Schweinehalle sich hinziehenden Buchten getrieben, wo es gefüttert und kurz vor dem Markte

---

[1] Die erste Viehhofssperre des vorigen Jahres wurde infolge Seuchenausbruchs in der Rinderhalle am 11. Februar verhängt und dauerte bis zur völligen Desinfektion der gesamten Anlagen unter Zuhilfenahme von 400 Hilfskräften bis zum 18. Februar. Die Schweinepreise fielen um 3—4 Mk. pro Ztr., an den Rindern gingen 40—50 Mk. pro Stück verloren. Von dem entstandenen Schaden mit über 500 000 Mk. sollen allein die Händler über 300 000 Mk. zu tragen gehabt haben.

gewaschen wird. Die Schweinehalle ist 270 m lang und 66 m breit, umfaßt also 18 000 qm. Sie enthält 1160 Buchten, in denen rund 18 000 Schweine Unterkommen finden. Längs der inneren Wände ziehen sich die Triftstraßen nach den 19 großen Wagen hin, von wo aus wieder das Vieh mit leichter Mühe nach dem Schlachthofe oder auf die Laderampe getrieben werden kann.

Viehhof und Schlachthof bilden zwei streng getrennte Gebäudekomplexe, von denen der erstere allein dem Marktverkehre, der letztere dem Schlächtereibetriebe dient. Beide Teile sind der veterinär-polizeilichen Kontrolle unterworfen, und zwar steht der Markt unter landespolizeilicher Aufsicht, während die allgemeine Fleischschau durch städtische Beamte ausgeübt wird. Jedes Stück Vieh wird beim Ausladen einer strengen Kontrolle unterworfen. Kranke Tiere werden sofort nach dem Polizeischlachthofe und seuchenverdächtige nach dem Seuchenhofe geschafft. Ebenso werden die zu exportierenden Tiere vor der Verladung noch einmal genau untersucht und bei dem geringsten Verdachte zurückgehalten.

Der ganze Marktprozeß, das Zutreiben, der Handel und das Wiegen, sowie Abtreiben von 10 000—20 000 Tieren spielt sich innerhalb der Halle während der 5½ stündigen Marktzeit von 7—12½ Uhr ab. Der Überstand, in der Regel nicht über wenige Hunderte, muß in den Ställen des Viehhofes verbleiben.

An der Beschickung sind außer einigen Landwirten überwiegend Viehhändler beteiligt, deren ca. 1000 am Markte verkehren. Den Ankauf zum Export nach auswärts bewirken mehrere Hundert andere Händler (Exporteure). Außerdem treten neben etwa 900 Berliner Schlächtern noch 200 Schlächter aus den Vororten und Nachbarstädten Berlins als Käufer auf. Von diesen Besuchern erscheint an den einzelnen Markttagen etwa die Hälfte.

Als erste Käufer treten in der Regel die Exporteure auf, zumeist diejenigen Käufer, welche ausgesuchte Ware brauchen. Sie ziehen mit den gekauften Tieren sofort wieder auf die Laderampe, um sie schon am nächsten Tage auf den Märkten von Hamburg, Westfalen, der Rheinprovinz und Sachsen feilbieten zu können. Vorortsschlächter, welche die nötige Stallung und vorschriftsmäßige Schlachtanlagen besitzen, führen ihr Vieh per Achse ab. Selbst die Schlächter des weiteren Umkreises bis zu 60 km, welche das Vieh mit der Bahn fortbringen müssen, ziehen vielfach den Besuch des Marktes dem der Ställe des Mästers vor, weil ihnen am Markte eine größere Auswahl geboten wird.

Ein Schlächter, der dem Kommissionär gegenüber stets zur bestimmten Stunde „reguliert", also jederzeit über genügende Barmittel verfügt, kauft natürlich günstiger ein, als der von diesem abhängige. Er ist in der Wahl seiner Lieferanten nicht gebunden, welche ihm gern entgegenkommen, wodurch es ihm möglich ist, den Preis beim Einkauf um wenige Prozente zu drücken. Er benutzt auch oft geschickt die ungünstige Lage des Händlers gegen Schluß des Marktes. Dieser weiß ganz genau, daß sein Vieh trotz sorgsamster Pflege bis zum nächsten Markttage an Gewicht verliert und ihm außerdem noch Unkosten für die Benutzung der Stallung im Viehhofe und für die Fütterung während dieser Zeit erwachsen. Er begnügt sich deshalb lieber mit einem niedrigeren Preise, als daß er gar nicht verkauft. Den Hauptkäufer stellt das Engros-Schlächtergewerbe. Daneben spielen die Ladenfleischer meist eine geringere Rolle. Unter ihnen kaufen nur diejenigen Vieh, welche sämtliche Bestandteile verwerten können. Soweit sie noch an der Tradition des Selbsteinkaufens festhalten, erscheinen sie gleichfalls früh am Markte. Der Einkauf wird schnell erledigt, um den beliebten „freien Tag" mit den Standesgenossen im nebenliegenden Börsenrestaurant am Biertisch recht lange ausnutzen zu können. Wer durch häusliche Angelegenheiten am Marktbesuch verhindert ist, benachrichtigt den für ihn tätigen Lohnschlächter über seinen Bedarf und überläßt ihm vertrauensvoll den Einkauf. Endlich kommen auch kleine Gastwirte, sog. Budiker, auf den Markt. Diesen wird gegenüber der Marktnotierung ein etwas erhöhter Preis abgenommen, teils um dafür eine usuelle Provision an den Lohnschlächter, welcher den Kauf für ihn vermittelt, zu zahlen, teils um sich schadlos dafür zu halten, daß durch das Heraussuchen der besten Exemplare die gesamte Partie minderwertiger gemacht wird.

Von diesen Einzelkäufern werden besonders die Mittwochmärkte frequentiert. Daher ist auch die Tendenz dieses Markttages in der Regel eine etwas gehobenere gegenüber den Sonnabendmärkten. Je nachdem nun das Stärkeverhältnis von Angebot und Nachfrage mit der Eröffnung des Marktes einsetzt, entwickelt sich die Tendenz, welche im allgemeinen um 10 Uhr feststeht. Wenn nicht gerade eine außergewöhnliche wirtschaftliche oder in der Witterung liegende Spannung vorherrscht, liegt der Ausgleichspunkt bei einer Auftriebsziffer von 12000. Je nach der Größe derselben, die an großen Tafeln verzeichnet wird, zeigt sich sofort allseitig eine rege Kauflust oder eine mehr abwartende Haltung. Um eine lebhafte Nachfrage zu wecken und dadurch die Preise höher zu schrauben, hatte sich zeitweilig die Unsitte eingeschlichen, daß von seiten der Verkäufer die Zutriebsziffern zu niedrig angegeben wurden. Dieses Gebaren hat die Verwaltung mit der Drohung, die Auftriebsziffern unter solchen Umständen nicht mehr bekannt zu geben, erfolgreich bekämpft.

Mit Rücksicht auf die Nachfrage ist das Berliner Marktschwein in drei Klassen zu gruppieren:

1. Das Laden- oder Bratschwein für den Frischverkauf, ein junges, leichtes Schwein bis 200 Pfund. Vollfleischigkeit ist die erste Forderung. Es wird wenig, aber fester Speck verlangt.
2. Ein Schwein mit 170—250 Pfund für den Frischverkauf und Wurstfabrikation. Reichliche Fettbildung ist nicht angebracht.
3. Das Wurstschwein für Wurst- und Dauerwarenfabrikation, ein vollfleischiges Schwein über 250 Pfund. Der Speck muß fest, das Fleisch trocken, fest und nicht zu hell sein.

Bei der Beurteilung der Schweine dient dem Käufer der Schwanzansatz als Kennzeichen. Setzt nämlich der Schwanz kräftig ab, ist er behaart und geringelt, dann nimmt er an, daß das Tier fleischig und nicht zu fett ist, wie es seinem Bedarfe entspricht. Hat dagegen ein Schwein einen dünnen, feinen Schwanz, der sich nicht stramm absetzt, vielmehr im Rücken eingebettet liegt, so kann er von vornherein annehmen, daß dieses Schwein sehr fett ist. Die gängige Ware darf nicht viel über 200 Pfund wiegen. Daher ist auch das Durchschnittsgewicht seit Jahren mit 200—212 Pfund angegeben. Kurz vor den großen Festen werden durchweg leichtere Tiere an den Markt gebracht, weil zu den Feiertagen der kleinere und mittlere Haushalt vorwiegend nach einem, wenn auch weniger umfangreichen Bratenstück verlangt. Selbst bei einem Auftriebe von nahezu dem Doppelten gegenüber dem Durchschnitt ist dann die Nachfrage stets eine lebhafte und der Preis um 2—3 Mk. höher.

b) Die Preisbildung am Berliner Schweinemarkt.

Der Einkauf vollzieht sich nun in der Weise, daß der Kauflustige, nachdem er sich über die allgemeine Marktlage orientiert hat, sich über den Preis der für ihn passenden Partie mit dem Verkäufer zu einigen sucht. Da stets ein Satz von 15—25 Tieren nach der Qualität zusammengesetzt und angeboten wird, so wird er sich noch einmal selber über die Qualität eines jeden einzelnen Stückes zu vergewissern suchen, wozu für den Kenner ein Griff auf den Rücken des Tieres genügt. Unter Handschlag suchen sich nun beide nach Möglichkeit mit Gebot und Forderung entgegenzukommen. Mit dem dritten Handschlag ist die Einigung erzielt und der Kauf perfekt.

Bis 1896 war man sich im Schweinehandel nicht im klaren über die Bestimmung der einzelnen Qualitätsklassen. Das Streben nach einer

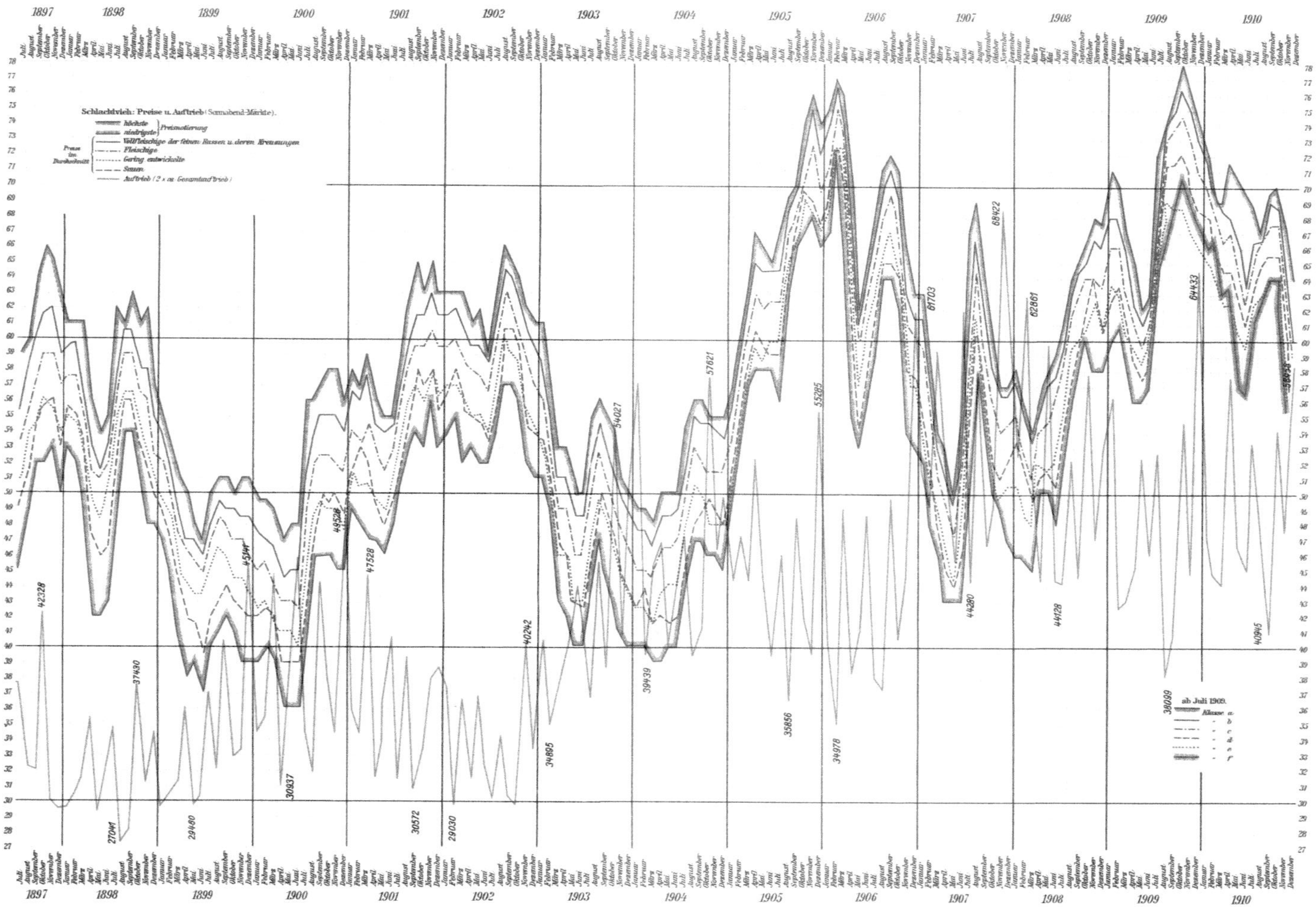
Schlachtvieh: Preise u. Auftrieb (Sonnabend-Märkte).
höchste
niedrigste
Preisnotierung
Preise im Durchschnitt
Vollfleischige der feinen Rassen u. deren Kreuzungen
Fleischige
Gering entwickelte
Sauen
Auftrieb (2 × ca. Gesamtauftrieb)
ab Juli 1909.
Klasse a
b
c
d
e
f
1897
1898
1899
1900
1901
1902
1903
1904
1905
1906
1907
1908
1909
1910
42328
27041
37430
29480
45141
30937
49528
47528
30572
29030
40242
34895
54027
39439
57621
35856
55285
34978
61703
44280
68422
62861
44128
38099
64433
40945
58458

Vereinheitlichung führte nach langen Verhandlungen dazu, daß im Mai 1896 in Berlin eine Versammlung von Vertretern deutscher Schlachthöfe, des Deutschen Landwirtschaftsrats, des Viehhandels und des Fleischergewerbes neue Qualitätsmerkmale festlegte, demzufolge für die Marktpreisnotierung das Schweine-Schlachtvieh an den deutschen Märkten folgende Gruppierung erfuhr:

1. Qualität: Vollfleischige der feinen Rassen und deren Kreuzungen im Alter bis zu 1 1/4 Jahren,
2. Qualität: fleischige,
3. Qualität: gering entwickelte,
4. Qualität: Sauen.

Der Schweinehandel am Berliner Markte versteht sich nach Schlachtgewicht, d. h. nach Lebendgewicht unter Abzug von 20% Tara, worunter hier das Eingeweide, einschließlich der genießbaren Teile und des Blutes, verstanden wird. Die Marktpreise für Schlachtschweine wurden bis Juli 1897 mit Unterscheidung dreier Qualitäten von der Verwaltung des Schlacht- und Viehhofs ermittelt und in amtlichen Wochenberichten zusammengestellt, darauf nach obigem Schema. Die Preise beruhten auf der Erhebung zweier städtischer Beamten des Zentralviehhofs und der gleichzeitigen Ermittelung der Marktpolizei bei vertrauenswürdigen Händlern, Kommissionären, Exporteuren und Schlächtern, sowie auf eigener Beobachtung. Diese Art der Erhebung hatte man in den 90er Jahren durch eine andere zu ersetzen gesucht. Es wurden zu diesem Behufe Dreimännerkommissionen, welche aus erwählten Vertretern der Kommissionäre, Händler und Fleischermeister bestanden, gebildet, denen die Aufstellung der Preise überlassen wurde. Dieses Verfahren ist jedoch wegen der sich widerstreitenden Interessen der einzelnen Gruppen, die selten eine Einigung erzielten, gescheitert. Die Widersprüche zeigten sich namentlich darin, daß die Händler, welche in der Provinz nach künftiger „Berliner Notiz“, also nicht zu festem Preise angekauft hatten, Interesse an niedriger Notiz hatten, während die Schlächter, welche am Markte nicht nach Notiz, also zu festem Preise eingekauft hatten, wünschten, daß eine möglichst hohe Notiz festgelegt wurde. In gleicher Lage befanden sich die Exporteure, welche nach auswärts Lieferungen nach Notiz übernommen hatten, die Ware aber, unter Umgehung des Berliner Marktes, zu festem Preise eingekauft hatten und von dort direkt verluden. Durch diese Erfahrung gewitzigt, griff die Verwaltung in der richtigen Erwägung, daß sie den verschiedenen Interessenkreisen, insbesondere den darunter leidenden Mästern gegenüber zu einer objektiven Darstellung der Marktlage verpflichtet sei, auf die frühere Notierungsmethode zurück. Die drei zur Preisnotierung bestimmten Beamten verglichen nach Schluß des Marktes ihre von einem jeden auf Grund der Preisangaben gefundenen Ergebnisse und konstruierten aus diesen die Notiz. Es kam dabei nicht selten vor, daß diese abweichend von den Einzelergebnissen ausfallen mußte, sofern nämlich ein gewisser Druck nach oben oder unten in den Zahlen offenbar zum Ausdruck kam. Je stärker von seiten der Produzenten das unsichere Geschäftsgebaren, nach künftiger Berliner Notiz zu verkaufen, um sich griff, um so mehr mußte es sich auf das dankenswerte Vertrauen in die Objektivität und Zuverlässigkeit der amtlichen Berichte stützen. Wie sehr sich aber auch jene Herrn ihrer Pflicht bewußt waren, eine einwandsfreie Preisfeststellung zu erreichen, so waren ihre Preisangaben zumeist doch nur cum grano salis zu verstehen. Das zeigt nachstehende Tatsache.

Es ist notorisch, daß die Angaben über die gezahlten Preise durch die Händler und Kommissionäre in der Regel absichtlich um einige Mark zu niedrig erfolgten. Das liegt eben in Interessen der ersteren, die ihren Kauf mit den Landwirten auf Grundlage der Berliner Notierung abzuschließen pflegen. Sie kaufen um eine bestimmte Quote billiger auf dem Lande ein, als der amtliche Bericht angibt. Je niedriger daher die Notierung, desto billiger der Einkauf für den Händler. Als ein noch schlimmerer Übelstand wirkte dabei mit, daß auch die Fleischer allmählich dazu übergegangen waren, nach Notiz einzukaufen, und zwar in der Regel 1—2 Mark höher, als dieselbe festgesetzt wurde. Der Umstand, daß der Fleischer beim Einkauf so offenbar gegen seine Interessen als Verkäufer handelte, zeigt zur Evidenz seine Abhängigkeit vom Verkäufer am Markte. Es soll mehr als einmal vorgekommen sein, daß $^4/_5$ des gesamten Auftriebes in dieser Weise gehandelt wurde, so daß die Beamten sich allein auf ihre Erfahrung stützen mußten, wollten sie nicht der Spekulation Tür und Tor öffnen.

In einer Eingabe des Vereins Berliner Engros-Schlächter vom 2. August 1907 an das Kuratorium, in der um eine größere Rücksichtnahme der „über Notiz" gezahlten Preise ersucht wurde, diente zur Klarlegung der Verhältnisse eine Feststellung über den Umfang der seitens der Engros-Schlächter „über Notiz" gekauften Schweine am 11. Oktober 1905.

Bei einem Gesamtauftriebe von 12321 Schweinen besagte die amtliche Notierung für diesen Markttag:

1. Klasse (vollfleischige)	. . . .	71,— Mk.
2. „ (fleischige)	. . . .	69,— bis 70,— Mk.
3. „ (geringe)	. . . .	67,— bis 68,— Mk.
4. „ (Sauen)	. . . .	69,— Mk.

Es soll aber tatsächlich gezahlt sein:

für	200	Schweine	. . . 78	Mk.	
„	500	„	. . . 77	„	
„	1000	„	. . . 76	„	
„	1500	„	. . . 75	„	
„	1300	„	. . . 74	„	
„	2000	„	. . . 73	„	
„	1500	„	. . . 72	„	8000 Schweine
für	1200	Schweine	. . . 71	Mk.	
„	1000	„	. . . 70	„	
„	1000	„	. . . 69	„	
„	500	„	. . 67—68	„	
„	100	Sauen	. . . 74	„	
„	100	„	. . . 73	„	
„	200	„	. . . 72	„	
„	100	„	. . . 71	„	
„	60	„	. . . 69	„	
„	50	„	. . 67—68	„	

Durch dieses Gebaren ist klar zum Ausdruck gebracht worden, daß der Landwirt von den tatsächlich erzielten Preisen keine Kenntnis sich verschaffen sollte. Durch den Händler begünstigt, hatte sich bei den Mästern das spekulative Bestreben eingebürgert, eine günstige Marktkonjunktur auszunutzen, was sie, besonders im Osten, dazu veranlaßt hatte, zu bestimmten Prozentsätzen künftiger Berliner Notiz zu verkaufen. Die größeren Landwirte sind zumeist in diesen Geschäftspraktiken des Händlers eingeweiht und wußten sich demgegenüber einigermaßen dadurch zu helfen, daß sie auch ihrerseits einen Aufschlag von 1—2 Mark über die höchste Notiz vereinbarten. Der kleine Mann mußte aber stets darunter leiden, da er sich in Unkenntnis über die Marktlage nur aus den Zeitungsberichten über die Marktpreise orientierte.

Die von Plehn-Josephsdorf auf Seite 21 angeführte Berechnung kann als Beispiel dafür fortgesetzt werden.

Beim Kaufabschluß wurde $^{7}/_{10}$ höchster Berliner Notiz für Ia + 1 Mk. vereinbart, d. h. gegenüber 57,50 Mk. für Lebendgewicht in Berlin hat jener Mäster erhalten.

$$\text{Preis } 51{,}50 \text{ Mk.} = {}^{7}/_{10} \text{ Berliner Notiz} + 1$$

also die Berliner Notiz $= \dfrac{51{,}50-1}{7} \times 10 = 72$ Mk. Schlachtgewicht, davon $^{4}/_{5}$ als Lebendgewicht = 57,60 ($57{,}60 = {}^{7}/_{10} \times 72$) Preis loco Hof 51,50 Mk., loco Markt 57,60 Mk., Differenz 6,10 Mk.

Eine durchgreifende Änderung ist nun eingetreten mit dem Gesetz betreffend die Preisfestsetzung beim Markthandel mit Schlachtvieh vom 8. Februar 1909, welches eine Abänderung und Ergänzung des Titels IV der Gew.-O. über den Marktverkehr bedeutet. Das aus drei Paragraphen bestehende Gesetz gibt den Landeszentralbehörden die Befugnis, für Schlachtviehmärkte zwecks Feststellung von Preis und Gewicht der Tiere Vorschriften und Einrichtungen anzuordnen. Das Gesetz zielt in erster Linie auf die Schaffung einer zuverlässigen Notierung nach Lebendgewicht hin.

Auf Grund dieses Gesetzes ist nun am Berliner Markte am 22. Juni 1909 eine neue Ordnung für die Feststellung der Preise in Kraft getreten, durch welche nunmehr die Notierungskommission in die Lage versetzt ist, die Viehpreise mehr der Wirklichkeit entsprechend zu ermitteln, als dies früher geschehen konnte. Die Notierungskommission für die Schweinepreise setzt sich zusammen aus je 3 Vertretern des Handels, des Schlächtergewerbes und der Kommissionsfirmen; ferner nehmen daran teil 3 Beauftragte des Königlichen Landes-Ökonomiekollegiums als Vertreter der Landwirtschaft, 2 Beamte der Viehhofverwaltung und außerdem noch mit beratender Stimme ein Vertreter der Polizeibehörde. Für die Klassifizierung ist ein neues Schema aufgestellt. Die Wertklassen sind um zwei vermehrt, und zwar werden davon Schweine betroffen, welche früher über Notiz gehandelt wurden.

Es werden heute unterschieden:

A. Fettschweine mit über 3 Ztr. Lebendgewicht;

B. Vollfleischige der feineren Rassen und deren Kreuzungen mit über $2^1/_2$ Ztr. Lebendgewicht;

C. Vollfleischige der feineren Rassen und deren Kreuzungen bis $2^1/_2$ Ztr. Lebendgewicht;

D. Fleischschweine mit 175—200 Pfund Lebendgewicht;

E. Gering entwickelte bis 175 Pfund Lebendgewicht;

F. Sauen.

Die Preisnotierung vollzieht sich jetzt folgendermaßen: Ist die Einigung über den Preis zwischen dem Verkäufer und Käufer mit dem dritten Handschlag erfolgt, so füllt der Verkäufer untenstehendes Formular (rote Farbe) bis auf die Gewichtsangabe aus und übergibt den abgetrennten Abschnitt seinem Obertreiber mit der Weisung, die Schweine zur Übergabe nach der Wage, wo sie nur gegen Abgabe des ordnungsmäßig ausgefüllten Abschnittes von dem Beamten gewogen werden, treiben zu lassen. Erst mit dem Verlassen der Wage gehen die Tiere in den Besitz und damit in das Eigentum des

Kommissionsfirma (bzw. Verkäufer) ....

Laufende Nr.

Käufer ....

Gegenstand des Verkaufs:

.... Schweine, ... Sauen,

Altschneider und Eber.

Preis:

1 Ztr. Lebendgewicht .... ℳ

1 Ztr. Schlachtgewicht .... ℳ

1 Stück .... ℳ

Schlachtwertklasse

Unterschrift (des Verkäufers) ....

Kommissionsfirma (bzw. Verkäufer) ....

Laufende Nr.

.

Gegenstand des Verkaufs:

.... Schweine, ... Sauen,

.... Altschneider und Eber.

Preis:

1 Ztr. Lebendgewicht .... ℳ

1 Ztr. Schlachtgewicht .... ℳ

1 Stück .... ℳ

Schlachtwertklasse ....

Lebendgewicht .... Kg.

Käufers über, welcher sofort mit den Tieren den Markt verläßt. Von der Ausfüllung der Schlachtwertklassen durch die Verkäufer ist Abstand genommen, weil eine Zuverlässigkeit dabei nicht zu erreichen war.

Es konnte auch um so leichter darauf verzichtet werden, weil das auf der Wage eingetragene Gewicht zur Einsetzung in die einzelnen Schlachtwertklassen vollkommen ausreicht. Die bei den einzelnen Wiegebeamten sich aufsammelnden Abschnitte werden sofort an das Bureau der Notierungskommission weitergegeben, wo sie durch besonders hierfür angestellte Beamte aufgearbeitet werden, indem eine Klassifizierung nach Preis und Gewicht vorgenommen wird. Dieses erfolgt so schnell, daß die Aufstellung der Preistabelle, auf Grund deren die Notiz festgestellt wird, mit der Abwicklung des Marktes gleichen Schritt hält.

Da nun alle Kaufabschlüsse zu festen Preisen gemacht werden müssen, kann von einem Übergreifen der Preise in dem oben gerügten Sinne nicht mehr gesprochen werden. Wenn wirklich einmal ein paar Hundert Schweine noch teurer bezahlt werden müssen, als in der Notiz der betreffenden Klasse zum Ausdruck gebracht wird, weil es sich um einzelne Tiere handelt, die aus der Durchschnittsware der Klasse besonders herausgesucht worden sind oder weil gerade einzelne Käufer infolge ihrer geringen Kreditwürdigkeit höhere Preise haben anlegen müssen als die übrigen Käufer, so spielt das doch keine im Verhältnisse zum gesamten Marktumsatz irgendwie ins Gewicht fallende Rolle.

Ein Übelstand ist aber noch zu beseitigen; und zwar ist es der Umstand, welcher dem Händler früher Vorteil brachte und der ihm jetzt große

Schwierigkeiten beim Einkauf mit sich bringt. War die Änderung der alten Notierungsmethode gerade damit begründet worden, dem Landwirt bei seiner Preiskalkulation eine sichere Unterlage zu geben, wird es ihm heute schwer, sich davon loszusagen. Der Händler ist aber gar nicht mehr in der Lage, von den jetzigen höchsten Notizen die gleichen Prozentsätze zu bezahlen. Selbst wenn jetzt, wie es vielfach versucht worden ist, die höchste Notiz der Klasse C als derjenigen Klasse vollfleischiger Schweine, der die frühere Klasse A entsprochen habe, dem Kaufabschlusse zugrunde gelegt würde (etwa mit 73 % des Marktpreises), so kann der Käufer doch nicht auskommen, wenn er alle Qualitäten, also auch namentlich die leichteren Schweine, zu den gleichen Prozentsätzen dieser Notiz im Lande kaufen soll. Hierdurch hat sich natürlich der Geschäftsabschluß mit dem Mäster für den Händler sehr schwierig gestaltet. Der Landwirt muß dahin aufgeklärt werden, daß bei einer Spannung von 10—12 Mk. zwischen dem höchsten und niedrigsten Preise nicht alle Schweine einfach zur höchsten Notiz verkauft und ebensowenig eingekauft werden können. Nach einer Stichprobe sind im Durchschnitt von 10 Markttagen zur höchsten Notiz der Klasse C und darüber nur 18 % sämtlicher Schweine bezahlt worden, während 82 % unter dieser Notiz, und zwar an manchen Markttagen bis zu 10 Mk., darunter verkauft worden.

Das Verständnis für die Angaben des Marktberichts ist nun dadurch wesentlich gefördert worden, daß neben der angegebenen Preisspannung für die einzelnen Klassen auch die Stückzahl der zu den einzelnen Preisen verkauften Schweine gleichfalls veröffentlicht wird. Und zwar wird Wert darauf gelegt, gerade den landwirtschaftlichen Zeitungen die Stückzahl der zu den einzelnen Preisen verkauften Schweine jedesmal für die Veröffentlichung zur Verfügung zu stellen, damit der Mäster auf dem Lande über die häufigsten Preise aufgeklärt wird und so die Einschätzung seiner Viehstücke zutreffender vornehmen kann.

Ein Marktbericht in dieser Form sieht folgendermaßen aus:

Es wurden verkauft am 20. April 1910:

zu 70	Mk. . .	12	Schweine	zu 62	Mk. . . .	920	Schweine
„ 69	„ . .	230	„	„ 61	„	351	„
„ 68	„ . .	777	„	„ 60	„	523	„
„ 67	„ . .	2752	„	„ 59	„	54	„
„ 66	„ . .	3188	„	„ 58	„	28	„
„ 65	„ . .	2601	„	„ 57	„	46	„
„ 64	„ . .	1422	„	„ 56	„	1	„
„ 63	„ . .	1208	„	„ 55	„	18	„

Zur Illustrierung der neuen Preisnotierungsmethode sind in Tabelle IV die Preistabellen mit den von der Kommission festgelegten Spannungen für die einzelnen Klassen an den einzelnen Markttagen des Monats Mai 1910 zusammengestellt. Für die Interessenten im Lande ist die einzelne Notiz um so verständlicher, je weniger die Spannung an Zahlen umfaßt. Die Kommission ist daher auch bestrebt, die Spannung möglichst auf drei Zahlen zu beschränken. Die ganz abfallenden Qualitäten können bei der Notierung natürlich nicht mit berücksichtigt werden. Die Normierung soll ja auch nur die für die Hauptmenge der Schweine einer Klasse gezahlten Preise einwandsfrei zum Ausdruck bringen. Da die Klassifizierung nicht nach Schlachtwert, sondern nach Gewicht erfolgt, so können Tiere mit weniger als 200 Pfund solchen mit über 200 Pfund bei der Beurteilung des Fleischers durchaus überlegen sein und umgekehrt bei jeder Klasse, wie das offenbar aus der Tabelle ersichtlich ist. Die nach oben oder unten abfallenden Zahlen werden also entsprechend der höheren oder unteren Klasse zuzurechnen sein. Die den einzelnen Markttagen folgenden Zahlenreihen umfassen die Preise, welche für alle der vorstehenden Qualität auf Grund der Wiegeergebnisse zugewiesenen Schweine gezahlt worden sind. Die von der Kommission festgelegte Preisspannung finden wir durch Fettdruck hervorgehoben.

Die in der Klasse A verzeichneten sogenannten Käserschweine gehen jetzt meist unter Umgehung des Marktes in die Industriegebiete. Bei ihrer geringen Zahl von nur 50—250 Stück unter 12 000 Tieren werden ihre Preise bei der Notierung nur selten besonders vermerkt. Diese zumeist aus Molkereien stammenden Schweine sind auch nicht immer gut ausgemästet, so daß sie zumeist von den vollfleischigen der feineren Rassen und deren Kreuzungen erreicht oder sogar übertroffen werden. Zum Herbste pflegt die Zahl der auf den Markt gebrachten Käser allerdings erheblich zu steigen, aber auch unter diesen befinden sich dann höchstens 30 % wirklich erstklassiger Ware.

Der Monat Mai setzte bei normalem Auftrieb mit steigender Tendenz ein. Das bevorstehende Pfingstfest und der in Massen auf den Markt gebrachte Spargel hob die Nachfrage nach mittelschweren Schweinen. So sehen wir am Mittwochmarkte vor den Feiertagen (11. Mai) einen festen Preisstand trotz der Auftriebsziffer von nahezu 20 000. Am letzten Tage vor dem Feste hatte sich dagegen die Kauflust soweit abgeschwächt, daß die Preise um 4—6 Mk. zurückgehen mußten, obwohl an diesem Tage noch nicht 9000 Tiere zum Verkauf standen. Eine lebhaftere Nachfrage setzte erst mit dem nächsten Markte wieder ein, die Preise gaben aber mit der zunehmenden Wärme wieder ständig nach.

Tabelle IV.

		Schweine: Preise für								
		Mk. 70	Mk. 69	Mk. 68	Mk. 67	Mk. 66	Mk. 65	Mk. 64	Mk. 63	Mk. 62
A. Fettschweine über 3 Zentner Lebendgewicht schwer (über 150 kg)	4. Mai	—	5	6	48	7	8	2	6	1
	7. Mai	2	9	9	32	11	23	5	10	5
	11. Mai	—	25	4	1	1	9	3	5	16
	14. Mai	—	—	—	2	—	4	1	11	2
	18. Mai	—	—	38	40	8	10	1	—	31
	21. Mai	—	8	25	47	15	6	3	5	3
	25. Mai	—	—	—	25	67	**225**	2	8	—
	28. Mai	—	—	—	—	—	18	63	5	5
B. Vollfleischige der fein. Rassen u. deren Kreuzungen bis 3 Ztr. Lebendg. (von 126 bis 150 kg)	4. Mai	—	17	**394**	**316**	138	20	12	4	5
	7. Mai	4	169	**441**	165	26	15	9	4	1
	11. Mai	—	20	**288**	**149**	82	19	23	6	6
	14. Mai	—	—	7	—	96	**227**	95	27	7
	18. Mai	—	—	**436**	**374**	136	18	6	5	1
	21. Mai	—	—	—	**892**	**352**	139	5	7	—
	25. Mai	—	—	6	21	**413**	**359**	84	29	52
	28. Mai	—	—	—	—	—	180	**390**	192	60
C. Vollfleischige der fein. Rassen u. deren Kreuzungen bis $2^1/_2$ Ztr. Lebendg. (von 101 bis 125 kg)	4. Mai	—	104	680	**2438**	**3058**	**1329**	204	51	15
	7. Mai	—	114	**1283**	**3005**	**1642**	496	16	45	2
	11. Mai	16	62	**866**	**3777**	**2706**	610	68	10	4
	14. Mai	—	—	—	—	129	**618**	**1503**	**1082**	**591**
	18. Mai	—	16	520	**2169**	**2581**	**833**	184	36	3
	21. Mai	—	—	31	543	**2758**	**2022**	**786**	173	48
	25. Mai	—	—	—	238	**1269**	**2017**	**1785**	**1205**	395
	28. Mai	—	—	—	—	30	189	**810**	**2312**	**1347**
D. Fleischige Schweine (von 86 bis 100 kg)	4. Mai	—	—	28	243	**778**	**960**	**1351**	**649**	220
	7. Mai	—	—	21	224	**916**	**1195**	**422**	206	1
	11. Mai	—	—	165	**926**	**2912**	**2012**	**793**	104	59
	14. Mai	—	—	—	—	11	36	130	**279**	**489**
	18. Mai	—	—	56	257	**635**	**1195**	**472**	184	44
	21. Mai	—	—	—	14	266	**669**	**920**	**1102**	210
	25. Mai	—	—	—	20	145	**481**	**764**	**1146**	**1386**
	28. Mai	—	—	—	—	—	25	84	**354**	**478**
E. Gering entwickelte Schweine (bis 85 kg)	4. Mai	—	—	—	38	15	—	115	**288**	**428**
	7. Mai	—	—	—	12	4	101	**260**	**446**	**248**
	11. Mai	—	—	—	24	165	**517**	**958**	**841**	**389**
	14. Mai	—	—	14	—	—	2	—	1	6
	18. Mai	—	—	—	19	22	193	**167**	**229**	**158**
	21. Mai	—	—	—	—	2	2	38	**132**	**402**
	25. Mai	—	—	—	—	—	5	53	74	**229**
	28. Mai	—	—	—	—	—	—	—	—	9
F. Sauen	4. Mai	—	—	—	—	—	1	7	14	**117**
	7. Mai	—	—	—	—	1	6	24	**74**	**89**
	11. Mai	—	—	—	—	—	2	7	**56**	**83**
	14. Mai	—	—	—	—	—	—	—	2	—
	18. Mai	—	—	—	—	1	4	7	22	**124**
	21. Mai	—	—	—	1	—	3	1	35	50
	25. Mai	—	—	—	—	—	—	1	3	9
	28. Mai	—	—	—	—	—	—	—	—	2

Summa: 4. Mai 13 999 Summa: 11. Mai 19 016
" 7. Mai 11 970 " 14. Mai 8 636

1 Zentner Lebendgewicht																
Mk. 61	Mk. 60	Mk. 59	Mk. 58	Mk. 57	Mk. 56	Mk. 55	Mk. 54	Mk. 53	Mk. 52	Mk. 51	Mk. 50	Mk. 49	Mk. 48	Mk. 47	Mk. 46	Summa
1	8	—	—	2	—	—	—	—	—	—	—	—	—	—	—	= 89
8	1	2	—	—	1	—	—	—	—	—	—	—	—	—	—	= 118
1	1	—	—	—	—	—	—	—	—	—	—	—	—	—	—	= 66
1	11	7	—	—	—	—	1	—	—	—	—	—	—	—	—	= 40
1	—	1	—	—	—	—	—	—	—	—	—	—	—	—	—	= 130
1	17	15	—	—	—	—	—	—	—	—	—	—	—	—	—	= 145
8	2	25	9	1	—	—	—	1	—	—	—	—	—	—	—	= 373
8	9	3	4	13	—	—	—	—	—	—	—	—	—	—	—	= 169
—	2	—	—	—	—	—	—	—	—	—	—	—	—	—	—	= 908
—	—	—	2	—	—	—	—	—	—	—	—	—	—	—	—	= 836
4	—	—	—	—	—	—	—	—	—	—	—	—	—	—	—	= 597
7	2	—	—	—	—	—	—	—	—	—	—	—	—	—	—	= 468
—	—	—	—	—	—	—	—	—	—	—	—	—	—	—	—	= 976
1	5	12	12	3	—	—	—	—	—	—	—	—	—	—	—	= 1431
7	—	—	—	—	—	10	—	—	—	—	—	—	—	—	—	= 981
1	1	—	—	—	—	—	—	—	—	—	—	—	—	—	—	= 865
4	50	—	—	—	—	—	—	—	—	—	—	—	—	—	—	= 7933
—	—	—	1	—	—	—	—	—	—	—	—	—	—	—	—	= 6604
6	—	—	—	—	—	—	—	—	—	—	—	—	—	—	—	= 8125
340	125	—	1	—	1	1	—	—	—	—	—	—	—	—	—	= 4401
—	—	1	—	—	—	—	—	—	—	—	—	—	—	—	—	= 6343
3	2	—	—	—	—	—	—	—	—	—	—	—	—	—	—	= 6366
76	30	10	3	—	—	1	—	—	—	—	—	—	—	—	—	= 7029
467	159	14	—	—	—	—	—	—	—	—	—	—	—	—	—	= 6207
56	—	—	—	—	—	1	—	—	—	—	—	—	—	—	—	= 4286
—	1	—	—	—	—	—	—	—	—	—	—	—	—	—	—	= 2986
6	7	—	—	—	—	5	—	1	—	—	1	—	—	—	—	= 6992
634	**553**	103	—	29	94	2	—	—	—	—	—	—	—	—	—	= 2360
27	—	—	—	—	—	—	—	—	—	—	—	—	—	—	—	= 2570
23	4	—	1	—	—	—	—	—	—	—	—	—	—	—	—	= 3209
341	124	46	1	1	—	—	—	—	—	—	—	—	—	—	—	= 4455
532	**693**	53	58	20	—	22	—	—	—	—	—	—	—	—	—	= 2867
344	127	—	12	15	12	1	—	—	10	—	2	—	—	—	—	= 1407
43	20	1	5	1	—	6	—	—	—	—	—	—	—	—	—	= 1147
94	22	—	6	—	5	—	—	1	—	—	—	—	—	—	8	= 3030
88	**298**	**163**	**447**	**104**	34	46	7	—	—	—	25	2	—	—	—	= 1237
60	42	—	2	—	—	—	—	—	—	—	—	—	—	—	—	= 892
220	**143**	35	10	—	—	—	—	—	—	—	—	—	—	—	—	= 984
254	**477**	**176**	91	22	—	5	—	—	—	—	—	—	—	—	—	= 1388
57	**237**	**310**	**257**	76	1	7	—	—	—	—	—	—	—	—	—	= 1057
69	**48**	11	2	1	2	2	—	—	2	—	—	—	—	—	—	= 276
23	34	—	—	18	—	—	8	—	—	—	2	—	—	—	—	= 279
45	9	—	—	—	1	—	—	—	—	—	—	—	—	—	3	= 206
—	31	**39**	**41**	**16**	2	3	—	1	—	—	—	1	—	—	—	= 130
43	**35**	6	2	—	—	—	—	—	—	—	—	—	—	—	—	= 244
63	**176**	36	27	8	—	—	—	—	—	—	—	—	—	—	—	= 400
14	**75**	**16**	**121**	48	13	7	—	1	—	—	—	—	—	—	—	= 309
3	6	16	**24**	**61**	**48**	**31**	8	—	—	—	—	—	—	—	—	= 295

Summa: 18. Mai 11 155 Summa: 25. Mai 14 517
" 21. Mai 12 535 " 28. Mai 11 430

Zu den Spesen für die Heranschaffung der Schlachttiere bis an den Markt kommt auf dem Markte noch ein weiterer Kostensatz in Ansatz, der sich pro Kopf zusammensetzt aus:

Standgeld	50 Pf.
Treiberlohn	30 „
Wiegegeld	10 „
Streu- und Spülgeld .	25 „
Futtergeld (pro Tag) .	70 „
Feuerversicherung . . .	5 „
Versicherung	90 „
	280 Pf.

Dazu tritt die Verkaufsprovision in Höhe von 1½ %. Der Kostensatz stellt sich nicht gleichmäßig für das einzelne Tier, da hierbei neben dem Verkaufswerte vor allem die Zeit der Ankunft und des Aufenthalts entscheidet. Zwar gelten die Gebührensätze für Standgeld ein für allemal, ohne Rücksicht auf die Zeit des Aufenthalts, solange das Tier nicht den Besitzer wechselt; trotzdem können beim Überstehen noch erhebliche Kosten durch Fütterung usw. entstehen. Der tarifmäßige Kostensatz läßt sich aus den beiden folgenden Rechnungen ersehen. Die erstere ist für einen Landwirt, die letztere für einen Händler aufgestellt.

1. Verkaufsrechnung:

3 Schweine, 172 kg Brutto, 20 % Tara, à Pfd. 55 Pf. .	178,80 Mk.
Kosten	10,40 „
Nettoertrag anbei .	168,40 Mk.

Unkosten pro Kopf: 3,47 Mk.

davon gehen ab:

Verkaufsprovision Zahlung des Geldes à 1½ % . . .	2,70 Mk.
Standgeld	1,50 „
Treiberlohn . . .	—,90 „
Wiegen	—,30 „
Versicherung à 90 Pf.	2,70 „
Fütterung	2,10 „
Streustroh	—,20 „
	10,40 Mk.

2. Verkaufsrechnung:

55 Schweine, 5424 kg Brutto, 20 % Tara, à Pfd. 98 und 100 Pf. . .	5384,50 Mk.
Kosten . . .	226,55 „
Nettoertrag . . .	5157,95 Mk.

Unkosten pro Kopf: 4,13 Mk.

davon gehen ab:

Zahlung des Geldes à 1½ % . . .	80,70 Mk.
Standgeld. . . .	27,50 „
Postentgelt . . .	2,75 „
Versicherung . . .	47,— „
Treiberlohn . . .	16,50 „
Wiegegeld	5,50 „
Stroh und Futter .	50,50 „
	226,55 Mk.

An der Hand dieser Abschlußrechnungen kann der Verkäufer ersehen, ob die Vermittlungstätigkeit für ihn gewinn- oder verlustbringend gewesen ist.

Welche Wertsteigerung die lebende Fleischware dabei am Markte erfahren hat, läßt sich dabei nicht feststellen, weil der zwischen Einkaufs- und Verkaufstermin eintretende Gewichtsverlust bei den Tieren individuell je nach dem Alter, Mastzustand und der Entfernung vom Ursprungsorte verschieden ist. Im Durchschnitt sind 5 % vom Gewicht ab Stall in Abzug zu bringen. Der Gestehungspreis erfährt daher einen entsprechenden Aufschlag. Für die Preisbildung auf dem Wege vom Produzenten bis zum Konsumenten ist mit einem Kostensatze zu rechnen, der sich im günstigsten Falle aus folgender Zusammenstellung ergibt:

Angenommen 1 Schwein von 250 Pfund zu 69 Mk. bei 20 % Taraabzug kostet am Markte 138 Mk.

Darin liegen an Unkosten:

für Fracht	2,95 Mk.			
„ Standgeld . . .	0,50 „			
„ Fütterung . . .	0,50 „			
„ Treiber	0,30 „			
„ Wiegen	0,10 „			
„ Versicherung . . .	0,90 „			
„ Verkaufsprovision .	2,10 „			
„ Gewichtsverlust . .	5,00 „			
	12,35 Mk.			
oder	5,00 „	pro Ztr.	Lebendgewicht	
„	0,05 „	„ Pfd.	„	
„	0,06 „	„	„ Fleischgewicht.	

Mithin stellt sich der Grundpreis für das Pfund Schweinefleisch am Berliner Markte auf 49,5 resp. 54 Pf., also ohne Berücksichtigung des Aufschlages, den der Produzent als Unternehmer und der Zwischenhandel für seine Vermittlung in Anspruch nehmen. Dieser aber unterliegt der jeweiligen Konjunktur am Markte oder vielmehr dem Glücksspiel des ihn beherrschenden Spekulationsgeistes, wie z. B. aus den Geschäftsabschlüssen zweier pommerscher Viehverwertungsgenossenschaften hervorgeht, von denen die eine einen günstigen, die andere einen ungünstigen Markt gefunden hatte.

I. 16. Dezember 1910.

Qualitätsklasse	Stückzahl	Lebendgewicht in Pfd. ab Stall	Preis pro Ztr. Mk.	Gesamtpreis Mk.
Ia	1	811	45,—	141,—
I	1	264	43,50	119,50
II	18	4388	43,—	1886,—
III	15	3260	42,50	1383,10
IV	11	2284	42,—	959,50
V	2	404	41,50	167,50
VI	1	326	41,—	133,50
VII	2	327	40,—	148,50
Sauen . . .	2	836	40,50 bis 41,—	344,60
	53	12 448	—	5278,20
Fracht				82,50
Unkosten				26,50
Gestehungspreis bis an den Markt				5387,20

Es wurden verkauft an:

	Lebendgewicht in Pfd. am Markte	Preis pro Ztr. Lebendgew. unter Abzug von 20 % Mk.	Gesamtpreis Mk.
an A	1426	63,—	718,70
an B	9542	61,—	4655,50
an C	780	59,—	368,10
	11 746	—	5742,30

Die Rechnung des Kommissionärs:

Standgeld . . .	26,50	Mk.
Treibergeld . . .	15,90	„
Wiegegeld . . .	5,30	„
Versicherung . . .	47,70	„
Depeschen, Porto, Unkosten, Trinkgeld	1,00	„
Fütterung . . .	13,80	„
Zahlung der Gelder	86,20	„
		196,40 Mk.

Abschlußertrag am Markte	5545,90 Mk.
Gewinn an 53 Schweinen	158,20 Mk

II. 6. Januar 1911.

Qualitätsklasse	Stückzahl	Lebendgewicht in Pfd. ab Stall	Preis pro Ztr. Mk.	Gesamtpreis Mk.
Ia	2	600	45,—	270,—
I	8	782	44,—	344,—
II	5	1044	43,50	497,—
III	22	4832	43,—	2074,10
IV	36	7356	42,50	3124,80
V	1	270	42,—	119,50
Sauen . . .	7	2940	40,— bis 42,50	1215,—
	76	17 924	—	7638,40
Fracht				126,20
Unkosten				38,—
Gestehungspreis bis an den Markt				7802,60

Es wurden verkauft an:

	Lebendgewicht in Pfd. am Markte	Preis pro Ztr. Lebendgew. unter Abzug von 20 % Mk.	Gesamtpreis Mk.
an A	14060	58,—	6523,80
an B	216	55,—	95,—
an C	2140	56,—	958,70
an D	684	55,—	300,90
	17100	—	7878,40

Die Rechnung des Kommissionärs:

Standgeld . . .	38,00	Mk.
Treibergeld . . .	22,80	„
Wiegegeld . . .	7,60	„
Versicherung . . .	68,40	„
Depeschen, Porto, Unkosten, Trinkgeld	1,00	„
Fütterung . . .	7,60	„
Zahlung der Gelder	118,20	„
	263,60	Mk.

Abschlußertrag am Markte	7614,80 Mk.
Verlust an 76 Schweinen	187,80 Mk.

4. Das Fleischergewerbe.

a) Die Organisation des Schlachtgeschäfts.

Die auf dem Viehhofe angekauften Tiere werden sofort nach dem mit diesem durch einen besonderen Treibweg verbundenen Schweineschlachthofe überführt, wobei sie nochmals eine tierärztliche Kontrolle zu passieren haben. Hier werden sie zum Teil vorläufig in die Ställe untergebracht, zum Teil nach Lösung der Schlachtkarte sofort abgeschlachtet. Der Schlachtprozeß ist ein verhältnismäßig einfacher. Das Verfahren beginnt mit der Betäubung durch einen Schlag mit dem Hammer auf die Platte, was in den längs der Schlachthalle sich hinziehenden Betäubungsbuchten ausgeführt wird. Hierauf wird das Tier in die anstoßende Schlachthalle geschleift und dort abgestochen, wobei das ausfließende Blut in einem Gefäß unter ständigem Rühren aufgefangen wird. Darauf wird der Kadaver in den Brühkessel geschleudert und wieder heraus auf den dahinter befindlichen Enthaarungstisch. Zum Ausweiden wird er entweder auf den mit Hilfe einer sogenannten Laufkatze oder von zwei Leuten nach dem Hakenries in den zweiten hallenartigen Schlachtraum geschafft. Die Arbeitsteilung ist dabei so durchgeführt, daß ein Geselle die Betäubung des Tieres und das Fortschleifen aus der Bucht in die Halle übernimmt, wo ein zweiter es absticht und mit Hilfe des ersteren in den Brühbottich befördert. Ein dritter und vierter wiederum ziehen es aus dem Bottich heraus und befreien es vom Haar. Und so geht es fort von Hand zu Hand ohne Unterbrechung an mehreren hundert Schweinen täglich. Beim Ausweiden wird der Kadaver an den Hinterbeinen aufgehängt. Ein Mann, in der Regel der Meister, welcher auch das Abstechen besorgt, macht nun einen Schnitt in der Mitte des Bauches von oben nach unten, ein anderer nimmt das Eingeweide heraus und trennt das in der Bauchhöhle gelegene reiche Fett, die Liesen, heraus. Darauf wird der Körper der Länge nach in zwei gleiche Hälften gehauen. Reichliche Spülvorrichtungen ermöglichen dabei die größte Sauberkeit. Nach beendeter Schlachtung ist die erste Stufe des Gewerbebetriebes abgeschlossen. Die weitere Verarbeitung des Fleisches findet nun einzig und allein in der Behausung des einzelnen Meisters oder des Ladenfleischers statt. Dort wird zuerst der Kopf und die unteren Teile der Beine abgetrennt, welche im gepökelten Zustande ein beliebtes Gericht der Arbeiterbevölkerung bildet. Die hinteren fleischigen Teile sind beim Schweine die wertvollsten. Nach Abtrennung des Eisbeins wird der Schinken oder die Keule als erste Qualität losgelöst, darauf die Rumpfhälfte so zerlegt, daß der wertvollere Rücken oder die Karbonaden als zweite Qualität (die vorderen Partien werden der ersten Qualität zugerechnet) den einen Abschnitt, der Bauch und der Rest der Vorderbeine als dritte Qualität den anderen bildet. Der Kopf und die unteren Teile der Beine werden als vierte Qualität sehr verschieden bemessen.

Der Schlachthauszwang mit der obligatorischen Fleischbeschau auf Grund § 23 Gesetz vom 18. März 1868 ist für Berlin erst am 1. April 1883 eingeführt worden. Seit jenem Tage darf in Berlin an keiner anderen Stätte als auf dem städtischen Schlachthofe geschlachtet und kein Fleisch ohne den Stempel des städtischen Fleischschauamts vom Schlachthof entfernt werden. Die 15 je 156 m langen und 28 m breiten Schlachthäuser unterscheiden sich von vielen Schlachthäusern anderer Städte durch die Anordnung der Räume, welche eine lokale Trennung der einzelnen Arbeiten ermöglicht. Die Eingeweide werden nach dem Ausweiden sofort aus dem Schlachtraum in die anstoßende Kuttelei gerollt, um hier entleert, gewaschen und dem Darmschleimer überwiesen zu werden. Die eigentliche Schlachthalle kann infolge dieser Trennung stets sauber gehalten werden. Da sich die Schlachtungen nach Möglichkeit auf den Markttag und den darauf folgenden Vormittag konzentrieren — an einzelnen Tagen steigt die Schlachtziffer bis auf 10 000 —, so ist ein ununterbrochenes, intensives Arbeiten erforderlich, was zu einer höchsten Ausbildung und Ausnützung der Arbeitskräfte führt, welche nach beendigter Schlachtung mit dem Transport des Fleisches und zur Unterstützung in der Zentralmarkthalle verwandt werden können. Die arbeitsfördernden Einrichtungen der Schlachthofanlagen, einschließlich der Stallungen, können im ausgedehntesten Maße gegen eine feste Gebühr pro Kopf der geschlachteten Tiere ausgenützt werden. Sie beträgt gegenwärtig 1,15 Mk. Die Anlage eines Privatschlachthauses mit den dazu gehörigen maschinellen Einrichtungen würde angesichts der hohen Grundstückswerte in und um Berlin eine stärkere Belastung des Fleisches mit Spesen bedeuten. Die ausgeschlachteten und abgekühlten Kadaver werden entweder nach den an den Schlachtraum sich anschließenden Schlachtkammern oder nach dem Kühlhause geschafft, wo das Fleisch Frische und Schmackhaftigkeit bewahrt und vor allem die zur Verarbeitung nötige Durchkühlung erhält. Die Fleischkammern, wie die Kühlzellen werden zu einem mäßigen Gebührensatze pro Quadratmeter an die einzelnen Fleischer vermietet. Ein Teil derselben bedient sich aber ihrer nicht, sondern fährt die geschlachteten und ausgekühlten Kadaver sofort ab. Zurzeit arbeiten auf dem Schweineschlachthofe 167 Meister, 119 Engros-Schlächter und 48 Stückschlächter mit etwa 400 Lehrlingen und Gesellen, deren soziale Lage bei Wochenlöhnen von 30—75 Mk. eine so ausgezeichnete ist, daß Lohnbewegungen so gut wie nicht vorkommen.

Als Fleisch im Sinne des Gesetzes werden Teile warmblütiger Tiere angesehen, sofern sie sich zum Genusse für Menschen eignen, also auch Fett, Gehirn, Eingeweideteile, Wurst; andere Erzeugnisse aber nur, soweit der Bundesrat dies anordnet. Ergibt nun die Untersuchung nach dem Schlachten, daß kein Grund zur Beanstandung des Fleisches vorliegt, so hat der Beschauer es zum Genusse für Menschen als „tauglich" zu erklären. Als Beweis hierfür sind die einzelnen Teile mit einem kreisförmigen Stempel zu kennzeichnen. Finden sich dagegen Erscheinungen, welche den Wert des Fleisches beeinträchtigen, so sind folgende Unterscheidungen zu machen. Das Fleisch ist, wenn nicht „tauglich", entweder „untauglich" oder „bedingt tauglich", endlich kann das Fleisch als „minderwertig", d. h. in seinem Nahrungs- und Genußwerte erheblich herabgesetzt sein. Die Abstufung dieser Ausstellungen ist landesgesetzlichen Vorschriften vorbehalten.

Untauglich ist das Fleisch, wenn sein Genuß in rohem oder zubereitetem Zustande die menschliche Gesundheit zu schädigen geeignet ist; bedingt tauglich, wenn es nicht im rohen, aber unbedenklich im zubereiteten Zustande als Nahrungsmittel verwendet werden kann. Hierher gehört die Schädigung durch Krankheitskeime, die durch Kochen oder Kühlen zerstört werden. Minderwertig ist das Fleisch, wenn es mäßige Abweichungen betreffs Geruchs, Geschmacks, der Farbe, nach Zusammensetzung und Haltbarkeit zeigt und deshalb nicht als vollwertig, als „tauglich" bezeichnet werden kann. Auch die Teile, welche diese Beurteilung erfahren haben, müssen durch Stempel gekennzeichnet werden. Derselbe bildet für „minderwertiges" Fleisch einen Kreis im Quadrat, für „bedingt taugliches" ein Quadrat, für „untaugliches" ein Dreieck. Das als „untauglich" bezeichnete Fleisch wird unter polizeilicher Kontrolle unschädlich beseitigt, entweder verbrannt oder sonstwie chemisch vernichtet.

Im Berichtsjahre 1909/10 wurden beanstandet als:

	untauglich §§ 33 und 34 B.B.A.	bedingt tauglich § 37 B.B.A.	im Nahrungs- und Genußmittelwert erheblich herabgesetzt § 40 B.B.A.
Schweine insgesamt . .	898	1716	4569
Sondernachweisungen der tuberkulösen Tiere, bei denen sich die Beanstandung der veränderten Teile auf Fleischviertel beschränkte	—	1665	1015

Die Zahl der jährlich beanstandeten Kadaver bewegt sich zwischen 7 und 10000, davon unterliegt aber nur ein geringer Bruchteil der gänzlichen Verwerfung. Außerdem werden alljährlich etwa 200000 Stück der einzelnen genießbaren Organe von im übrigen ohne Einschränkung tauglichen, im Nahrungs- und Genußmittelwert herabgesetzten und der bedingt tauglichen Tieren unschädlich beseitigt. Das beanstandete aber noch konsumfähige Fleisch wird im Auftrage der vereinigten Kommissionäre an der Freibank verkauft, wo der Absatz gegen mäßigen Preis neben erheblichen Mengen von auswärts zugeführtem Fleische vor sich geht. Die Preise bleiben um 40—60 % hinter den Ladenpreisen zurück, üben aber, wie die Verwerfung ganzer Tiere, bei der verhältnismäßig geringen Menge keinen erheblichen Einfluß auf die Preisbildung aus.

Die Fleischbeschau liegt in den Händen kommunaler Sachverständiger, welche sie gemäß der Bestimmung des Ortsstatuts ausüben. Sofort nach der Schweineschlachtung wird im Meldebureau der Probenehmer Meldung gemacht und in das von jedem gewerbsmäßig Schweineschlachtenden zu führende Schlachtbuch eine entsprechende Eintragung vorgenommen. Bis der Probenehmer herangekommen ist, muß das Schwein völlig intakt bleiben. Derselbe nimmt von einem jeden je zwei Stücke vom Fleisch des Zwergfelles, des Bauches, des Kehlkopfes und zwischen den Rippen. Diese Fleischstückchen werden in eine mit Nummern versehene Blechbüchse gelegt und die Körper je mit der entsprechenden Nummer versehen. Die Büchsen werden an die Fleischbeschauer verteilt, die hierauf von jeder Probe 6, von jedem Schweine also 24 Präparate anzufertigen und zu prüfen haben. Nach beendeter Untersuchung werden die trichinösen Schweine mit einem großen auffälligen Stempel in roter Farbe gekennzeichnet und verfallen damit der Verfügung des Fleischschauamts, während die gesund befundenen mit blauen Stempeln versehen, dem Verkehr freigegeben werden. Zur Untersuchung der auf dem Schlachthof geschlachteten nebst rund 50000 jährlich eingeführten Schweine im toten Zustande bedarf es eines Beamtenpersonals von 370 Trichinenschauern und Trichinenschauerinnen unter der Aufsicht von 14 Vorstehern, dazu von 50 Probenehmern und 40 Stemplern. Die Untersuchung durch das Hilfspersonal wird mit 65 Pf. pro Schwein bezahlt. Die Beschau ist also sehr kostspielig und ihre Gebühr ist mit Rücksicht auf die bedeutende Steigerung der Ausgabe für die Besoldung des Personals im Februar vorigen Jahres von 1,10 Mk. auf 1,15 Mk. erhöht worden und soll in diesem Jahre um weitere 5 Pf. pro Stück gesteigert werden.

b) Der Engros-Schlächter.

Mit der Zentralisation der Schlachtungen hat sich zugleich eine Konzentration in den Formen der Engros-Schlächterei vollzogen. Mit dieser Umgestaltung des Schlachtbetriebes ist das vierte Glied in der Kette der preisbildenden Faktoren, der Schlächterstand, in zwei Gruppen, die Engros-Schlächter und die Detail-Schlächter, zergliedert. Als Unternehmer besorgt der Engros-Schlächter im wesentlichen nur den Einkauf der Viehstücke und den Verkauf des Fleisches, während er sich auf dem Schlachthof einen Meister, Polier genannt, als Leiter hält. Bei dem für einen Gewerbetreibenden außergewöhnlich umfangreichen Umsatzlager, das zudem an eine kurze Umschlagsfrist gebunden ist, stellt sich das Umlaufskapital im Verhältnis zum gesamten Betriebskapital ungewöhnlich hoch. Bei einer wöchentlichen Schlachtziffer von 350 Tieren in einem mittleren Betriebe beläuft sich das Betriebskapital nicht über 50 000 Mk.; davon entfallen aber nicht weniger als 40—42 000 Mk. auf die Ausgaben für die Rohstoffe, das Schlachttiermaterial, und 8—9 000 Mk. auf das Anlagekapital, unter dem die Ausgaben für das Geschirr den weitesten Raum einnehmen. Der Rest verteilt sich auf die wöchentlichen Ausgaben für die Löhne und Gebühren auf dem Schlachthofe, für die Miete der Markthallenstände und die Buchführung.

Aber trotz dieses für einen Gewerbebetrieb bedeutenden Kapitalaufwands hat das Engros-Schlächtereigewerbe den Charakter des Handwerksmäßigen nicht verloren. Die Zahl der Schlachtungen, welche auf einen der 119 Engros-Schlächter entfallen, hat in den letzten Jahren nur wenig zugenommen, und es zeigen sich keine Entwicklungstendenzen, die für die Existenz der Ladenschlächter zu Besorgnissen Anlaß geben könnten. Viele Gründe lassen sich anführen, welche es als wahrscheinlich erscheinen lassen, daß weitere Konzentrationsbestrebungen ausgeschlossen sind. Es kommen hier in Betracht: einmal die arbeitsteiligen Einrichtungen der Schlachthofsanlagen, welche die einzelnen Manipulationen nicht durch Maschinen ersetzen lassen und daher keine weitere Verbilligung des Schlachtprozesses ermöglichen; sodann das Risiko, welches mit jeder Vergrößerung des Betriebes in dem Maße zunimmt, wie sich dadurch dem Unternehmer, dessen persönlicher Eifer und Gewandtheit ständig am Platze sein muß, die Übersicht über den Gesamtbetrieb entzieht. Wie nämlich für jeden Gewerbetreibenden, so ist auch für den Engros-Schlächter der Einkauf des Rohmaterials, der Viehstücke, von wesentlicher Bedeutung für den gedeihlichen Fortgang des Unternehmens. Der Viehkauf ist ein Spekulationskauf und das Leitwort des Fleischers: „ein guter Einkauf macht einen guten Verkauf" ist hier dahin zu verstehen, daß ein günstiger Vieheinkauf auf der einen Seite das Risiko beim Ausschlachten aufhebt und auf der anderen Seite eine glatte Absatzmöglichkeit zu auskömmlichen Preisen sichert. Ein weiterer Grund ist der, daß der Engros-Schlächter gezwungen ist, seine Ware innerhalb von zwei bis drei Tagen nach der Schlachtung abzusetzen. Die lebenden Tiere kann er ebensowenig zurückhalten wie der Verkäufer am Markte, da sie ständig an Gewicht abnehmen und zudem in ihrer Bewertung den ungewissen Preisschwankungen am Markte unterliegen. Auch im geschlachteten Zustande läßt sich die Ware nicht aufstapeln. Der beim Lagern durch Eintrocknen entstehende Gewichtsverlust und die Veränderung im Geschmack und Aussehen bringen Verluste mit sich, die selbst bei steigender Konjunktur nicht einzuholen sind. Er darf also an jedem Markttage nur soviel kaufen, wie er voraussichtlich bis zum nächsten, spätestens übernächsten Markttage absetzen kann. Er muß allwöchentlich einmal in der Lage sein, Inventur aufzunehmen.

Last not least. Mit der Größe des Umsatzes wächst bei der herrschenden Kreditwirtschaft und der zunehmenden Zahl unsicherer Existenzen im Ladenschlächtergewerbe auch die Gefahr von Verlusten. Es wurde angegeben, daß unter 100 Kunden in der Regel 10 vorhanden sind, durch die Verluste infolge plötzlicher Zahlungseinstellungen zu erwarten sind. Natürlich sucht man sich solcher Abnehmer nach Möglichkeit zu entledigen. Und dabei soll es nicht selten vorkommen, daß bei Erkundigungen seitens einer Konkurrenzfirma über die Zahlungsfähigkeit eines bereits stark verschuldeten Käufers die wahre Sachlage verschwiegen wird und zwar aus dem Grunde, weil man aus dem Erlös der Lieferungen des Konkurrenten die Bezahlungen der eigenen Lieferungen erwartet.

Über diese ganzen Verhältnisse hat sich der ehemalige Viehhofdirektor Hausburg [1] einmal folgendermaßen geäußert: „Im geschäftlichen Verkehr mit seinen Kunden hat der Engros-Schlächter, da jedes Stück der Schlachttiere von dem andern, was Rasse und Mast betrifft, verschieden ist, die Kadaver gewissermaßen zu individualisieren. Bei dem ausgebreiteten Borgsystem hat er außerdem noch jeden Kunden mit Vorsicht zu behandeln. Eine gleich' sorgfältige Behandlung gebührt der Behandlung und Verwertung der Schlachtabfälle. So bleibt das Engros-Geschäft in dieser Hinsicht ein Detail-Geschäft. Daher sehen wir auch kapitalkräftige Engros-

[1] Deutsche Fleischer-Zeitung 1890, Beilage zu Nr. 33.

Schlächter ihren Betrieb nur bis an die Grenze ausdehnen, innerhalb deren es noch möglich bleibt, in allen Teilen persönlich zu disponieren."

Bei der Preisbildung des Fleisches in der Hand des Engros-Schlächters ist zu unterscheiden, ob das Fleisch unmittelbar oder erst durch die Zentralmarkthalle an den Ladenschlächter gelangt. Während es hier regelrecht gehandelt wird, erfolgt im ersteren Falle die Preisbestimmung auf Grund einer Vereinbarung der beiden Kontrahenten. Je nach der beanspruchten Qualität wird die Normierung des Preises dahin festgelegt, daß ein Aufschlag von 1—2 Mk. pro 100 Pfund gegenüber der Notiz vom letzten Markte für die entsprechende Viehklasse zugrunde gelegt werden soll. Als Kontrolle der Angemessenheit hat der Ladenfleischer jederzeit die amtlichen Viehpreisnotierungen zur Hand. Doch muß dem Verkäufer bei der einzelnen Preisbemessung ein gewisser Spielraum insofern bleiben, als sich die Fleischpreise nicht immer unmittelbar an die Viehpreise anlehnen können, weil der Kundenkreis mit seinen verschiedenartigen Ansprüchen an die Qualität der Ware nicht gleichmäßig bedient werden kann. Wenn unter 100 Tieren gleicher Klasse nur 10 Stück entsprechender bester Qualität sich befinden, so ist es selbstverständlich, daß das Fleisch der letzteren höher bewertet werden muß als das Fleisch der übrigen, mit welchem diejenigen zufrieden sind, dessen Abnehmerkreis nicht auf ausgegesuchte Ware Anspruch macht. Ein Monitum seitens der Käufer, sei es über Gewicht oder Qualität, muß sofort auf dem Lieferungsschein vermerkt werden, wenn er Berücksichtigung finden soll.

Im Grunde halten sich die Fleischengros-Preise nicht wesentlich über den entsprechenden Viehpreisen am Markte. Von glaubwürdiger Seite wurde mitgeteilt, daß die in der Zentralmarkthalle zum Verkauf gebrachten Tiere nicht über 1—2 Mk. Gewinn bringen. Der Verdienst der Engros-Schlächter beruht hauptsächlich in der Verwertung der Schlachtabfälle, worunter die genießbaren Eingeweideteile, das Blut und die Därme verstanden werden.

Bei einem 200pfündigen Schweine sind 40 Pfund auf die Abfälle zu rechnen, wovon etwa die Hälfte noch in der Wurstwarenfabrikation Verwendung findet. Das Blut, ca. 7 Pfund, wird je nach der Jahreszeit mit 5—10 Pf. pro Pfund bezahlt. Der Erlös fällt jedoch in der Regel dem ersten Gesellen als Biergeld zu. Der sogenannte Kram, bestehend aus Herz, Lunge, Zunge, Leber und Nieren wiegt zusammen etwa 10 Pfund und besitzt eine Verwertungsmöglichkeit von 4,50 bis 6,— Mk. Das Darmfett, welches je nach dem Alter, Schwere und Mastzustand zwischen 3 und 20 Pfund und darüber im Gewichte schwankt, beträgt in der Regel nicht über 4 Pfund und wird mit 40—50 Pf. pro Pfund bezahlt. Dazu kommen etwa 1,50 Mk. als Erlös für die Därme. Der Gesamterlös im Betrage von 8—9 Mk. oder $7^{1}/_{2}$ % des Umlaufskapitals pro Woche soll sich im allgemeinen mit dem Bruttoverdienst im Engros-Schlächtergewerbe decken. Von diesem Gewinne sind für die Geschäftsunkosten in Abzug zu bringen: 3 % für Löhne und Gebühren auf dem Schlachthofe und 2 % für die übrigen Geschäftsspesen, für die Unterhaltung der Transportmittel und der Buchführung. Es bleibt demnach ein Reingewinn von 2,50—3 Mk. pro Kopf der geschlachteten Tiere.

c) Der Ladenschlächter.

Der Typus des Berliner Ladenfleischers ist der Käufer des Engros-Schlächters. Er müßte im Gegensatz zu diesem richtiger Fleischhändler heißen. Seine Geschäftsführung beschränkt sich auf den zweiten Teil der gewerblichen Tätigkeit, auf das Zerlegen und Verpfunden der in Halben oder einzelnen Fleischpartien bezogenen Schweine und auf die Herstellung von Fleisch- und Wurstwaren in der eigenen Behausung. Dadurch, daß ihm der Vieheinkauf und das Abschlachten abgenommen ist, hat seine Geschäftslage an Sicherheit und Stetigkeit gewonnen. Sehen wir davon ab, in welchem Maße er durch die Abnahme des Risikos beim Viehkauf und durch die Ersparnis an kostspieligen Räumlichkeiten und Arbeitskräften, welche eine zweckmäßige Ausnützung kaum finden würden, in der Preisbildung von erhöhten Spesen entlastet ist. Während der Engros-Schlächter gezwungen ist, seinen Betrieb auf eine Viehgattung zu spezialisieren, kann der Detail-Schlächter seine Sachkenntnis gegenüber allen Fleischsorten ohne besondere Mühe und Risiko in Anwendung bringen. Der Vorteil dieser Zergliederung liegt vor allem aber darin, daß sich der einzelne Ladenschlächter bei seinen Einkäufen ganz dem Geschmack und den Bedürfnissen seines sozial und lokal abgegrenzten Abnehmerkreises anpassen kann. Je nach den mit der Witterung und der Kaufkraft wechselnden Konsumansprüchen kann er seinen Laden mit den gangbaren Artikeln versehen, während er beim Selbstausschlachten ständig der Gefahr ausgesetzt sein würde, schwer gangbare Stücke mit Verlust verwerten zu müssen. In der Zentralmarkthalle findet er Fleisch in jeder Quantität und Qualität vor, welches ihm außerdem der Verkäufer bereitwilligst frei Haus liefert.

Drei- bis viermal in der Woche erscheint der Ladenschlächter schon am frühen Morgen in der Zentralhalle, um seinen voraussichtlichen Bedarf für die nächsten Tage einzudecken. Wer ständig mit gefüllter Börse erscheint, ist den Verkäufern bald bekannt und findet bei ihnen das größte Entgegenkommen. Sie bieten ihm ihre Ware um einige Pfennige billiger an als dem, der die Bezahlung seiner Einkäufe erst aus den zu erwartenden Einnahmen bewirken muß. Solche Ersparnisse bedeuten bei größeren Einkäufen immer einen erheblichen Gewinn. Ein Käufer, der nicht über die erforderlichen Barmittel verfügt, ist gar nicht imstande, die Marktlage für sich auszunutzen, er muß nehmen, was ihm auf Kredit gegeben wird. Dagegen kann sich der kapitalkräftige Käufer mehr abwartend verhalten und sich die Verkäufer entgegenkommen lassen. Wer durch seine häusliche Tätigkeit zu sehr in Anspruch genommen ist oder durch seine Kreditbedürftigkeit ohnehin an denselben Verkäufer gebunden ist, schließt den obenerwähnten Lieferungsvertrag ab. Die Bezahlung für die gelieferte Ware soll wöchentlich erfolgen; und zwar wird in der Regel am Sonnabend und Sonntag durch den Engros-Schlächter einkassiert, da er seinerseits am Montag mit dem Kommissionär abrechnen muß.

Daneben halten noch einige hundert Ladenschlächter an der alten Gewohnheit des Vieheinkaufs fest. Auch unter diesen genießen diejenigen bedeutende Vorteile, welche genügende Barmittel und Gewandtheit im Handel besitzen. Sie sind bei ihrem Erscheinen auf dem Markte nicht gezwungen, sofort zuzugreifen und sich mit jedem Stück zufrieden zu geben, um den jeweiligen Bedarf an etwa 10—30 Schweinen zu befriedigen. Es handelt sich hier in der Regel um Betriebe, die mit der Wurstmacherei verbunden sind und deren Absatzverhältnisse eine gleichmäßige Verwertung ganzer Tierkörper gewährleisten. Sie verarbeiten fast durchweg schwereres und daher teueres Vieh. Bei der besseren Verwertungsmöglichkeit des Krames kommt die Gewichtseinheit aber nicht nennenswert höher im Preise zu stehen.

Auch hier fällt das Ausschlachten aus dem Betriebsrahmen heraus, weil durch den Schlachtprozeß an diesen wenigen Stücken alle Vorteile wegfallen würden, die beim Schlachten von mehreren hundert Tieren durch die Hand eines Meisters mit seinen Gesellen geboten werden. Er wendet sich daher an den Lohn- oder Stückschlächter, der ihm gegen einen vereinbarten Stücklohn die auf dem Markte gekauften Tiere sofort schlachtet, ausweidet und in die beiden Hälften zerlegt. Die Gebühren auf dem Schlachthofe trägt er als Auftraggeber.

So hat die Zentralisierung der Schlachtungen neben den beiden selbständigen Gewerbezweigen eine neue Gruppe ins Leben gerufen, die ihre gewerbliche Tätigkeit mit dem Engros-Schlächter teilt, das geschäftliche Risiko aber dem Detail-Schlächter überläßt. Da ist wohl die Frage am Platze, welches Verfahren sich für einen Ladenschlächter wirtschaftlich günstiger stellt. Darüber wird die Verteilung der Schlachtungen zwischen Engros- und Stückschlächter Aufschluß geben können. Die Lohnschlächter sind gleichfalls nach den einzelnen Tiergattungen spezialisiert. Die Mehrzahl unter ihnen schlachtet Schweine. Mit der Einführung des Schlachthauszwanges standen beide Gruppen mit je 36 an der Zahl einander gleich. Auch noch 1890 standen 64 Engros-Schlächter 65 Stückschlächtern gegenüber, mit der Zahl der Schlachtungen waren diese sogar überlegen. Seitdem änderte sich das Bild folgendermaßen:

1895 schlachteten	89 Engros-Schlächter	340 816	Schweine,
	78 Stückschlächter	277 513	"
dazu "	Markt- und Ladenschlächter, Gastwirte und Exporteure . . .	9 433	"
	der Polizeischlächter	57	"
1900 schlachteten	93 Engros-Schlächter	477 901	"
	58 Stückschlächter	351 411	"
dazu "	Markt- und Ladenschlächter . .	4 341	"
	75 Gastwirte	924	"
	der Polizeischlächter	2 598	"
1905 schlachteten	104 Engros-Schlächter . . .	638 026	"
	57 Stückschlächter[1]	292 233	"
dazu "	der Polizeischlächter	1 860	"
1910 schlachteten	119 Engros-Schlächter . . .	786 905	"
	48 Stückschlächter	315 100	"
dazu "	der Polizeischlächter	2 500	"

Die Zahl der Lohnschlächter ist demnach in den letzten Jahren ständig zurückgegangen, während die Durchschnittsziffer der auf eine Person entfallenden Schlachtungen sich entsprechend erhöht hat. Die Zahl der selbstkaufenden Schlächter ist dagegen, wenn auch weniger absolut, so doch in starkem Maße relativ zurückgegangen. Solange der Ladenfleischer fortfährt, seinen Bedarf auf dem Viehhofe zu decken, wird dem Lohnschlächter das Arbeitsfeld erhalten bleiben. Bezieht jener jedoch mehr und mehr sein Rohmaterial vom Engros-Schlächter, und dieses soll durch die Zunahme der Preisschwankungen und die neue Marktordnung gefördert werden, dann wird der Lohnschlächter dem Engros-Schlächter das Feld räumen müssen. In welchem Umfange diese Umwandlung zum Großbetriebe bei

[1] Die Zahl der durch Markt- und Ladenschlächter geschlachteten Tiere ist seitdem denen der Lohnschlächter zugezählt.

den andern Schlachttiergattungen bereits eingetreten ist, zeigt die Gegenüberstellung der Schlachtziffern aus dem letzten Jahre.

Es schlachteten:

Die Engros-Schlächter	154 133 Rinder,	175 136 Kälber,	517 588 Schafe.
Die Stückschlächter	1 466 „	3 623 „	1 719 „

Aus den Zahlen geht hervor, daß die Engros-Schlächter die Situation beherrschen und das Fleischergewerbe für die übrigen Schlachttiergattungen zu einem reinen Verkaufsgeschäft geworden ist. Gleichwohl weist die Verteilung der Schweineschlachtungen darauf hin, daß sich bei ganzer Verwertung der Viehstücke der Selbsteinkauf ebenso empfiehlt, wie bei ungeraden Absatzverhältnissen der Bezug vom Engros-Schlächter. Die erhöhten Einkaufspreise im Großhandel werden bei den Eigenschlachtungen demnach durch die höhere Verwertungsmöglichkeit der Schlachtabfälle wieder aufgewogen.

Hiernach würde sich also, wie selten in einer anderen Lebensmittelbranche, eine geschickt angelegte Arbeitsteilung als die beste Gewähr rationeller Produktion ohne wesentliche Verteuerung des Prozesses erweisen. Während der Engros-Schlächter gleich einem Industriellen mit der Herstellung seines Produktes auch das Geschäft des Rohstoffhandels, hier der lebenden Tiere, den Absatz seiner Ware, also des Fleisches übernimmt, schließt der Detail-Schlächter innerhalb des Rahmens der alten Betriebsform einen Werkvertrag auf Grund eines festen Tarifsatzes mit dem Lohnschlächter ab. (Könnte dieses nicht die ideale Grundform der Heimarbeit in einem kommunalen Industriegebäude abgeben?) Der Lohnsatz dieses handwerksmäßigen Gewerbes schwankt zwischen 0,75 Mk. bei Zugabe einiger Schlachtabfälle und 1,50 Mk. bei freier Zufuhr. Der später für die Berechnung eingesetzte Satz von durchschnittlich 1,20 Mk. pro Schwein ist daher ziemlich hochgegriffen. Die Zahl der Schlachtungen, die auf den einzelnen Lohnschlächter entfällt, bewegt sich zwischen 5000 und 12 000 jährlich. Ihre soziale Lage ist daher als gut zu bezeichnen. Manche unter ihnen gelten als reiche Leute. Ihre durch die Höhe der Schlachtziffer bedingten jährlichen Einnahmen steigen bei einzelnen bis über 10 000 Mk. Hiervon sind nur die Löhne für drei bis vier Gesellen in Abrechnung zu bringen, da die Aufwendungen für die Arbeitsmittel ohne Belang sind. Ein tüchtiger Meister vermag immer ein gutes Geschäft zu machen. Er besitzt das Vertrauen seiner Auftraggeber, und seine Gewissenhaftigkeit ermöglicht es ihm, den Kreis derselben zu erweitern.

Wie hoch stellt sich nun der Belastungssatz für den Fleischpreis durch den Veredlungsprozeß auf dem Schlachthofe? Nach den obigen Ausführungen haben wir in Rechnung zu setzen:

1.	Die Schlachtgebühr	—,75		Pf. pro Pfd.
	einschließlich eines Aufschlages, mit welchem das Fleisch infolge der durch die Durchkühlung und Lagerung entstandenen Verteuerung belastet wird ...	—,25	1,—	" " "
2.	Die Beschaugebühr	—,75		" " "
	unter Berücksichtigung der Verteuerung, welche das unbeschränkt taugliche Fleisch durch die Verlustquote infolge der Beanstandung von 1 % ihrer Gesamtmenge erfahrungsgemäß erfährt	1,25	2,—	" " "
3.	der Schlachtlohn		—,75	" " "
	Zusammen		3,75	Pf. pro Pfd.

Die Belastung des Fleisches mit 3¾ Pf. pro Pfund erscheint vom Standpunkte des Konsumenten aus angesichts der Tatsache, daß hierfür ein rationell hergerichtetes und einwandfreies Fleisch gewährleistet wird, durchaus erträglich. Der Fleischer, speziell der Engros-Schlächter, empfindet allerdings jede Erhöhung des Gebührensatzes, und sei es auch nur um 5 Pf. pro Tierhaupt, als drückend, da sie für ihn bei einer wöchentlichen Schlachtziffer von mehreren hundert Schweinen als eine stärkere Belastung des Ausgabenkontos zum Ausdruck kommt. Demgegenüber ist jedoch hervorzuheben, daß dem Schlächter für die Herrichtung seines Produktes vom Einkaufe der Viehstücke bis zur Ausführung des Fleisches in den eigenen Laden in hygienischer und wirtschaftlicher Beziehung jeglicher Vorteil des Großbetriebes geboten ist.

Es liegt doch auf der Hand, daß der auf dem Zentralschlachthofe konzentrierte Betrieb eine wesentliche Verbilligung der Schlachtungen gegenüber den unzähligen Einzelbetrieben herbeiführt, in denen für die erforderlichen Einrichtungen und Maßnahmen der einzelne Privatunternehmer selbst Sorge zu tragen hätte. Dies gilt namentlich für eine Stadt wie Berlin, in der angesichts des steigenden Wertes von Grund und Boden usw. die Belastung des Fleisches eine unabsehbare Höhe erfahren würde.

5. Der Berliner Fleischmarkt.

a) Der Großhandel mit Fleisch.

Der Betrieb eines Engros-Schlächters regelt sich vom Schlachthof aus, von wo er am Morgen das Fleisch durch seine Geschäftswagen an die einzelnen Kunden, an die Detail-Geschäfte und Großküchen, abfahren läßt. Das nicht abgesetzte Fleisch kommt, sofern es nicht in der Kühlhalle zurückbehalten wird, in die Zentralmarkthalle und wird hier ausgeboten. In dieser Halle, welche durch den direkten Anschluß ihres Bahnhofes an die Hauptverkehrslinien mit den ersten Marktorten und Produktionszentren unmittelbar verbunden ist, findet ein ausgedehnter Großhandel statt. Seitdem mit dem Inkrafttreten des sogenannten Freizügigkeitsgesetzes am 1. Oktober 1904 das von approbierten Tierärzten untersuchte Fleisch einer nochmaligen amtlichen Untersuchung in den Schlachthausgemeinden nur daraufhin vorgenommen werden darf, ob es nicht inzwischen verdorben ist oder sonstwie eine gesundheitsschädliche Veränderung seiner Beschaffenheit angenommen hat, haben die Zufuhren von Schweinehälften von auswärts bedeutend zugenommen. Insbesondere aus Pommern, Posen und Mecklenburg treffen wöchentlich große Posten ein, die vorwiegend am Mittwoch und Sonnabend durch konzessionierte Verkaufsvermittler gegen eine Gebühr von 5 % öffentlich ausgeboten werden. Der Handel mit dem am Orte ausgeschlachteten Fleische spielt sich hauptsächlich im Anschluß an die großen Schlachttage, Mittwoch und Sonnabend, am Donnerstag und Montag ab. Die Marktstunden liegen am frühen Morgen und dehnen sich bis gegen Mittag aus. An Großhändlern kommen etwa 200, inkl. Darm- und Kramhändlern, in Betracht; ihnen stehen etwa 1700 Ladenfleischer und Wurstfabrikanten Berlins und der Vororte gegenüber.

Ein nicht unwichtiger Faktor bei der Entwicklung des Großhandels ist auch hier die Notierung der Preise. Geschieht dieselbe in zuverlässiger Weise, so werden die sämtlichen Interessenten über die Lage des Marktes auf dem Laufenden gehalten und schon hierdurch das geographische Gebiet, welches sich an der Beschickung des Berliner Marktes beteiligt, sehr erweitert. Durch Organe der Markthallenverwaltung werden täglich der Marktordnung gemäß bei je 6 als zuverlässig bekannten Verkäufern und Käufern die Preise unter schriftlicher Angabe aufgenommen, die dann ebenfalls täglich in einem „Amtlichen Marktbericht der städtischen Markthallen-Direktion über den Großhandel in den Zentralmarkthallen" veröffentlicht werden. Die im zweiten Teil dieser Schrift angegebenen Zahlen für den Engrosverkehr in den Markthallen beruhen auf einer allmonatlichen Zusammenstellung dieser täglich gelieferten Berichte an das Statistische Amt der Stadt Berlin. Während diese beiden Berichte nur einen Einheitspreis unter Berücksichtigung der beobachteten Spannung bekanntgeben, fordert das Statistische Landesamt seit April 1909 von der Markthallen-Direktion zwei Großhandelspreise ein, und zwar in folgender Gruppierung für Schweinefleisch:

a) von Schweinen zum Frischverkauf (Ladenschweinen bis zu ca. 225 Pfund Lebendgewicht);

b) von Schweinen zur Dauerwarenfabrikation (über ca. 225 Pfund Lebendgewicht).

Diese Gruppierung entspricht den Absatzverhältnissen insofern, als die unter b bezeichnete Ware mehr im direkten Bezug vom Engros-Schlächter steht, während das unter a bezeichnete Fleisch die gängige Ware in der Zentralhalle bildet. Aus diesem Umstande erklärt sich auch die eigentümliche Erscheinung, daß die Großhandelspreise von den Viehpreisen so wenig differieren, sogar sehr oft unter diesen stehen. Abgesehen von der Einwirkung auswärtiger Zufuhren führt eben das Übergewicht der weniger wertvollen Fleischstücke den ungewöhnlichen Preisdruck herbei. Auch der leidige Handel nach Notiz spielt dabei mit, da bei der Preisbestimmung die über Tagesnotiz verkaufte Ware keine Berücksichtigung finden kann. In der Tatsache bewegen sich die Großhandelspreise ungefähr um 2—3 Mk. pro Zentner über dem Tagespreis für Schlachtvieh im Mittel der Klasse C. Neben den Viehpreisen spielt natürlich die mit den Jahreszeiten wechselnde Nachfrage nach den einzelnen Stücken eine wesentliche Rolle bei der Preisgestaltung, wie dieses später darzustellen sein wird.

b) Der Kleinhandel mit Fleisch.

Der Kleinverkauf spielt sich zumeist in den Läden und an den Markt- und Markthallenständen ab. Doch wird es auch niemals an Hausfrauen fehlen, welche es vorziehen, die Lieferung auf Buch durch bestimmte Schlächter ins Haus als eine alte Gewohnheit beizubehalten. Daher muß es auch trotz der Läden und Markthallen Schlächter geben, die sich dieser Sitte fügen und sich die höhere Belastung in höheren Preisen bezahlen lassen. Es wird aber auch immer mehr Frauen geben, welche, wie es sich für einen bürgerlichen Haushalt gebührt, selbst in den Laden oder in die Markthalle gehen, um sich das gewünschte Stück auszusuchen. Für diese braucht der kleinere Schlächter keinen Gesellen oder gar Fuhrwerk zu halten; er braucht keinen Kredit an die Kundschaft zu geben und daher auch keinen Ausfall zu tragen, welcher durch erhöhte Preise von den anderen Konsumenten gedeckt werden müßte.

Daß die Preise für gleiche Fleischstücke in den verschiedenen Stadtteilen nicht dieselben sind, daß vielmehr der Preis in dem reicheren Westen und Zentrum in der Regel um 10—20 Pf. pro Pfund teurer ist als in den von der ärmeren Bevölkerung bewohnten Quartieren, wie es aus der nebenstehenden Tabelle V über die Fleischpreise in den verschiedenen Markthallen ersichtlich ist, läßt sich daraus erklären, daß in den Vierteln mit ärmerer Bevölkerung naturgemäß die beste Qualität weniger oder gar nicht, die schlechteste weit zahlreicher vertreten ist. Diese vielfach gemachte Beobachtung wird durch die Tatsache bestätigt, daß, wenn von zwei nebeneinander liegenden Fleischerläden mit Rücksicht auf die geführte Qualität der eine hohe, der andere niedrige Preise hat, im Arbeiterviertel das billige, im Westen das teure Geschäft den allgemeinen Vorzug gewinnt. Die Differenz der Hallenpreise gegenüber den Ladenpreisen in der Umgegend um 5—10 Pf. ist auf die billigere Miete und die Konkurrenz auf engem Raume zurückzuführen. Daß die Preise der von einer wirtschaftlich

Tabelle V.

März 1907	Rippespeer Pf.	Schinken Pf.	Schulter, Bauch Pf.	Speck Pf.	Schinken, geräuchert Pf.	Schinken, ausgeschnitten Pf.	Schmalz Pf.
1. Neue Friedrichstr. . . .	80—90	65—70	65—70	80—90	135	180—200	65—70
2. Linden- und Friedrichstr.	85—95	70—80	65—80	90—95	120—140	150—160	70—100
3. Zimmer- u. Mauerstr. .	95	85—90	65—80	90—105	150—160	110—190	85—100
4. Dorotheenstraße. . . .	90—110	70—80	60—80	90—100	120—140	160—180	60—100
5. Magdeburg. Platz	70—85	70—75	60—70	80—95	110—120	160—170	70—90
6. Acker- u. Invalidenstr. .	90—100	80	65—75	75—90	140	160	65
7. Dresdner- u. Bukowerstr.	65—90	70—80	65—70	80—100	125	140—160	70
8. Andreas- u. Krautstr.. .	85—95	65—70	65—70	90—110	100—120	160	65—90
9. Pückler- u. Eisenbstr. .	70—85	65—70	55—65	90—100	140	160	65
10. Arminiusplatz	80—100	75—90	65—85	80—90	140—150	160—180	60—85
11. Marheinekeplatz	70—80	70—80	65—70	90—100	135—140	160—180	60—75
12. Wörther- u. Treskowstr.	85—90	75—80	70—75	80—90	140	160—170	70—75
13. Weddingplatz	80—100	70—90	65—80	80—90	120—140	150—180	60—90

Bei einem Auftriebe von 59 221 Schweinen stellten sich die Preise:

für Schweine:			für Fleisch im Großhandel:
für I. Qualität	52—54	Mk.	47,68—55,68 Mk.
„ II. „	49—53	„	
„ III. „	46—51	„	
„ IV. „	46—50	„	

ziemlich gehobenen Bevölkerung bewohnten Außenteile der Stadt unverhältnismäßig höher sein sollen, ist neben der isolierten Lage besonders in dem Umstande begründet, daß gerade hier die Hausfrauen verlangen, daß der Fleischergeselle abends ins Haus kommt und nach dem Bedarfe fragt, und daß er dann am nächsten Morgen das bestellte Fleisch in der Küche abliefert. Bei dieser Art des Einkaufes fällt noch ins Gewicht, daß das Fleisch beim Empfang nicht bar bezahlt wird, sondern daß die meisten Haushaltungen auf Buch, schon der Kontrolle wegen, kaufen. Die Beträge werden dann nur monatlich, ausnahmsweise vielleicht 14 tägig, eingezogen. Da nun auch der Fleischer selbst auf Kredit bezieht und daher die Zinsen in der höheren Berechnung findet, so muß er auch seinerseits einen erhöhten Aufschlag für den Fleischpreis berechnen.

Bei dieser Verschiedenheit in der Preisbemessung ist die Bestimmung des Grundpreises als Unterlage für die Statistik überaus unsicher. Weisen doch die von Organen der Polizeibehörde und der Markthallenverwaltung gleichzeitig gesammelten Angaben nicht selten sehr erhebliche Differenzen auf. Auch stimmen die in Wirklichkeit gezahlten Preise mit den amtlichen Notierungen keineswegs überein. Das haben uns die Erhebungen der Landwirtschaftskammer für die Provinz Brandenburg über die tatsächlich gezahlten Preise in etwa 90 Fleischerläden Berlins im Monat August 1907 erwiesen. Die Preise stellten sich pro Kilogramm:

	nach den Erhebungen		nach dem statistischen Landesamt		
	höchster Mk.	niedrigster Mk.	höchster Mk.	niedrigster Mk.	Durchschnitt Mk.
für Rücken, Karbonade .	2,40	1,80	1,80	1,20	1,54
für Kamm	2,20	1,60			
für Schinken, frisch . .	2,40	1,40			
für Schulter, Bauch . .	2,—	1,30			

Die Erhebungen der Fleischpreise durch Einkäufe wurden im Monat August vorigen Jahres wiederholt. Nach der Übersicht über die Fleischpreise in den einzelnen Stadtteilen (siehe Tabelle VI) sind fast durchweg erheblich höhere Preise gezahlt worden, als die amtlichen Notierungen für diesen Monat angeben. Dieser Sachverhalt verdient hervorgehoben zu werden, weil die damit zusammenhängende Ungenauigkeit bei statistischen Angaben und Vergleichen zwischen Vieh- und Fleischpreisen bisher niemals beachtet worden ist. Während nämlich erstere dank der neuen Marktordnung einwandfrei festgestellt werden, bewirken letztere als statistische Unterlagen erhebliche Fehlerquellen.

Wenn die amtlichen Zahlen trotzdem für die spätere Berechnung ver-

Die Fleischpreise (August 1910), amtliche Notierungen und nach Erhebungen in den einzelnen Stadtteilen:

Viehpreis: Klasse A 67,— Mk. Klasse D 65,— Mk. / " B 66,50 " " E 63,— " / " C 66,50 " " F 62,— " | Großhandelspreis: 66,06 Mk. | Kleinhandelspreis: Rücken, Kotelette 97 Pf. / Schinken . . . 83 " / Kamm, Bauch . 78 "

Tabelle VI.

	Zentral-Markt-halle Pf.	Ostdeutsche Fleischind. G. m. b. H. Pf.	Warenhaus Wertheim Pf.	Berlin C. Pf.	Berlin S. Pf.	Berlin N. Pf.	Berlin W. Pf.	Schöneberg Pf.	Schöneberg Pf.	Charlottenburg Pf.	Wilmersdorf Pf.	Lichtenberg Pf.	Spannung Pf.
Spitzbein	10	10	20	30	25—30	35	—	—	—	15	—	—	10—35 = 25
Ohren, Schnauzen Köpfe	20	25	30	35	45—50	40	—	—	—	25—40	—	—	25—50 = 25
Eisbeine, vordere .	50	50	70	80	—	75	35—45 (for both rows)	i. Sommer 35	80	100	—	—	30—100 = 70
Eisbeine, hintere .	30	30	40	70	—	85		i. Winter 70	—	100	—	—	30—100 = 70
Bauch	65	—	75	80	80	70	90	90	70	80	90	80	70—90 = 20
Kamm	80	80	90	90	100	100	110	100	—	110	100	90	80—110 = 30
Kotelette	80—90	80	110	120	110	110	120	110—120	100	120—130	120	100	80—130 = 50
Schinken, i. ganz.	70	70	85	120 (for both rows)	75—80 (for both rows)	—	—	—	—	90	—	—	70—120 = 50
Schinken, geteilt .	—	—	90			80	—	—	—	—	95	—	75—120 = 45
Filet	120	—	140	140	120	100	140	140	120	140	125	120	100—140 = 40
Leber	110	90	120	80	100	120	—	120	—	100	100	100	80—120 = 40
Lunge	50 (for both rows)	—	50—75	75—125	60—75	80—110	—	—	—	Stück 60	—	60—80	50—120 = 70 (for both rows)
Herz						50	—	—	—	—	—	—	
Zunge	60—80	—	100—120	100	—	110	—	—	—	Stück 100	—	—	100—120 = 20
Nieren	70	40	90	90	90	—	—	90—100	80	70	—	80—90	40—100 = 60
Liesen	60—65	70	75	80	70	65	—	70	75	80	90	70	65—90 = 25
Rückenfett	60—65	65	70	80	70	70	—	80	80	90	90	75—80	65—90 = 25
Kassler Rippespeer	80	80	90—100	110	110	95—100	90	110	100	115	105	100	80—115 = 35
Pökelkamm	80	—	90	90	100	90—100	—	—	90	95	100	100	90—100 = 10
Gehacktes Fleisch .	80	—	80	80	80	70	80	—	70	80	80	70	70—80 = 10
Schmalz	70	80	85	80	80	80	80	90	90	90—110	100	—	80—110 = 30

wandt worden sind, so hat dieses Verfahren darin seinen Grund, daß dadurch eine zweite Fehlerquelle der amtlichen Notierung aufgehoben werden konnte. Diese befindet sich nämlich in den Angaben über den Durchschnittspreis für Schweine höchstes Mittel. Hierfür ist bisher stets der Preis für Schweine aus der Klasse D nach der heutigen Notierung geführt, während als Durchschnittspreis für die Berliner Verhältnisse richtiger der Preis für Schweine aus der Klasse C anzusehen ist. Dieses ergibt sich aus der Tatsache, daß einmal das Durchschnittsgewicht des Berliner Marktschweins erheblich über 200 Pfund beträgt, und daß sodann das Hauptkontingent am Markte die Tiere der Klasse C bilden.

Um einen Ausgleich dieser beiden Fehlerquellen bei der späteren Berechnung zu erreichen, sind die Viehpreise der Klasse D, also um 5—8 % herabgedrückte Zahlen, mit den amtlich notierten Zahlen über die Fleischpreise zusammengestellt. Die noch verbleibende kleine Differenz zugunsten der Fleischpreiszahlen wird weiter dadurch vollständig aufgehoben, daß beim Hängen des Fleisches im Laden und beim Verpfunden ein Gewichtsverlust von einem geringen Prozentsatz eintritt, der damit eine ausgleichende Berücksichtigung findet.

Wie macht nun der Fleischer seine Preise? Die wünschenswerte Einheitlichkeit der Preise, wie sie durch die Frankfurter Innung für Frankfurt seit 1901 und durch die Stuttgarter Innung für Stuttgart im April 1909 eingeführt ist, fehlt in Berlin. Für sie sind wohl die Viehpreise maßgebend oder genauer die durch diese bedingten Großhandelspreise. Die strenge Richtschnur, etwa die einer parallelen Bewegung, läßt sich aber vermissen. Es wird als wenig zweckmäßig erachtet, die Preisspannung zwischen Vieh und Fleisch gleichmäßig zu halten. Vielmehr liegt in den Fleischpreisen eine gewisse Stabilität. Das schließt zwar nicht aus, sie mit den Viehpreisen zu steigern, aber eine gewisse Schwerfälligkeit der Bewegung bewirkt in den günstigen Zeiten die größte Differenz, die sich zu Zeiten höchster Viehpreise wieder am meisten abschwächt. Darin liegt schließlich auch etwas Gleichmäßiges. Der Fleischer hat seither dafür Sorge getragen, daß Kaufkraft und Gewohnheit des Publikums seinem Bestreben entsprechen. Eine Preissteigerung läßt sich stets rechtfertigen bis zu der Höhe, bei der mit Rücksicht auf die Absatzmöglichkeit das Geschäft rentabel erhalten werden kann. Bei steigenden Preisen weiß er durch etwas Propaganda die Erregung des Kundenkreises abzulenken. Hat dieser sich einmal an eine bestimmte Höhe gewöhnt, so kommen in der Regel bald niedrige Viehpreise. Für ein entsprechendes Sinken zieht ihn niemand zur Rechenschaft, und eine gegenseitige Konkurrenz ist nicht zu fürchten.

Neben dem Hallen- und Ladenhandel finden sich noch insbesondere in der Nähe der Zentralhalle einige Geschäfte, die für den Volkskonsum einen Massenvertrieb zu billigen Tagespreisen unterhalten. Hier und da floriert auch wohl ein Fleischhandel im bescheidenen Winkel des Haustores, der in hygienischer Hinsicht die Grenze des Zulässigen streift. Diese Erscheinungen bilden keine Konkurrenz. Ein gutes Stück Fleisch findet überall einen preiswerten Absatz. Bei einzelnen feineren Geschäften ist neben dem Ladenverkauf ein Kellerverkauf zu ermäßigten Preisen eingerichtet. Da der Name stets gut dafür sagt, so läßt sich dieses Verfahren sozial durchaus rechtfertigen. Die guten alten Zeiten sollen allerdings vorüber sein, wo die Frau Doktor 20—30 Pf. mehr anlegte als die Handwerkersfrau, die dafür von demselben Stück abseits des Ladentisches abgehauen bekam.

Das Vorhandensein einer Konkurrenz wird zwar aus dem Umstande gefolgert, daß eine Vereinbarung über die Festlegung der Preise in einer Stadt wie Berlin so gut wie ausgeschlossen ist, und daß eine Einigung darüber am wenigsten unter benachbarten Fleischern Platz greifen werde; doch darf man nicht vergessen, daß der Fleischerstand einer Stadt wie kein zweites Gewerbe eine Interessengruppe von Verkäufern ein und derselben Ware darstellt, die durch starkes Solidaritätsgefühl, durch mancherlei Veranstaltungen und Maßregeln zusammengehalten in geschlossener Form dem kaufenden Publikum gegenüberstehen, so daß von einer Konkurrenz nicht eigentlich gesprochen werden kann. Die gegenteilige Begründung mit dem Hinweise auf die Verschiedenheit der Fleischpreise ist hinfällig; denn bei keinem anderen Zweige des gewerblichen Lebens handelt es sich in so ausgeprägtem Maße um das System der Kundenproduktion. Je nach der Lage und der Qualität der Ware bestimmt sich der Kreis einer ständigen Kundschaft, deren Vertrauen sich der Fleischer durch den persönlichen täglichen Verkehr zu sichern weiß.

Eine preisausgleichende Konkurrenz kann schon deshalb nicht eintreten, weil eine Bekanntgabe der Preise durch Aushang oder Auszeichnung der einzelnen Stücke nur im verschwindenden Maße stattfindet. Und wo dieses der Fall ist, geschieht es nicht selten als Lockmittel, um schwerverkäufliche Artikel schnell an den Mann zu bringen. Sobald die betreffende Ware wieder besser geht und Aussicht auf glatte Räumung vorhanden ist, verschwindet die Preisangabe. Der Preis wird dann willkürlich höher gesetzt. Einer lebhaften Preiskonkurrenz wird schon dadurch der Boden entzogen, daß die Qualität der Produkte nur in wenigen Fällen in typischen Sorten abgestuft ist. Auch ist das kaufende Publikum gar nicht in der Lage, die ausgelegte Ware einer vergleichenden Würdigung zu unterziehen. Denn einmal ist die Kenntnis von den verschiedenen Fleischsorten und ihren Qualitäten längst nicht so verbreitet wie die Kenntnis von Gemüse, Obst und anderen Haushaltungsbedürfnissen; und dann pflegen hoch- und geringwertige Qualitäten im bunten Gemisch nebeneinander zu liegen, ohne in ihrer Beschaffenheit kenntlich gemacht zu sein. Infolgedessen ist bei der Verabfolgung von Fleisch Mißgriffen, die nicht zum Schaden des Verkäufers ausfallen, Tor und Tür geöffnet. Es soll sogar noch vorkommen, daß die Preisbemessung angesichts des Geldbeutels eines Kunden gemacht wird, wie auch hier und da das Ladenpersonal bei Fehlen einer Kassenkontrolle vortrefflich für die eigene Tasche zu rechnen verstehen soll. Doch sind das Gerüchte, die sich schwer nachprüfen lassen.

Der Fleischverkehr zwischen dem Ladenschlächter und dem verzehrenden Publikum ist eine Vertrauenssache und wird es auch so lange bleiben, als nicht jeder Gang durch die Straßen dem letzteren Gelegenheit bietet, sich einen größeren Überblick über die allgemeine Preislage zu verschaffen. Noch ein anderer Grund sichert dem einzelnen Geschäfte die Monopolstellung. Beim Einkauf des täglich notwendigen Bedarfsartikels wird im allgemeinen ein weiterer Weg als der bis um die nächste Straßenecke gescheut, schon aus dem Grunde, weil die gebräuchliche Verpackung des Fleisches für einen weiteren Gang wenig geeignet ist. In dieser Hinsicht machen nur die Warenhäuser eine dankenswerte Ausnahme, ein Vorzug, der ihnen neben dem Bestreben, die Spannung zwischen Vieh- und Fleischpreisen ständig in normalen Grenzen zu halten, eine größere Anziehungskraft verleiht. Der Warenhauskäufer wird nicht nur durch die wöchentlich erscheinenden Inserate in den Tageszeitungen von den geführten Fleischstücken, ihren Qualitäten und deren Preisverhältnissen unterrichtet, sondern er weiß auch, daß ihm bei seinem Einkauf ein gut verschnürtes Paket übergeben wird, das auf die weiteste Entfernung hin nicht lästig fällt.

Es läßt sich die Beobachtung machen, daß die Warenhäuser durch dieses Geschäftsverfahren eine preisregulierende Wirkung über die benachbarten Stadtbezirke ausüben. Durch die Bekanntgabe der jeweiligen Tagespreise wird nämlich einer unter den Fleischern fast allgemein verbreiteten Unsitte entgegengewirkt, die darin besteht, daß sie die Preise für die einzelnen Fleischsorten nach Möglichkeit untereinander auszugleichen suchen, anstatt sie den entsprechenden Viehpreisen laufend anzupassen. So wurde im letzten Sommer vielfach darüber geklagt, daß die Spannung zwischen Schweine- und Schweinefleischpreisen hier und dort unverhältnismäßig groß war. Der erhöhte Gewinn am Schweinefleisch diente dazu, um die gegenüber den Viehpreisen sehr mäßig gehaltenen Aufschläge für

Rind- und Kalbfleisch wieder aufzuholen. Hiermit ist dem Konsumenten durchaus nicht gedient. Denn während der Bessersituierte bei Verteuerung einzelner Fleischsorten nicht ohne weiteres zum Verzehr nur billiger Sorten übergehen wird, ist der Minderbemittelte bei gleichmäßiger Erhöhung aller Fleischsorten dagegen gezwungen, den Fleischgenuß überhaupt einzuschränken oder den Ausfall bei Rind- und Kalbfleisch mitzutragen.

Zusammenfassung.

Überblicken wir noch einmal zusammenfassend die Preisbildung vom Produzenten bis zum Konsumenten. Die Spannweite zwischen Produktion und Konsumtion wird durch die Gliederung der einzelnen Produktions- und Vermittlungselemente in vier für die Preisbildung selbständige Abschnitte zerlegt, und zwar derart, daß sich innerhalb des Gesamtumschlagsprozesses vier Preise marktmäßig herausbilden, welche die aufeinanderfolgende Wertverschiebung weniger mit Rücksicht auf die verteuernden Kostensätze, als mit Rücksicht auf das aus der Umschlagsnotwendigkeit und dem Marktbedürfnisse sich ergebende Stärkeverhältnis von Angebot und Nachfrage zum Ausdruck bringen.

I. Stallpreis: Darunter ist der Preis zu verstehen, welchen der Mäster für sein schlachtreifes Vieh loco Hof oder loco Versandstation erzielt. Soweit der Mäster für den Absatz seiner Produkte auf den Händler angewiesen ist, der mit der allgemeinen Marktlage und der Verwertungsmöglichkeit der angebotenen Viehstücke am Markte besser vertraut ist, wird er seine Preisforderung dem Gebot desselben anpassen müssen. Der Käufer nimmt natürlich seinen Vorteil wahr und hat nur dem kaufmännischen Geschick seines Kontrahenten Rechnung zu tragen. An die Festlegung von Minimalpreisen seitens der Verkäufer, etwa auf Grund der Produktionskosten, ist ja bei der rein individuell betriebenen und dazu so überaus verschiedenartig gestalteten Viehhaltung gar nicht zu denken. Zudem fehlt es auch in den vorwiegend kleinen und rein landwirtschaftlichen Betrieben an jeglicher Buchführung. Die allgemeinen Produktionsverhältnisse als Maßstab für die Preisbestimmung zugrunde zu legen, kommt nicht in Betracht, weil sich die Gestaltung der Preislage am Markte bei der Eigenart der Viehstandsbewegung nicht mit der nötigen Schärfe voraussehen läßt. Für die Bewertung der im Lande zum Verkauf stehenden Viehstücke können daher nur die am Markte gezahlten Preise rückwirkend in Frage kommen. Die Kaufabschlüsse vollziehen sich denn auch überwiegend auf Grund der jeweilig vorliegenden Marktnotierungen. Eine einwandfreie, die wahre Marktlage erfassende Feststellung der gezahlten Preise ist daher für den Verkäufer von größter Wichtigkeit. Und trotzdem stellte die Preisnotierung, wie sie bis zum Erlaß des Gesetzes, betreffend die Preisfestsetzung beim Markthandel für Schlachtvieh im Jahre 1909, im Schwunge war, nichts anderes als eine Verschleierung der wahren Preislage am Markte für den Landwirt dar. Heute ist der Produzent dank der fortlaufenden Marktberichte, die ein anschauliches Bild von der Preisbewegung geben, in den Stand gesetzt, die Preisangebote zu kontrollieren und seine Verkaufsabschlüsse so zu formulieren, daß dem Händler neben seinen Geschäftsauslagen ein angemessener Gewinn verbleibt. Angesichts einer ruhigen Preislage ist somit beiden Parteien gedient. Es darf aber nicht vergessen werden, daß die bisher im Handel herrschenden ungesunden Verhältnisse weniger in einer unreellen Profitsucht auf seiten des Zwischenhändlers ihren Ursprung hatten, daß dieser Zustand vielmehr auf die unabänderlichen Konjunkturschwankungen, die durch den ständigen Wechsel der von den Produktionsverhältnissen abhängigen Marktzutriebe veranlaßt wurden, zurückzuführen ist. Wer mit objektivem Auge der Lage des Zwischenhändlers gerecht werden will, wird zugeben müssen, daß diese sich seit dem Erlaß des Gesetzes nicht gleichmäßig günstiger gestaltet hat. Vielfach sieht er sich heute gegenüber Preisforderungen, die mit der natürlichen Preisentwicklung nicht vereinbar sind, zur Nachgiebigkeit gezwungen, aus dem einfachen Grunde, weil ein jeder für die Aufrechterhaltung seiner Erwerbstätigkeit bedacht ist. Die Verlustquoten sind infolgedessen gegenüber den Gewinnquoten am Markte immer drohender für die Existenzfähigkeit angewachsen. Was kann es da wundernehmen, wenn sich die Ausgleichungsbestrebungen immer nachdrücklicher mit einem Preisdruck nach oben durchzusetzen suchen. Eine über das zulässige Maß getriebene Preislage läßt sich aber auf die Dauer nicht künstlich halten. Mit dem Überdruck des dadurch forcierten Angebots stellen sich regelmäßig katastrophale Rückschläge ein, durch die sich der gesetzmäßige Preisregulator unabwendbar durchsetzen muß. Dieses Wechselspiel der Preiskonstellation hat natürlich eine sprungartige Erhöhung der allgemeinen Preislage zur Folge, wofür wir an der Hand der Produktionsstatistik keine genügende Erklärung finden. Daneben macht sich eine Erscheinung bemerkbar, wonach dieser Entwicklungstendenz nach oben ein festerer Charakter verliehen wird. Ihre Ursache bilden die mehr und mehr zunehmenden reinen Mastbetriebe, welche auf der Grundlage einer scharfen Kalkulation aufgebaut sind. Das allmähliche Hinübergleiten derselben in die kapitalistischen Formen mit ihren zentralisierenden und assimilierenden Begleiterscheinungen muß es notwendig mit sich bringen, daß bei der Preisbestimmung das subjektive Moment auf seiten des Produzenten als wesentlich in den Vordergrund rückt. Die

Festlegung von Minimal- und Maximalsätzen für den Kostenpreis scheitert zwar heute noch an der Kompliziertheit der Produktionsorganisation und infolge der ungemein schwierigen Klassifizierung der Mastware. Jedoch läßt jeder Fortschritt in der technischen und ökonomischen Organisation erkennen, daß zielbewußt ein Weg beschritten ist, der dahin führt, den Bedürfnissen des Marktes unter entsprechender Berücksichtigung des Produktionsinteresses in vollem Umfange Rechnung zu tragen. Je stärker der reine Mastbetrieb an der Gesamtproduktion teilnimmt, um so mehr werden auch die einzelnen Produktionselemente und damit der Kostenpreis zur Geltung kommen. Damit wird auch zugleich die Mastware immer schärfer den Charakter eines Monopolgutes in der Hand des Produzenten annehmen.

Wenn aus den oben zusammengestellten Beispielen der Kostenpreis für beste Marktware mit einer Spannung von 48—56 Pf. für das Pfund Schweinefleisch berechnet ist, so soll damit zum erstenmal der Versuch gemacht werden, die Entwicklung der Produktionskosten anschaulich zum Ausdruck zu bringen. Verallgemeinernde Schlüsse lassen sich jedoch aus dieser Berechnung nicht ziehen. Bei der Differenziertheit des Mästungsverfahrens verbietet es sich, die einzelnen Preisfaktoren schematisch unter einheitliche Gesichtspunkte einzusetzen. Ebensowenig wird sich die Entwicklung derselben während der letzten Jahrzehnte rechnerisch feststellen lassen. Daß ihre Tendenz keine rückläufige gewesen ist, kann allerdings als feststehend bezeichnet werden. An der Wirkung der Wertsteigerung der Fütterung haben wir dieses bereits oben gesehen. Aber auch die anderen Faktoren, die menschliche Arbeitskraft, der Grund und Boden usw. stellen, soweit sie in Rechnung zu setzen sind, ein erhebliches Anwachsen der Produktionskosten außer Frage.

Die Bildung des Stallpreises hat sich bisher jeder öffentlichen Beobachtung entzogen. Zwar sind von einzelnen Landwirtschaftskammern Nachweise über die in ihren Bezirken gezahlten Preise geliefert, statistischen Wert können wir diesen Belegen jedoch nicht beilegen. Hat doch selbst das Landesökonomie-Kollegium seinen Versuch, die Preise ab Hof in allen Kreisen Preußens regelmäßig durch zuverlässige Persönlichkeiten einzuholen, um sie dann als Material für eine Vergleichung der Stallpreise mit den Marktpreisen zu verwenden, als undurchführbar wieder aufgegeben. Die Mannigfaltigkeit der herrschenden Handelsgebräuche allein unterbindet jede Übersicht. Auch in dieser Beziehung wird die neue Marktordnung von Bedeutung sein. Durch die allgemeine Verbreitung des Handels nach Lebendgewicht wird der Stallpreis für die Preisbildung größere Bedeutung gewinnen und durch eine statistische Aufnahme weiterhin verfolgbar bleiben.

II. Der Marktpreis: Er setzt sich zusammen:

1. aus dem Stallpreise;

2. aus den Kosten für den Transport vom Hof bzw. von der Versandstation bis an den Markt unter Berücksichtigung des dabei eintretenden Gewichtsverlustes, welcher normalerweise 3—5 % beträgt, aber durch Anrechnung eines Gutgewichts oder durch die Fütterung am Markte wieder ausgeglichen werden kann;

3. aus den Marktunkosten und Versicherungsgebühren;

4. aus den Provisionen für die in Anspruch genommenen Mittelspersonen (Agenten und Aufkäufer 1 Mk. pro Schwein, Kommissionär $1^1/_4$—$1^1/_2$ % des Verkaufspreises);

5. aus dem Geschäftsgewinn des Händlers.

Dieser Abschnitt des Vermittlungsgeschäfts bedingt einen Kostenaufwand von 5—7 Mk. pro Zentner Lebendgewicht. Um wieviel nun die Spannung zwischen Stall- und Marktpreis über diese Summe hinausgeht oder darunter bleibt, soviel hat der Händler als Gewinn oder Verlust zu verzeichnen. Nach Berichten von Landwirten (durch Umfrage des Landesökonomie-Kollegiums) sollen sich im ersten Vierteljahr 1910 zwischen den Stallpreisen in Westpreußen und den Marktpreisen in Berlin pro Zentner Lebendgewicht folgende Spannungen für die einzelnen Klassen ergeben haben:

Klasse	Stallpreis	Marktpreis	Spannung
a) Fettschweine über 3 Ztr. .	50—55 Mk.	54—59 Mk.	4—9 Mk.
b) vollfleischige über $2^1/_2$ Ztr.	48—53 „	54—58 „	6—10 „
c) vollfleischige über 2 Ztr. .	46—51 „	50—58 „	4—12 „
d) fleischige bis 170 Pfd. .	40—47 „	49—54 „	5—14 „
e) Sauen	40—48 „	46—55 „	6—15 „

Als Durchschnittsverdienst am Schwein wäre hiernach 3—6 Mk. anzunehmen, eine Summe, die eher zu hoch als zu niedrig erscheint.

Der Händler macht seine Einkäufe bzw. vollzieht die Abnahme bei Lieferungskäufen mit Rücksicht auf das voraussichtliche Marktbedürfnis. Da sich aber der Markthandel seiner Struktur nach jeder gesetzmäßigen Erfassung entzieht, so ist er selbst bei der besten Erfahrung auf Vermutungen angewiesen. Wohl regulieren Angebot und Nachfrage den Markt, aber der Umfang beider Faktoren ist für die Preiskonstellation an den einzelnen Markttagen nicht allein entscheidend. Hierbei spielen viele Einzelmomente mit, die ihren Ursprung in den verschiedenartigsten Umständen, wie z. B. in der Jahreszeit, den Witterungsverhältnissen, der Kaufkraft usw. haben. Mit einiger Sicherheit vorauszusehen und dabei von entscheidendem Einflusse auf die Preisentwicklung ist das nach den

Ernteausfällen zu erwartende Angebot im Lande. Und da weiter Stallpreis und Marktpreis in ständiger Wechselbeziehung zueinander stehen, so sind trotz der Undurchsichtigkeit der Marktverhältnisse die zu erwartenden großen Konjunkturschwankungen im Laufe eines Jahres vorauszusehen.

III. Der Großhandelspreis für Fleisch: Er setzt sich zusammen:

1. aus dem Marktpreise für das Schlachtvieh;
2. aus den Betriebsunkosten der Engros-Schlächterei, worunter der Aufwand für die Schlachtung, die Gebühren auf dem Schlachthofe und in der Zentralmarkthalle und endlich die übrigen Geschäftsspesen zu verstehen sind;
3. aus dem Unternehmergewinn des Engros-Schlächters.

Der aus diesen drei Faktoren betriebswirtschaftlich sich ergebende Preis ist mit dem statistisch erfaßten Preise nicht identisch, und zwar aus folgendem Grunde: Die Abschätzung des lebenden Tieres erfolgt spekulationsmäßig in Hinsicht auf die Schlachtausbeute für das reine Fleisch und Fett, wofür 80 % des ganzen Körpers als feststehender Durchschnittssatz angenommen ist. Entsprechend ist auch der statistisch festgestellte Preis nur auf den Erlös aus den reinen Fleisch- und Fettpartien bezogen. Wenn demnach beide Preise scheinbar die Bewertung gleicher Handelsware auf zwei verschiedenen Stufen des Produktionsprozesses zum Ausdruck bringen, so läßt sich doch die Vergleichbarkeit der Preiszahlen nicht geben, weil die Wertverschiebung der als Fleisch verwertbaren Organe, welche noch reichlich 15 % des ganzen Körpers ausmachen, nicht gleichmäßig berücksichtigt wird. Bei der Festsetzung des Marktpreises liegt der Fleischwert mit Rücksicht auf die Gesamtverwertung des Körpers zugrunde, während sich im Großhandelspreis der Fleischwert ohne diese ausgleichende Berücksichtigung darstellt. Und dadurch, daß, wie oben erwähnt, der Verteuerungsfaktor des Engros-Schlachtgeschäfts den Wert der als Kram bezeichneten Fleischteile für die Preisbildung absorbiert, scheint in der Statistik eine Wertverschiebung sich nur auf Grund des Marktwechsels zu vollziehen.

IV. Der Kleinhandelspreis für Fleisch: Er setzt sich zusammen:

1. entweder aus dem Großhandelspreise für Fleisch oder aus dem Marktpreise für Vieh unter Zuschlag der Schlachtungsunkosten;
2. aus den Geschäftsspesen und
3. aus dem Unternehmergewinn des Ladenschlächters.

Über die Entwicklung dieses Endpreises und seinen Zusammenhang mit dem Marktpreise für Schlachtvieh und dem Großhandelspreise für Fleisch soll im zweiten Teil näher eingegangen werden.

Zweiter Teil.

Die Preisbewegung für Schlachtvieh und Fleisch und die Rentabilität der Schweineschlachtungen in den Jahren 1895—1910.

1. Die Bewegung der Schlachtvieh- und Fleischpreise.

Über die am Viehhofe gezahlten Preise geben die jährlich erscheinenden „Berichte über den städtischen Vieh- und Schlachthof" monatliche Durchschnittszahlen, die wir für einen kurzen Überblick über die Preisbewegung der Schlachtschweine während der Jahre 1895—1910 hier zugrunde legen wollen. An der Hand der Tabelle VII beobachten wir ein stetes Auf- und Niedergehen, kaum einen Moment der Ruhe. Die Preise bestimmen sich nach dem jeweiligen Stärkeverhältnis zwischen Angebot und Nachfrage, wobei die Dringlichkeit entscheidend mitwirkt. Ist jemand gezwungen, sein Produkt augenblicklich oder doch bald zu verkaufen, so wird er mit seiner Preisforderung entgegenkommender sein als derjenige, welcher den Verkauf hinausschieben und bessere Konjunkturen abwarten kann. Ebenso wirkt auch die Dringlichkeit auf seiten des Käufers nach der Ware. Neben den beiden Faktoren, Angebot und Nachfrage, ist hauptbestimmend die Höhe der Beschaffungskosten. Das Gesetz, wonach der Preis durch die Produktions- und Transportkosten derjenigen bäuerlichen Wirtschaften bestimmt wird, die unter den ungünstigsten Verhältnissen produzieren oder sich in den entlegensten Gegenden befinden, deren Produkte aber zur Befriedigung des Marktbedarfs noch notwendig sind und begehrt werden, spielt jedoch hierbei keine in die Erscheinung tretende Rolle. Von größerem Einflusse sind dagegen die Kaufkraft der Bevölkerung, der allgemeine Wohlstand, die Bewegung des Geldwertes, die mit den Jahreszeiten wechselnden Ansprüche des Konsums usw.

Tabelle VII.

Jahr und Monat	Schlachtschweine in Mark für einen Zentner						Auftrieb an den Sonnabend-Märkten × 2 = ungefährer Gesamtauftrieb Stück
	höchste Notierung	vollfleisch. d. f. Rassen u. Kreuzung bis $1^1/_4$ Jahr	fleischige	gering entwickelte	Sauen	niedrigste Notierung	
1	2	3	4	5	6	7	8
1895	I.		II.		III.		
Januar . .	49,50		48,—		44,50		—
Februar . .	49,50		47,50		45,—		—
März . . .	46,50		45,—		42,—		—
April . . .	42,50		40,50		38,—		—
Mai	41,50		39,50		36,50		—
Juni . . .	42,—		39,50		37,—		—
Juli	45,—		43,50		41,—		—
August . . .	48,50		46,50		44,—		—
September .	49,—		47,—		44,—		—
Oktober . .	48,—		45,50		42,—		—
November .	46,50		44,—		40,50		—
Dezember . .	45,—		43,—		40,50		—
1896							
Januar . .	44,—		41,50		39,—		—
Februar . .	43,50		42,—		39,50		—
März . . .	41,50		39,50		37,—		—
April . . .	42,—		40,50		38,—		—
Mai	39,—		37,—		35,—		—
Juni . . .	36,50		35,—		33,—		—
Juli	41,50		40,—		38,—		—
August . . .	46,50		45,—		42,50		—
September .	49,—		47,50		45,—		—
Oktober . .	49,—		47,—		44,—		—
November .	49,50		47,—		44,50		—
Dezember . .	49,—		46,50		43,—		—
1897							
Januar . .	51,50		49,50		46,50		—
Februar . .	51,—		48,50		46,—		—
März . . .	50,—		47,50		44,50		—
April . . .	47,50		45,50		43,—		—
Mai	46,—		44,—		41,50		—
Juni . . .	48,—		46,50		43,50		—
Juli	59,—	55,—	53,50	51,—	49,50	46,—	37 693
August . . .	60,—	58,50	56,50	54,—	51,50	49,—	32 345
September .	64,—	60,—	57,50	54,50	54,50	52,—	31 928
Oktober . .	66,—	61,50	59,—	56,—	55,50	52,—	42 328
November .	65,—	62,—	59,—	55,50	56,—	53,—	20 828
Dezember . .	63,—	59,—	57,—	54,—	53,—	50,—	29 429

Tabelle VII (Fortsetzung).

Jahr und Monat	Schlachtschweine in Mark für einen Zentner						Auftrieb an den Sonnabend-Märkten × 2 = ungefährer Gesamtauftrieb Stück
	höchste Notierung	vollfleisch. d. f. Rassen u. Kreuzung bis 1¼ Jahr	fleischige	gering entwickelte	Sauen	niedrigste Notierung	
1	2	3	4	5	6	7	8
1898							
Januar . .	61,—	59,50	57,50	55,—	55,50	53,—	29 784
Februar . .	61,—	61,—	57,50	54,50	55,—	52,—	30 788
März . . .	61,—	57,—	55,50	53,—	53,50	50,—	31 462
April . . .	56,—	53,—	51,50	49,50	47,50	42,—	35 211
Mai	54,—	51,50	51,—	48,50	46,50	42,—	29 257
Juni . . .	55,—	53,—	52,—	50,50	46,50	43,—	31 356
Juli	62,—	57,50	57,—	55,—	53,50	48,—	34 893
August . . .	61,—	60,50	59,—	56,50	56,—	54,—	27 041
September .	63,—	60,50	59,—	56,50	56,—	54,—	27 919
Oktober . .	61,—	58,—	56,50	53,50	53,50	51,—	37 463
November .	62,—	58,—	56,—	52,50	52,—	48,—	31 081
Dezember . .	57,—	55,—	52,50	50,—	50,—	48,—	34 021
1899							
Januar . .	55,—	54,—	52,—	49,50	49,—	47,—	29 540
Februar . .	53,—	52,—	50,50	48,50	47,50	45,—	30 330
März . . .	51,—	49,—	47,50	45,—	44,50	41,—	31 161
April . . .	50,—	47,—	46,50	44,—	42,—	38,—	35 974
Mai	48,—	47,—	45,50	43,50	41,50	39,—	29 460
Juni . . .	47,—	46,—	45,—	43,50	39,50	37,—	30 132
Juli	50,—	48,—	47,—	45,—	42,—	40,—	37 430
August . . .	51,—	49,50	48,50	46,50	43,—	41,—	31 902
September .	51,—	49,—	48,—	46,—	44,—	42,—	40 432
Oktober . .	50,—	49,—	47,—	44,50	43,—	41,—	32 815
November .	51,—	48,50	47,—	44,50	42,50	39,—	33 198
Dezember . .	51,—	48,50	46,—	43,50	42,—	39,—	45 141
1900							
Januar . .	49,—	47,50	45,—	42,50	42,—	39,—	34 084
Februar . .	49,—	47,—	45,50	43,—	42,50	40,—	35 171
März . . .	48,—	46,50	44,—	41,50	42,—	39,—	44 378
April . . .	46,—	44,50	43,—	41,—	39,—	36,—	30 937
Mai	47,—	45,—	43,—	41,—	39,—	36,—	35 464
Juni . . .	47,—	45,—	42,50	40,—	39,—	36,—	45 044
Juli	56,—	51,—	49,—	46,—	45,—	40,—	34 258
August . . .	56,—	53,50	52,—	48,50	48,—	46,—	31 738
September .	57,—	55,—	52,50	49,50	50,—	46,—	44 296
Oktober . .	58,—	55,—	52,50	49,—	49,50	46,—	37 791
November .	58,—	55,—	52,—	49,—	50,—	45,—	34 256
Dezember . .	56,—	54,—	51,50	47,50	48,50	45,—	49 528

Tabelle VII (Fortsetzung).

Jahr und Monat	Schlachtschweine in Mark für einen Zentner						Auftrieb an den Sonnabend-Märkten × 2 = ungefährer Gesamtauftrieb Stück
	höchste Notierung	vollfleisch. d. f. Rassen u. Kreuzung bis 1¼ Jahr	fleischige	gering entwickelte	Sauen	niedrigste Notierung	
1	2	3	4	5	6	7	8
1901							
Januar . .	58,—	56,50	54,—	51,50	51,50	49,—	35 824
Februar . .	57,—	56,—	53,50	50,50	53,—	48,—	34 401
März . . .	59,—	57,50	54,50	50,50	52,—	47,—	44 523
April . . .	56,—	54,50	52,50	49,50	49,50	47,—	31 457
Mai	55,—	54,—	51,50	49,—	48,—	46,—	33 473
Juni . . .	55,—	54,50	53,—	50,50	49,50	48,—	40 558
Juli	59,—	57,50	55,50	53,—	53,—	51,—	31 532
August . . .	62,—	60,—	58,—	56,—	55,—	53,—	39 385
September .	65,—	61,50	59,50	57,—	58,50	54,—	30 572
Oktober . .	63,—	61,50	59,50	56,—	57,—	53,—	33 512
November .	65,—	63,—	61,—	57,50	58,—	56,—	37 736
Dezember . .	63,—	61,50	59,50	56,50	55,50	53,—	38 593
1902							
Januar . .	63,—	61,50	59,50	57,—	56,50	54,—	37 115
Februar . .	63,—	62,—	60,—	57,—	58,—	55,—	29 030
März . . .	63,—	60,50	58,50	56,—	55,50	52,—	36 585
April . . .	61,—	59,50	58,—	55,—	55,—	53,—	31 376
Mai	62,—	59,50	57,50	55,—	54,50	52,—	36 803
Juni . . .	59,—	58,50	56,50	54,—	53,50	52,—	32 564
Juli	63,—	61,50	60,—	56,50	56,—	54,—	29 973
August . . .	66,—	64,50	63,—	60,—	60,50	57,—	34 053
September .	65,—	64,50	62,—	59,—	60,50	57,—	30 048
Oktober . .	64,—	63,50	61,50	58,50	59,—	56,—	29 646
November .	62,—	60,50	58,50	58,50	54,50	52,—	40 242
Dezember . .	61,—	59,50	64,50	54,50	54,—	51,—	33 088
1903							
Januar . .	61,—	58,50	56,—	53,50	53,50	51,—	40 369
Februar . .	56,—	54,50	53,—	50,—	51,—	49,—	34 895
März . . .	53,—	51,—	49,—	46,—	46,50	43,—	36 986
April . . .	53,—	51,—	49,—	46,—	46,—	42,—	39 835
Mai	50,—	48,50	46,—	43,—	43,50	40,—	45 897
Juni . . .	50,—	48,50	46,—	43,—	42,50	40,—	42 078
Juli	55,—	52,—	50,—	47,50	46,50	43,—	36 700
August . . .	56,—	54,50	52,50	49,50	50,—	47,—	45 690
September .	55,—	53,—	51,—	48,50	48,50	45,—	38 604
Oktober . .	54,—	51,50	49,—	46,50	47,—	43,—	54 027
November .	51,—	49,50	47,50	44,50	44,50	41,—	40 870
Dezember . .	50,—	48,50	46,50	43,50	43,50	40,—	50 206

Tabelle VII (Fortsetzung).

Jahr und Monat	Schlachtschweine in Mark für einen Zentner: höchste Notierung	vollfleisch. d. f. Rassen u. Kreuzung bis 1¼ Jahr	fleischige	gering entwickelte	Sauen	niedrigste Notierung	Auftrieb an den Sonnabend-Märkten × 2 = ungefährer Gesamtauftrieb Stück
1	2	3	4	5	6	7	8
1904							
Januar . .	49,—	47,50	45,—	42,50	43,50	40,—	57 081
Februar . .	49,—	47,50	45,—	42,50	44,—	40,—	39 439
März . . .	48,—	46,50	44,50	41,50	41,50	39,—	45 249
April . . .	50,—	48,50	46,50	43,50	42,—	39,—	46 908
Mai	50,—	48,50	46,50	44,—	41,50	40,—	40 287
Juni . . .	50,—	49,—	47,—	44,—	42,—	40,—	42 618
Juli	54,—	52,50	50,50	48,—	46,—	44,—	47 233
August . . .	56,—	55,—	53,—	50,50	48,—	47,—	39 476
September .	56,—	54,50	52,50	50,—	49,—	47,—	41 255
Oktober . .	55,—	54,50	51,50	48,—	49,50	46,—	57 621
November .	55,—	54,—	51,50	48,—	49,—	46,—	41 317
Dezember . .	55,—	53,50	51,50	48,—	48,—	45,—	49 857
1905							
Januar . .	57,—	55,50	53,50	50,50	51,—	49,—	44 270
Februar . .	60,—	58,50	56,50	53,50	54,50	53,—	47 247
März . . .	63,—	62,—	60,—	56,50	58,—	57,—	44 237
April . . .	67,—	65,—	63,—	59,50	60,50	58,—	52 479
Mai	66,—	64,50	62,—	58,50	59,50	58,—	44 042
Juni . . .	65,—	64,50	62,50	60,—	59,—	58,—	39 467
Juli	67,—	64,50	62,50	60,—	59,—	56,—	46 077
August . . .	69,—	68,50	67,—	64,—	64,—	62,—	35 856
September .	70,—	69,50	67,50	65,—	67,—	63,—	48 437
Oktober . .	74,—	72,50	70,50	66,50	69,50	64,—	41 823
November .	76,—	75,—	72,50	68,—	69,—	68,—	39 710
Dezember . .	74,—	72,—	69,50	67,—	67,50	66,—	55 285
1906							
Januar . .	75,—	74,—	71,50	68,50	69,—	67,—	40 066
Februar . .	77,—	76,50	75,—	72,50	72,50	72,—	34 978
März . . .	76,—	74,—	72,50	69,50	69,—	66,—	49 010
April . . .	72,—	67,50	65,50	62,50	60,50	55,—	38 135
Mai	62,—	61,—	59,50	57,—	54,—	53,—	41 080
Juni . . .	65,—	64,—	63,—	60,50	58,—	57,—	48 711
Juli	68,—	66,50	65,—	62,50	61,50	59,—	37 960
August . . .	71,—	70,—	68,—	65,50	65,—	64,—	37 295
September .	72,—	71,—	69,50	67,—	65,—	64,—	49 701
Oktober . .	71,—	69,50	68,—	64,50	64,—	62,—	40 482
November .	66,—	63,—	61,—	57,—	58,—	54,—	44 817
Dezember . .	63,—	61,50	60,—	57,—	57,50	56,—	61 703

Tabelle VII (Fortsetzung).

Jahr und Monat	Schlachtschweine in Mark für einen Zentner						Auftrieb an den Sonnabend-Märkten × 2 = ungefährer Gesamtauftrieb Stück
	höchste Notierung	vollfleisch. d. f. Rassen u. Kreuzung bis 1¼ Jahr	fleischige	gering entwickelte	Sauen	niedrigste Notierung	
1	2	3	4	5	6	7	8
1907							
Januar . .	63,—	61,50	59,50	56,—	57,50	52,—	51 301
Februar . .	59,—	57,50	55,50	51,50	53,50	48,—	49 186
März . . .	54,—	53,—	51,—	48,50	48,—	46,—	59 221
April . . .	53,—	51,—	49,—	46,50	45,—	43,—	50 372
Mai	50,—	49,50	47,50	44,50	44,—	43,—	45 500
Juni . . .	54,—	52,—	50,—	47,—	45,50	43,—	61 860
Juli. . . .	67,—	61,50	60,—	57,—	56,50	50,—	44 280
August. . .	69,—	66,50	64,50	61,50	60,50	58,—	57 910
September .	64,—	62,—	59,50	55,50	56,—	54,—	46 640
Oktober . .	60,—	58,50	56,—	51,—	52,—	50,—	49 137
November .	57,—	56,50	54,—	49,50	51,—	49,—	68 422
Dezember. .	57,—	56,50	54,50	50,50	52,—	47,—	56 852
1908							
Januar . .	58,—	57,50	55,—	50,50	53,50	46,—	52 795
Februar . .	56,—	55,—	52,50	48,50	51,—	46,—	62 861
März . . .	54,—	53,50	51,—	48,—	49,50	45,—	51 767
April . . .	57,—	55,50	54,—	52,—	51,—	50,—	44 392
Mai	58,—	57,—	54,50	51,50	51,50	50,—	59 951
Juni . . .	59,—	57,50	55,50	52,—	50,50	48,—	44 406
Juli. . . .	61,—	59,50	58,—	55,—	53,50	52,—	44 128
August. . .	64,—	63,—	61,50	59,50	57,—	56,—	52 152
September .	65,—	64,50	63,—	60,—	59,—	58,—	44 628
Oktober . .	66,50	65,25	64,—	60,50	61,50	60,—	57 516
November .	68,—	66,50	64,—	62,50	64,—	58,—	47 062
Dezember. .	67,50	66,—	63,50	60,50	60,50	58,—	52 976
1909							
Januar . .	71,—	68,—	66,—	63,50	62,50	60,—	56 082
Februar . .	70,—	68,—	66,—	63,—	63,50	61,—	42 738
März . . .	67,—	65,50	63,—	61,50	61,—	58,—	42 973
April . . .	65,—	62,50	61,—	59,—	58,50	56,—	45 370
Mai	62,—	61,—	59,50	58,50	57,50	56,—	52 529
Juni . . .	63,—	62,50	61,—	59,—	58,—	57,—	46 080
Juli. . . .	72,—	71,—	70,—	68,—	65,—	64,50	52 708
August. . .	74,—	74,—	73,—	71,50	69,—	66,50	38 099
September .	76,—	75,—	73,50	71,50	68,50	68,50	40 681
Oktober . .	78,—	76,50	74,50	72,—	68,50	70,50	54 638
November .	76,50	75,—	73,—	69,50	67,—	69,—	44 907
Dezember. .	—	73,—	71,—	68,50	66,—	67,50	64 433

Tabelle VII (Fortsetzung).

Jahr und Monat	Schlachtschweine in Mark für einen Zentner						Auftrieb an den Sonnabend-Märkten × 2 = ungefährer Gesamtauftrieb Stück
	höchste Notierung	vollfleisch. d. f. Rassen u. Kreuzung bis $1^1/_4$ Jahr	fleischige	gering entwickelte	Sauen	niedrigste Notierung	
1	2	3	4	5	6	7	8
1910							
Januar . .	72,—	71,50	70,—	68,—	65,—	66,—	47 186
Februar . .	69,—	70,—	68,50	66,—	64,—	66,50	44 893
März . . .	69,	68,50	66,50	64,50	62,50	63,—	44 075
April . . .	71,50	68,—	67,—	64,50	62,50	63,50	57 665
Mai	—	66,—	65,—	63,—	60,50	57,—	46 616
Juni . . .	—	63,50	62,50	61,—	59,50	56,50	45 012
Juli	68,50	66,50	65,50	64,—	62,50	61,—	53 232
August . . .	67,—	66,50	66,50	65,—	63,—	62,—	45 037
September .	69,50	69,—	67,50	65,50	64,—	64,—	40 945
Oktober . .	70,—	68,50	67,50	65,50	64,—	64,—	54 337
November .	67,50	66,—	64,50	62,50	60,—	62,—	47 557
Dezember . .	64,—	60,—	59,—	56,50	54,50	55,50	58 458

Dieses erklärt schon, daß der Viehhandel am Berliner Markte einem unaufhörlichen Wechsel seines Bildes, über dessen Einzelerscheinungen sich nur Sachverständige eine sichere Kenntnis verschaffen können, unterworfen ist. Unter der Wucht unzähliger Einflüsse läßt sich die Zahl und Richtung der Wirkungen niemals vollständig ermessen. Eine kompakte Masse sich gegenseitig unterstützender oder widerstrebender Strömungen, sei es auf seiten der Produktion, des Handels oder der Konsumtion, beeinflußt immer neu den Markt, so daß fortdauernd die Wirkungen nur im ganzen auf einen gewissen Druck hindeuten lassen. Die Preisbewegung einseitig auszudeuten, hat daher immer etwas Tendenziöses an sich. Wohl kann ein Ereignis vorwiegend wirken, aber doch immer nur unter Mitwirkung und Folgeerscheinung vieler anderer. Innere und äußere Einflüsse treten in keinem Fall irgendwie trennbar in Erscheinung. So ist es z. B. in normalen Zeiten fast zur Norm geworden, die Viehpreise mit den Fleischpreisen im Großhandel in Einklang zu halten. Sind die Fleischbestände in der Zentralhalle nur schwer an den Mann zu bringen, oder haben bestimmte Fleischstücke einen starken Preisdruck erfahren, so wirkt dieses als ein Preisdruck auf den nächsten Viehmarkt zurück. Analog verhält es sich auf dem Fleischmarkte selbst,. bei dessen Betrachtung wir später auf Ursache und Wirkung solcher Art für die Preise näher eingehen müssen.

Den natürlichsten und stärksten preisbildenden Faktor bilden die mit den Ernteausfällen wechselnden Futterverhältnisse. So hatte ganz besonders die schlechte Futterernte des Jahres 1881 den Mäster und Züchter zum Abstoßen erheblicher Mengen von Vieh und dadurch ein allmähliches Sinken der Viehpreise veranlaßt. Das sehr günstige Jahr 1882 bot mit seinen reichen Futtervorräten der mäßigen Ernte des kalten und regnerischen Jahres 1883, besonders mit seinen Kartoffelüberschüssen, einen einigermaßen ausreichenden Ersatz, so daß die Preise im Herbste zu sinken begannen. Noch 1884 hielten sich die Preise auf mittlerer Höhe, und der Viehstock nahm bei billigem und reichlichem Futter besonders an Schlachtgewicht zu. Von diesem Zeitpunkte an weisen die Viehpreise, entsprechend den überall sinkenden Preisen für landwirtschaftliche Produkte, einen konstanten Rückgang auf, der seinen tiefsten Stand zwischen April und Juni 1888 erreichte und die Viehmast auf die Dauer vollkommen unrentabel zu machen drohte. Der Preis für Schweine bester Qualität war gegen das Jahr 1881 mit 50,50 Mk. im Jahre 1888 auf 36,25 Mk. gesunken. Die Zollnovelle vom 25. Mai 1885 hatte zwar eine Erhöhung des Schweineeinfuhrzolles von 2,50 Mk. auf 6 Mk. gebracht, vermochte aber den Preissturz nicht aufzuhalten. Mit dem Jahre 1888 nahmen die Viehpreise wieder eine steigende Richtung ein, die neuen landwirtschaftlichen Zölle hatten im Verein mit mehreren schlechten Ernten auf den Getreide- und Futtermittelmärkten eine lebhafte Preissteigerung hervorgerufen. Die Schweinepreise stiegen gegen Schluß des Jahres 1888 auf 49 Mk. und im folgenden Jahre, dank auch der Schweinesperre gegen Osten, weiter auf 63,25 Mk. Durch die schlechten Futterernten waren die Landwirte bestimmt worden, das Vieh möglichst früh abzustoßen, zumal Mastvieh normaler Qualität nicht im richtigen Preisverhältnisse zum Magervieh stand, und sie sich dadurch veranlaßt sahen, das Schlachtvieh lieber in unreifem Zustande an den Markt zu bringen, als das teure Futter schlecht zu verwerten. Anders gestaltete sich die Lage im Jahre 1890. Die steigenden Viehpreise hatten die Aussichten der Viehhalter wieder günstiger erscheinen lassen. Die Bestände wurden wieder ergänzt und mit dem Angebot zurückgehalten. Die beiden folgenden Jahre brachten wieder gute Futterernten, so daß die Viehbestände weiter ergänzt werden konnten. Die Preise gingen infolgedessen auf den normalen Punkt zurück. Aber das folgende Jahr brachte wieder so spärliche Erträge an Getreide, Rauhfutter und Hackfrüchten, daß die Viehpreise im Jahre 1893 auf eine bisher nicht erreichte Höhe stiegen. Trotzdem heißt es in dem Bericht über den Vieh- und Schlachthof 1892/93: „Unlust war die dauernde, selten unterbrochene Tendenz des Marktes. Alle Momente, deren im vorigen Berichte als Hindernisse einer Entwicklung des Viehhandels eingehend gedacht worden ist, kehrten im verstärkten Maße wieder. Teures Magervieh, ungünstige Preisverhältnisse für gut gemästetes Vieh, sobald dasselbe reichlich angeboten wurde; schwankendes Kaufbedürfnis, welches häufig große Marktüberstände zur Folge hatte, sinkende Kaufkraft des gewerblichen Mittel- und Arbeiterstandes usw." Die Jahre 1894 und 1895 hatten dagegen vorzügliche Ernten in Deutschland zu verzeichnen; und so kam es, daß die durch veterinär-polizeiliche Maßregeln hervorgerufene Verringerung der Einfuhr aus dem Auslande auf die einheimische Marktbeschickung und den Fleischverbrauch keinen nachhaltigen Einfluß ausüben konnte. Die wohlfeilen Getreidepreise dieser beiden Jahre förderten im Gegenteil die Schweinezucht so bedeutend, daß das große Angebot von Schlachtschweinen nicht nur die Preise für diese, sondern auch die für Mastrinder, Kälber und Schafe drückte. Das Verbot der Einfuhr von österreichischen und ungarischen Schweinen (Mai 1895), welche sonst einen großen Teil des Speisefettbedarfes gedeckt hatten und mit denen gerade in Berlin ein starker Handel getrieben wurde, konnte auch deswegen nicht preissteigernd wirken, weil zugleich Konkurrenz ausländischer Fette und Agitation gegen die Margarine die einheimischen Fettviehpreise herabdrückten. War die Zahl der eingeführten Schweine 1895 von 710 000 auf 285 000 oder 60 % zurückgegangen, so sank sie im folgenden Jahre noch weiter auf 108 091; dabei sank der Preis im Juni bis auf 38,25 Mk. Der Umstand, der zu diesem Preisdruck beitrug, war eine die stark entwickelte Schweinehaltung in Amerika treffende Mißernte, wodurch die Lagerbestände an Schmalz von Monat zu Monat bis August 1896 einen bisher ungeahnten Umfang annahmen. Im Jahre 1897 waren des nassen Sommers und der verspäteten Ernte wegen die Aussichten auf auskömmliche Futtervorräte erheblich gesunken, so daß die erst recht niedrigen Getreidepreise vom Juli ab eine erhebliche Steigerung erfuhren. Dazu kam eine mäßige Maisernte in Amerika, eine geringe Kartoffelernte in Deutschland; Rückgang der einheimischen Schweinezucht und erhebliche Zunahme der Schweinepreise war die Folge. Da die Ernteaussichten im Jahre 1898 keine günstigeren waren, setzte eine Preissteigerung frühzeitig ein und nahm einen solchen Umfang an, daß bei der Überhandnahme von Zufuhren wenig ausgemästeter Schweine die Fleischversorgung der Bevölkerung darunter zu leiden begann. Hier zeigte sich auch, daß die durch die Zollpolitik gesicherten Getreidepreise ein Hemmschuh für die Viehproduktion bildeten, indem sie zugunsten des Getreidebaues eine Einschränkung der Futteranbauflächen bewirkten, anstatt das Umgekehrte zur Förderung der Viehzucht herbeizuführen. Die beiden folgenden Jahre zeichneten sich wieder durch reichliche Ernten und niedrige Futtermittelpreise aus, demzufolge auch die Schlachtviehpreise ständig nachgeben mußten, die im Juni 1899 mit 46 Mk. ihren tiefsten Stand erreichten. Angesichts des geringen Ausfalls an Mais und Kartoffeln setzte dann wieder eine Preissteigerung ein, die im Dezember 12,1 % für beste Ware und 19,5 % für geringe betrug. Und das alles bei scheinbarer Überfüllung des Marktes. Diese Erscheinung findet zugleich eine Erklärung in der rapiden Zunahme der Bevölkerung in den Vororten Berlins und der zunehmenden Einsicht der Vorortschlächter, das Fleisch für ihre Kundschaft wohlfeiler vom Berliner Engros-Schlächter zu beziehen, als sich selbst mit dem Einkauf zu befassen und daselbst im eigenen Schlachthause zu schlachten.

Aus diesem Umstande erklärt sich auch, daß seit Beginn dieses Jahrhunderts auf dem Fleischmarkte eine Entwicklung vor sich gegangen ist, die zu einer Erhöhung der Preise für sämtliche Arten von Fleisch geführt hat, wobei nur vorübergehend das Schweinefleisch eine Unterbrechung erfahren hat. Zudem traten in den Jahren 1902 und 1905 die Folgeerscheinungen des Aufeinanderfolgens zweier verschiedener Futterernten lebhaft in Erscheinung. Unter dem Zwang der ungünstigen Ernteverhältnisse im Jahre 1901 war die Viehzucht in Deutschland erheblich zurückgegangen, die Mäster hatten ihre Bestände verringert, die Mast eingeschränkt. Das folgende Jahr brachte nun zwar eine gute Ernte, die reichen Futtermittel konnten aber natürlich erst in den Herbstmonaten zur Geltung kommen und wurden zunächst dazu verwandt, das vorhandene Zuchtvieh in einen besseren Futterzustand zu bringen, sodann dazu, die verminderten Viehstapel wieder zu ergänzen. Die allgemeine Folge war ein weiterer Rückgang in der Beschickung der Märkte und demzufolge eine Preissteigerung, die sich besonders im August, also von der Zeit ab bemerkbar machte, wo man in der Landwirtschaft ein sicheres Urteil über den Ernteausfall hatte. Besonders die Schweinehaltung war dadurch begünstigt. Der Auftrieb erfuhr allmählich eine solche Steigerung, daß der hohe Preisstand sich nicht mehr behaupten konnte. Der höchste Durchschnittspreis für Schweine mit reichlich 66 Mk. im Juli 1902 sank im Dezember 1903 auf etwa 49 Mk. Dieser Preisstand blieb im allgemeinen unverändert bis zur Mitte des Jahres 1904. Als dann die andauernde

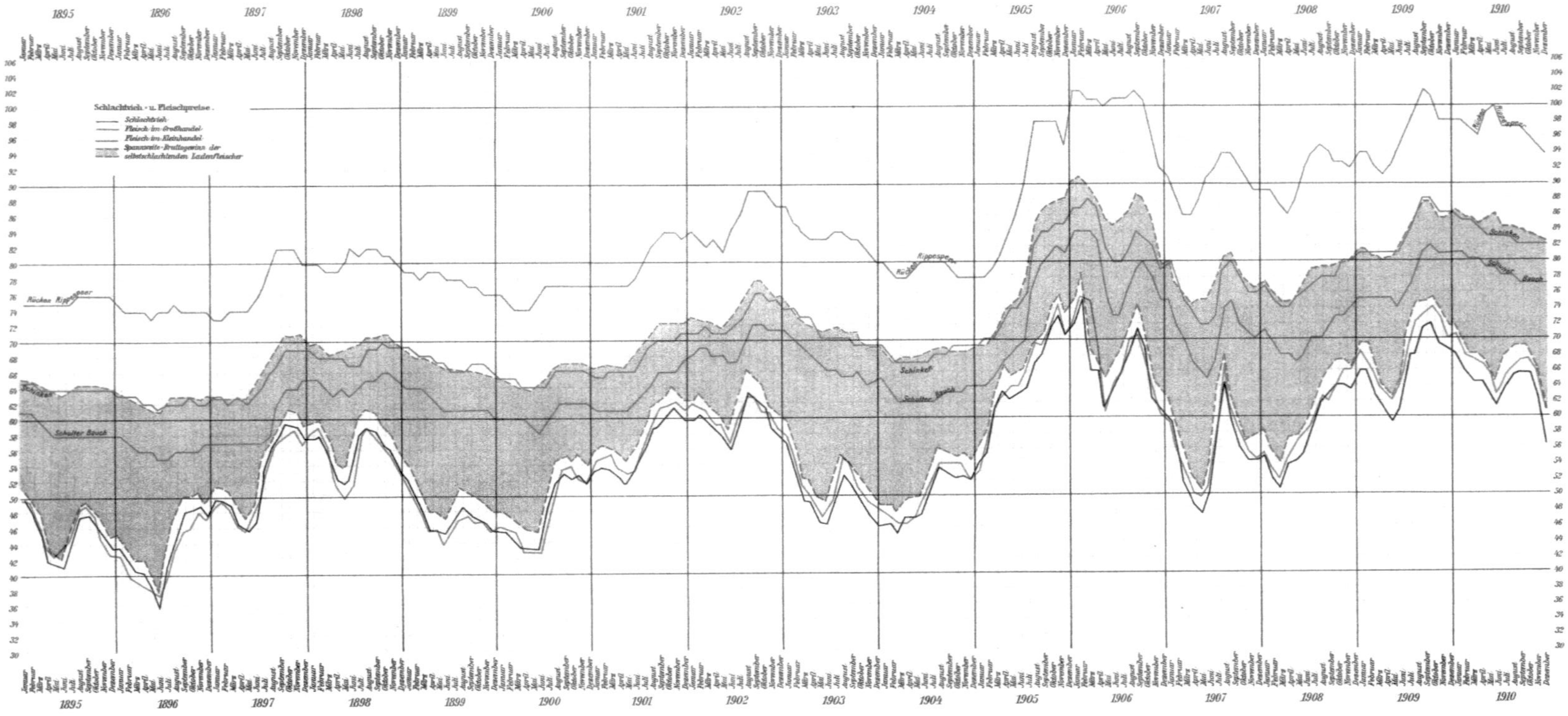

Schlachtvieh- u. Fleischpreise.
Schlachtvieh
Fleisch im Großhandel
Fleisch im Kleinhandel
Spannweite-Bruttogewinn der selbstschlachtenden Ladenfleischer
Rücken Rippespeer
Schinken
Schulter Bauch
1895
1896
1897
1898
1899
1900
1901
1902
1903
1904
1905
1906
1907
1908
1909
1910

Trockenheit des Sommers die Aussichten auf die neue Futterernte verschlechterte, zogen die Schweinepreise um 4—8 Mk. an. Doch machte sich der Ausfall der Ernte vorerst in der Beeinflussung des Preisstandes wenig geltend; der Mangel an Futtermitteln veranlaßte die Mäster im zweiten Halbjahre 1904 übermäßig unreifes Vieh abzustoßen, so daß der Markt während des ganzen Jahres stärker als im Vorjahre beschickt wurde. Im Jahre 1905 trat dann die unmittelbare Folge der Ungunst dieses Umstandes ein. Die einheimische Viehproduktion vermochte eine den steigenden Ansprüchen entsprechende Nachfrage im gewohnten Umfange nicht mehr zu befriedigen. Die Preise schlugen eine steigende Richtung ein und nahmen gegen Mitte des Jahres einen Stand ein, der noch erheblich über die Preise des Jahres 1902 hinausging. Der Viehbestand konnte sich bei dem vorzeitigen Abstoßen der Tiere nicht erholen, und so dauerte der Verteuerungsprozeß das ganze Jahr hindurch fort. Es handelte sich bei diesem Notstande weniger um die Stückzahl des eingebrachten Viehes als vielmehr in dem auffallend bedeutenden Mindergewichte des einzelnen Stückes, was bei der Verminderung des Schlachterfolges eine Verteuerung im ganzen herbeiführen mußte. Am 24. und 27. August 1904 wogen 22 814 Schweine 2 456 885 kg, im Durchschnitt das Schwein 107,6 kg. Am 23. und 26. August 1905 wogen 22 095 Schweine 2 249 137 kg, im Durchschnitt das Schwein 101,3 kg. Um den Ausfall für das ganze Jahr 1905 gegenüber 1904 festzustellen, sehen wir:

1904	mit 1 004 115 Schweinen	à 84,5	=	84 863 209,5	kg Fleisch
1905	„ 932 119 „	à 78,5	=	78 179 340,5	„ „
	im Jahre 1905 also ein Manko von			11 691 869	kg Fleisch.

Allerdings darf dabei nicht unberücksichtigt bleiben, daß das Jahr 1904 ein außergewöhnliches war, und daß im Jahre 1905 der Zwischenhandel diese Kalamität dadurch gefördert hat, daß er unter Begünstigung der Preissteigerung den Mäster zum vorzeitigen Abstoßen veranlaßte, wobei die Marktlage natürlich diesen Verhältnissen Rechnung tragen mußte.

Die Preissteigerung dauerte bis Februar 1906 (auf 76,13 Mk.) fort. Die im Verhältnis zu den Viehpreisen dieses Jahres recht günstigen Futterpreise gaben der Viehzucht einen frischen, aber so übermäßigen Anreiz, daß mit dem Sinken des Preises im Jahre 1907 auf 49,78 Mk. am Berliner Markte die Rentabilitätsgrenze für die Schweinemast sicher überschritten sein mag. Die Beschickung des Marktes war bis in die Mitte des Jahres 1908 eine reichliche, dann aber trat wieder eine Steigerung um 6—7 Mk. bis zum Schluß des Jahres ein. Viele

Schweinebesitzer und -züchter, namentlich diejenigen, welche die Schweinezucht nur in kleinem Umfange betrieben, hatten ihre Muttertiere nicht wieder decken lassen, sondern sie zur Mast aufgestellt, und zwar aus dem Grunde, weil sie bei dem andauernden Niedergange der Magerviehpreise bei der Ferkelzucht unmöglich ihre Rechnung finden konnten. Das gekennzeichnete Bestreben, die Schweinebestände möglichst schnell zu mästen und zu verkaufen, wurde noch weiter durch die mäßig ausgefallene Kartoffelernte des vorhergegangenen Jahres und durch die relativ hohen Getreide- und Kraftfutterpreise erheblich gestärkt. Das Angebot an Schweinen ging dann auch vom Juli an wesentlich zurück. Es hätten sich noch bessere Preise erzielen lassen sollen, wenn nicht bei der sich immer mehr geltend machenden Verschlechterung der allgemeinen wirtschaftlichen Lage Kaufkraft und Nachfrage nachgelassen hätten. Besonders für die breite Masse hat sich die Steigerung der Schweinepreise für 1909 unangenehm fühlbar machen müssen. Die Lage besserte sich auch im Laufe des Sommers nicht, als über die Ernteaussichten schwankende Nachrichten einliefen. Besonders hatte die Kartoffelernte in verschiedenen Landesteilen unter einer naßkalten Witterung gelitten. Und bei der zunehmenden Zurückhaltung gerade der kleinen Mäster gingen die Preise gegen Schluß des Jahres wieder in die Höhe.

Die allgemein gemachten Angaben über eine geringe Kartoffelernte bestätigen sich jedoch nicht. Die Ernte war im Gegenteil eine ziemlich gute. Auch die Erträge an Gerste und Hafer waren reichlich zu nennen, so daß für die Schweinemast günstige Futterverhältnisse vorlagen. Trotzdem behauptete sich der hohe Preisstand bis über die Mitte des Vorjahres hinaus. Dieses ist im wesentlichen darauf zurückzuführen, daß auf die schlechte Heuernte des Jahres 1909 mit ihrer dezimierenden Wirkung auf die Bestände der Wiederkäuer im Vorjahre eine überaus reichliche Heuernte mit umgekehrter Wirkung folgte. Der Rückgang in den Zufuhren am Berliner Markte betrug gegenüber dem Vorjahre bei Rindern 22 445, bei Kälbern 13 782 und bei Schafen 3807 Stück. Dieses Minderangebot konnte durch die Mehrzufuhren an Schweinen mit 48 856 Stück nicht ausgeglichen werden. Wenn sich der Schweinepreis im Durchschnitt des Jahres um 1,80 Mk. pro Zentner billiger stellte, während sich der Preis

für Rinder	I.	Qualität	um	6,—	Mk.,
	II.	„	„	3,37	„
für Kälber	I.	„	„	12,45	„
	II.	„	„	9,55	„
für Lämmer			um	6,74	„

höher stellte, so ist das die Folge des Preissturzes gegen Ende des Jahres.

Nachdem bereits im Februar die Ausfuhr lebender Tiere nach andern Marktorten wegen Ausbruchs der Maul- und Klauenseuche auf 8 Tage verboten war, wiederholte sich diese veterinär-polizeiliche Maßnahme vom September bis Jahresschluß sechsmal. Das übermäßige Angebot aus den seucheverdächtigen Gebieten führte zu einem dauernd sich schwächer gestaltenden Preisstande.

Das Wechselspiel der Preisbewegung in den letzten 18 Jahren läßt sich sehr treffend durch Gegenüberstellung der jeweilig hohen und niedrigen Preislagen darstellen. Für 100 kg Schlachtgewicht Qualität II a wurde am Berliner Markte im Jahresdurchschnitt bezahlt:

	hohe Preislage Mk.	niedrige Preislage Mk.		hohe Preislage Mk.	niedrige Preislage Mk.
1893 . . .	109	—	1902 . . .	119	—
1894 . . .	102	—	1903 . . .	—	90
1895 . . .	—	90	1904 . . .	—	98
1896 . . .	—	86	1905 . . .	128	—
1897 . . .	105	—	1906 . . .	135	—
1898 . . .	111	—	1907 . . .	—	109
1899 . . .	—	94	1908 . . .	—	116
1900 . . .	—	95	1909 . . .	132	—
1901 . . .	112	—	1910 . . .	128	—

Auf Grund der von zwei zu zwei Jahren sich fast mit Bestimmtheit wiederholenden Wandlungen einer hoch- und niedergehenden Konjunktur läßt sich der Schluß ziehen, daß die Futterernten den bestimmenden Einfluß auf den Viehhandel ausüben, und zwar so, daß die Futterverhältnisse des einen Jahres für die Preisbewegung bis Juli des nächsten Jahres ausschlaggebend sind.

Als bemerkenswert läßt sich noch die Erscheinung beobachten, daß die Preise alljährlich im Juli zu steigen beginnen, und zwar bis Oktober oder November in einer Höhe von 4—10 Mk. pro Zentner. Sodann tritt je nach dem Ernteausfall ein Steigen oder Fallen ein. Auch kann man die Beobachtung machen, daß bei fallender Konjunktur die geringeren Qualitäten am stärksten in Mitleidenschaft gezogen werden, während im umgekehrten Falle die besseren am meisten profitieren. Eine Vergleichung der Preisbewegung mit den Auftriebsziffern ergibt nur in den extremsten Erscheinungen eine Einwirkung auf die Preisbildung. An manchen Markttagen läßt sich erkennen, daß erst ein Anziehen der Preise ein stärkeres Angebot nach sich zieht.

Noch eine andere Lehre folgt aus der sorgfältigen Betrachtung der oben wiedergegebenen Zahlenreihe. Es zeigt sich nämlich, daß jeder neue Preisaufschwung immer etwas über den vorhergehenden Preishochstand hinausgeht, andererseits daß kein Preistiefstand den vorhergehenden erreicht; mit anderen Worten: die mittlere Preislinie für Schlachtschweine erhöht sich beständig. Das ist eine ganz natürliche, in der allgemeinen Entwicklung der deutschen Volkswirtschaft begründete und notwendige Erscheinung.

Über die Fleischpreise in Berlin liegen regelmäßig publizierte amtliche Daten vor:

1. in dem „Amtlichen Marktbericht der städtischen Markthallen-Direktion über den Großhandel in den Zentralmarkthallen", welcher täglich erscheint;

2. in den „Monatsübersichten über die Lebensmittelpreise im Groß- und Kleinhandel", bearbeitet und herausgegeben vom Statistischen Amt der Stadt Berlin (nach den Berichten der Markthallen-Direktion);

3. in der „Zeitschrift des Königlich Preußischen Statistischen Landesamts", enthaltend die Preise im Kleinhandel, der Aufzeichnung des Königlichen Polizeipräsidiums entnommen;

4. in dem „Statistischen Jahrbuch der Stadt Berlin" im Groß- und Kleinhandel nach monatlichen Übersichten geordnet.

Die Publikationen weichen infolge der Verschiedenheit bei der Aufnahme und Bearbeitung der Preise mehr oder minder voneinander ab.

Verfolgt man den Gang des Fleisches innerhalb des Konsumzentrums, so ergeben sich für die Frage der Preisgestaltung folgende drei Durchgangsstadien:

1. der Fleischpreis für Schlachtvieh, entsprechend dem Handelsgebrauche festgestellt;

2. der Großhandelspreis für das ausgeschlachtete Tier in der Zentralmarkthalle;

3. der Detailpreis, welcher auf dem Markte bzw. im Laden der Fleischer bezahlt wird.

Bei allen Preisnotierungen spielt die Qualität eine wichtige Rolle, nicht nur insofern, als bei dem Verkauf von lebendem Vieh bereits Rasse, Mastzustand usw., beim Fleischhandel engros wiederum eine andere Einteilung, nach Halben oder partienweise, und endlich im Kleinhandel noch die Unterscheidung der verschiedenen Fleischstücke wie Kamm, Rippenstück, Bauchstück usw. in Betracht kommen, sondern auch insofern, als diejenige Qualität von Interesse ist, welche vorzugsweise für den Konsum jeweilig in Frage kommt. Dieser ist je nach der Eigenart der einzelnen Stadtgemeinden verschieden. Wir können daher der vom Statistischen Landesamt allmonatlich mitgeteilten und zum Vergleich bestimmten Tabelle über die Fleischpreise in 24 Marktorten des Staates nur bedingten Wert beilegen.

In der Tabelle VIII ist nun die Preisbewegung für Schlachtschweine (höchster Mittelpreis) und für Schweinefleisch im Großhandel und im Kleinhandel nach drei Qualitätsstufen für die Jahre 1895—1910 zusammengestellt. Erstere sind den Berichten der Vieh- und Schlachthofverwaltung, letztere den monatlichen Nachweisen des Statistischen Amts entnommen.

Es ist bereits oben angedeutet, daß es für den Detail-Schlächter, der die Absatzmöglichkeit besserer Bratenstücke von 10 Schweinen, der minderwertigen Fleischsorten nur die eines in der Woche hat, nicht geraten wäre, wöchentlich 10 Schweine zu schlachten, daß er sich vielmehr mit einem Engros-Schlächter in ein festes Lieferungsverhältnis setzen wird, durch das er je nach Bedarf das Fleisch nach der Qualität gehauen tagtäglich frisch ins Haus geliefert erhält, oder daß er seinen Bedarf durch persönlichen Einkauf in der Zentralhalle wöchentlich zwei- bis dreimal decken wird. Über die Preisverhältnisse auf dem Viehmarkt hält er sich fortlaufend unterrichtet, um richtig kalkulieren zu können. Doch spielt hierbei noch ein anderer Faktor von Bedeutung mit. Wie nämlich die Nachfrage nach den einzelnen Fleischgattungen mit dem Geschmack nach der Jahreszeit und den Witterungsverhältnissen stetig wechselt, so ändert sich auch die Preisbildung für die einzelnen Fleischstücke am Körper des Tieres. Fast wöchentlich verschieben sich ihre Wertverhältnisse mit den Gemüsezufuhren. Die Preise im Großhandel zeigen in den einzelnen Monaten so starke Schwankungen, daß sie zuweilen scheinbar unabhängig von den Viehpreisen reguliert zu sein scheinen. Hierfür einige Beispiele: Zur Spargelzeit wird das Rippespeer lebhaft verlangt, sind die Tage zugleich sehr warm, so geht die Wurst und das Fett nicht, dann findet der Rücken keine zweckmäßige Verwertung. Die Preise dieser beiden Artikel, deren Durchschnittspreis im Kleinhandel gleichgesetzt sind, schwanken dann im Großhandel mit einer Differenz bis zu 50 % und darüber. Zur Erntezeit steigt wieder der Preis des Rückens mit der Nachfrage nach Fett für die Erntearbeiter auf dem Lande um 6—8 Mk. pro Zentner über den normalen Satz. Das Pökelfleisch, die Hauptspeise des Arbeiters, wird im Winter mit 30—45 Pf. pro Pfund von dem Detail-Schlächter eingekauft, es sinkt im Sommer mit der Nachfrage auf 10 Pf. und findet nicht selten dafür keinen vollen Absatz. Wie außerordentlich verschieden die Großhandelspreise reguliert werden, weist auch folgender Umstand auf: Wenn

Tabelle VIII.

Jahr und Monat	Preis für Schweine, höchstes Mittel pro Ztr. Mk.	Großhandel gewöhnliches Fleisch Mk.	Differenz der Preise für Schweine und für gewöhnliches Fleisch im Großhandel pro Ztr. Mk.	Kleinhandel Rücken, Rippespeer Pf.	Kleinhandel Schinken Pf.	Kleinhandel Schulterblatt, Bauch Pf.
1	2	3	4	5	6	7
1895						
Januar	49,25	49,21	— 0,04	75	65	61
Februar	48,—	48,34	+ 0,34	75	65	61
März	45,60	47,62	+ 2,02	75	64	60
April	41,50	43,19	+ 1,69	75	64	59
Mai	41,25	42,46	+ 0,79	75	64	58
Juni	40,80	43,19	+ 2,39	75	64	58
Juli	44,50	44,22	— 0,28	75	64	58
August	47,40	48,35	+ 1,05	76	64	58
September	47,50	48,52	+ 1,02	76	64	58
Oktober	46,50	47,15	+ 0,65	76	64	58
November	45,20	44,80	— 0,40	76	64	58
Dezember	43,25	42,44	— 0,81	76	64	58
1896						
Januar	43,50	42,39	— 1,11	75	63	58
Februar	42,—	41,70	— 0,30	74	63	57
März	40,25	39,98	— 0,27	74	63	56
April	40,—	39,17	— 0,83	74	62	56
Mai	38,20	38,25	+ 0,05	73	62	56
Juni	35,75	36,14	+ 0,39	74	61	55
Juli	40,75	38,91	— 1,84	74	62	55
August	44,80	43,31	— 1,49	75	62	56
September	48,—	45,39	— 2,61	74	62	56
Oktober	48,20	45,67	— 2,53	74	63	56
November	48,50	47,90	— 0,60	74	62	56
Dezember	47,40	46,90	— 0,50	74	62	57
1897						
Januar	49,60	48,58	— 1,02	73	63	57
Februar	49,25	49,09	— 0,14	73	63	57
März	48,75	48,19	— 0,56	74	62	57
April	46,25	46,06	— 0,19	74	63	57
Mai	45,60	45,38	— 0,22	74	62	57
Juni	46,75	47,38	+ 0,63	75	63	57
Juli	53,60	52,54	— 1,06	77	64	58
August	56,75	56,54	— 0,21	80	66	60
September	57,88	57,41	— 0,47	82	67	62
Oktober	59,30	57,71	— 1,59	82	69	64
November	59,—	58,16	— 0,84	82	69	64
Dezember	57,10	56,29	— 0,81	82	69	65

Tabelle VIII (Fortsetzung).

Jahr und Monat	Preis für Schweine, höchstes Mittel pro Ztr. Mk.	Großhandel gewöhnliches Fleisch Mk.	Differenz der Preise für Schweine und für gewöhnliches Fleisch im Großhandel pro Ztr. Mk.	Kleinhandel Rücken, Rippespeer Pf.	Kleinhandel Schinken Pf.	Kleinhandel Schulterblatt, Bauch Pf.
1	2	3	4	5	6	7
1898						
Januar	57,50	58,12	+ 0,62	80	69	65
Februar.	57,75	58,56	+ 0,81	80	68	65
März	55,75	56,17	+ 1,58	79	68	64
April	52,10	51,48	— 0,62	79	68	63
Mai	51,75	49,79	— 0,96	80	68	64
Juni	52,38	50,85	— 1,52	82	67	63
Juli	57,50	56,39	— 1,11	81	67	64
August	58,88	58,86	— 0,02	82	69	65
September. . . .	58,50	57,60	— 0,90	82	69	65
Oktober	56,70	56,22	— 0,48	81	70	66
November	55,75	55,66	— 0,09	81	69	66
Dezember	53,10	52,75	— 0,35	80	69	65
1899						
Januar	52,13	51,44	— 0,69	79	69	64
Februar.	50,25	50,07	— 0,18	79	69	64
März.	47,75	47,08	— 0,67	78	68	64
April.	45,60	45,42	— 0,18	79	68	63
Mai	45,50	45,44	— 0,06	79	67	62
Juni	45,13	43,48	— 1,65	78	67	61
Juli	46,70	45,42	— 1,28	78	66	61
August	48,50	46,88	— 1,62	78	66	61
September. . . .	47,90	47,16	— 1,45	77	66	61
Oktober	47,25	46,45	— 0,80	77	67	61
November	46,63	46,04	— 0,59	76	67	61
Dezember	45,60	45,40	— 0,20	76	66	61
1900						
Januar	45,50	45,62	+ 0,12	76	65	60
Februar.	45,25	45,57	+ 0,32	75	65	60
März.	44,20	45,17	+ 0,97	74	65	60
April.	43,38	42,96	— 0,42	74	64	60
Mai	43,25	42,79	— 0,46	74	64	59
Juni	43,—	42,72	— 0,28	76	64	58
Juli	48,13	47,12	— 0,99	77	64	59
August	51,88	51,13	— 0,75	77	66	61
September. . . .	52,40	53,10	+ 0,70	77	66	62
Oktober	52,13	53,56	+ 1,43	77	66	62
November	52,63	52,48	— 0,15	77	66	62
Dezember	51,30	51,44	+ 0,14	77	66	62

Tabelle VIII (Fortsetzung).

Jahr und Monat	Preis für Schweine, höchstes Mittel pro Ztr. Mk.	Großhandel gewöhnliches Fleisch Mk.	Differenz der Preise für Schweine und für gewöhnliches Fleisch im Großhandel pro Ztr. Mk.	Kleinhandel Rücken, Rippespeer Pf.	Schinken Pf.	Schulterblatt, Bauch Pf.
1	2	3	4	5	6	7
1901						
Januar	53,38	54,14	+ 0,76	77	65	61
Februar	53,88	54,69	+ 0,81	77	65	61
März	53,60	54,73	+ 1,13	77	66	61
April	52,50	53,23	+ 0,73	77	66	61
Mai	51,63	52,46	+ 0,83	77	66	61
Juni	53,10	52,86	— 0,24	78	66	62
Juli	55,50	56,08	+ 0,58	80	67	63
August	58,40	58,93	+ 0,53	82	69	64
September	59,25	60,76	+ 1,51	83	70	66
Oktober	60,25	61,37	+ 1,12	84	70	66
November	61,—	61,90	+ 0,90	84	70	66
Dezember	59,75	60,67	+ 0,92	83	71	67
1902						
Januar	59,50	61,43	+ 1,93	84	71	68
Februar	60,13	61,17	+ 1,04	83	71	69
März	59,20	60,44	+ 1,24	82	72	69
April	58,25	58,77	+ 0,52	83	71	68
Mai	57,60	58,72	+ 1,12	84	71	68
Juni	55,88	56,32	+ 0,44	84	71	67
Juli	59,25	59,19	— 0,06	86	72	67
August	63,30	63,80	+ 0,50	89	73	69
September	62,10	62,58	+ 0,48	89	76	72
Oktober	61,38	61,93	+ 0,55	89	76	72
November	58,70	60,36	+ 1,66	88	75	71
Dezember	57,25	57,92	+ 0,67	87	75	71
1903						
Januar	56,20	57,02	+ 0,82	87	74	71
Februar	53,—	53,90	+ 0,90	85	74	70
März	49,38	50,87	+ 1,49	84	73	69
April	49,38	49,94	+ 0,56	83	73	68
Mai	46,50	46,72	+ 0,22	83	72	67
Juni	46,25	47,14	+ 0,89	83	70	66
Juli	49,38	49,65	+ 0,27	84	70	66
August	52,60	54,58	+ 1,98	84	70	65
September	51,63	53,58	+ 1,95	83	70	65
Oktober	49,50	50,89	+ 1,39	83	69	66
November	48,—	48,94	+ 0,94	82	69	64
Dezember	46,50	48,18	+ 1,68	80	69	64

Tabelle VIII (Fortsetzung).

Jahr und Monat	Preis für Schweine, höchstes Mittel pro Ztr. Mk.	Großhandel gewöhnliches Fleisch Mk.	Differenz der Preise für Schweine und für gewöhnliches Fleisch im Großhandel pro Ztr. Mk.	Kleinhandel Rücken, Rippespeer Pf.	Kleinhandel Schinken Pf.	Kleinhandel Schulterblatt, Bauch Pf.
1	2	3	4	5	6	7
1904						
Januar	46,—	47,68	+ 1,68	80	69	65
Februar	46,—	47,14	+ 1,14	79	68	64
März	45,—	46,08	+ 1,08	78	67	62
April	47,—	45,92	— 1,08	78	67	62
Mai	47,—	46,96	— 0,04	79	67	62
Juni	47,50	48,02	+ 0,52	80	67	62
Juli	51,—	51,08	+ 0,08	80	67	62
August	53,50	53,59	+ 0,09	80	68	62
September	53,—	53,69	+ 0,69	80	68	63
Oktober	52,50	53,54	+ 1,04	79	69	63
November	52,50	53,34	+ 0,84	78	69	63
Dezember	52,—	51,73	— 0,27	78	69	64
1905						
Januar	54,—	53,—	— 1,—	78	69	64
Februar	55,50	56,28	+ 1,22	78	70	64
März	61,—	60,87	— 0,13	79	70	65
April	63,50	62,46	— 1,04	81	72	67
Mai	62,50	63,89	+ 1,39	84	74	68
Juni	63,—	63,82	+ 0,82	86	74	69
Juli	63,50	65,94	+ 2,44	90	76	70
August	67,—	69,58	+ 2,58	98	82	77
September	68,—	69,17	+ 1,17	98	84	80
Oktober	71,50	71,14	— 0,36	98	84	81
November	73,—	74,14	+ 1,14	98	85	82
Dezember	70,50	70,59	+ 0,09	95	85	81
1906						
Januar	72,—	72,45	+ 0,45	102	87	84
Februar	75,50	75,25	— 0,25	102	87	84
März	66,—	74,89	+ 8,89	101	88	84
April	65,—	69,53	+ 4,53	101	87	83
Mai	61,50	60,24	— 1,26	100	82	76
Juni	63,50	63,76	+ 0,26	101	80	73
Juli	65,75	65,46	— 0,29	101	80	73
August	68,50	69,93	+ 1,43	101	81	76
September	71,50	70,42	— 1,08	102	84	79
Oktober	69,50	68,67	— 0,83	101	83	80
November	62,50	62,36	— 0,14	97	82	78
Dezember	60,50	60,07	— 0,43	92	79	75

Tabelle VIII (Fortsetzung).

Jahr und Monat	Preis für Schweine, höchstes Mittel pro Ztr. Mk.	Großhandel gewöhnliches Fleisch Mk.	Differenz der Preise für Schweine und für gewöhnliches Fleisch im Großhandel pro Ztr. Mk.	Kleinhandel Rücken, Rippespeer Pf.	Kleinhandel Schinken Pf.	Kleinhandel Schulterblatt, Bauch Pf.
1	2	3	4	5	6	7
1907						
Januar	59,50	59,08	— 0,42	91	80	75
Februar	55,50	55,79	+ 0,29	89	78	72
März	51,—	51,68	+ 0,68	86	75	70
April	49,—	49,90	+ 0,90	86	74	67
Mai	47,50	49,04	+ 1,54	88	72	66
Juni	50,—	50,98	+ 0,98	91	72	65
Juli	60,—	58,47	— 1,53	92	73	67
August	64,50	66,59	+ 2,09	94	79	74
September	59,50	61,06	+ 1,56	94	80	75
Oktober	56,—	58,11	+ 2,11	92	78	72
November	54,50	55,64	+ 1,14	90	76	71
Dezember	54,50	54,63	+ 0,13	89	76	70
1908						
Januar	55,—	55,46	+ 0,46	89	77	71
Februar	52,50	53,76	+ 1,26	89	75	70
März	51,—	51,85	+ 0,85	87	74	68
April	54,—	54,48	+ 0,48	86	74	68
Mai	54,50	56,34	+ 1,84	88	75	67
Juni	55,—	57,70	+ 2,20	92	76	68
Juli	58,50	58,74	+ 0,24	94	77	70
August	61,50	62,35	+ 0,85	95	78	70
September	63,—	61,81	— 1,19	94	78	71
Oktober	64,—	63,89	— 0,11	93	78	73
November	64,—	65,69	+ 1,69	93	80	73
Dezember	63,50	65,74	+ 2,24	92	80	74
1909						
Januar	66,—	68,12	+ 2,12	94	81	75
Februar	66,—	66,94	+ 0,94	94	81	75
März	63,—	65,12	+ 2,12	92	81	75
April	61,—	63,11	+ 2,11	91	81	75
Mai	59,50	61,93	+ 2,43	92	81	75
Juni	61,—	63,24	+ 2,24	95	81	74
Juli	68,—	68,72	+ 0,72	97	83	76
August	71,50	72,12	+ 0,62	99	85	78
September	71,50	73,27	+ 1,77	102	88	81
Oktober	72,—	73,85	+ 1,85	101	88	82
November	69,50	72,28	+ 2,78	98	86	81
Dezember	68,50	69,85	+ 1,35	98	86	81

Tabelle VIII (Fortsetzung).

Jahr und Monat	Preis für Schweine, höchstes Mittel pro Ztr. Mk.	Großhandel gewöhnliches Fleisch Mk.	Differenz der Preise für Schweine und für gewöhnliches Fleisch im Großhandel pro Ztr. Mk.	Kleinhandel Rücken, Rippespeer Pf.	Kleinhandel Schinken Pf.	Kleinhandel Schulterblatt, Bauch Pf.
1	2	3	4	5	6	7
1910						
Januar	68,—	70,08	+ 2,08	98	86	81
Februar	66,—	67,88	+ 1,88	98	85	81
März	64,50	67,12	+ 2,62	97	85	80
April	64,50	66,54	+ 2,04	96	84	80
Mai	63,—	65,64	+ 2,64	99	83	79
Juni	61,—	62,85	+ 1,85	100	83	79
Juli	64,—	65,06	+ 1,06	97	83	78
August	65,—	66,06	+ 1,06	97	83	78
September	65,50	66,91	+ 1,41	97	82	77
Oktober	65,50	67,14	+ 1,64	96	82	77
November	62,50	65,92	+ 3,42	95	82	77
Dezember	56,50	61,25	+ 4,75	94	82	77

ein Artikel eine dem Grundpreise entsprechende Verwertung nicht findet, so wird, um die Gesamteinnahme pro Kopf des Viehstückes auf die in Aussicht genommene Höhe zu bringen, der Ausfall an diesem Stücke auf die Preise der übrigen verrechnet. Eine bestimmte Richtschnur darüber läßt sich jedoch nicht geben.

2. Die Rentabilitätsschlüsse nach den Schlachtvieh- und Fleischpreisen.

Auf Grund der vorliegenden Fleischpreise ist nun im folgenden der Versuch gemacht, sachlich möglichst genau nachzurechnen, welchen Aufschlag sich das Schweinefleisch in Berlin in den Jahren 1895—1910 hat gefallen lassen müssen, bis es aus dem Viehhofe auf den Ladentisch des Fleischers gelangte und von dort in den Marktkorb der Hausfrau, mit anderen Worten, was die Fleischer Berlins am Schweinefleisch in diesen Jahren verdient haben. Die Prüfung, in welchem Verhältnis Ausgaben und Einnahmen eines Schlächters zueinander stehen, läßt sich natürlich nicht, wie es fast durchgängig geschieht, um eine bestimmte Wirkung zu erzielen, damit erledigen, daß man sagt, ein Schwein von soundso viel

Gewicht kostet soundso viel, ein Pfund Schweinefleisch soundso viel, also profitiert der Schlächter die Differenz. Denn ein Schwein hat nicht nur Primaware und hat auch nicht nur die von der Hausfrau so sehr gescheuten Knochen, sondern es kommen bei einer solchen Berechnung noch die oben besprochenen Momente in Betracht. Außerdem werden die verschiedenen Teile des Tierkörpers verschieden bezahlt.

Die Arbeit mußte hierzu auf eine feste und dabei doch möglichst einfache Grundlage gestellt werden. Daher ist bei der Berechnung des Preisverhältnisses von Schlachtvieh zu Fleisch nicht, wie sonst üblich, die Stückzahl mit den Preisen verglichen, sondern die ganze Rechnung ist einheitlich auf Hundert basiert. Hieran sind die Schlachtungs- und Gewinnverhältnisse prozentualiter angeschlossen. Sodann sind die zugrunde gelegten Zahlen über einen Zeitraum von 16 Jahren entweder im Durchschnitt oder doch in einem diesem am nächsten kommenden Verhältnisse entsprechend angewandt.

Um eine möglichst einwandfreie Spannung der Vieh- und Fleischpreise zu erhalten, sind nun die höchsten Preise mittelgenährter Speckschweine mit den Durchschnittspreisen des Fleisches zusammengestellt; und zwar sind diese Durchschnittspreise der einzelnen Fleischsorten im Durchschnittsverhältnis der Fleischmenge am ganzen Körper des Schweines berechnet. Beim Schweine unterscheidet man in der Hauptsache vier Fleischgruppen von verschiedenem Werte, und zwar:

I. Rippespeer (Rückenfleisch) und Keule (Schinken);

II. Schulter (Brust) und Bauch;

III. Rückenfett;

IV. Nebenprodukte wie Kopf, Beine, Flomen.

Die amtliche Preisstatistik hat bis 1909 die Qualitätsfrage des Fleisches am Körper des Tieres außer Betracht gelassen. Bei jeder Viehgattung stehen aber die einzelnen Quantitäten zu den Qualitäten und ihren Preisen in einem zu ungeraden Verhältnis, als daß der in der Statistik angegebene allgemeine Durchschnittspreis der einzelnen zu Verkauf kommenden Fleischartikel für die Rentabilitätsrechnung in Betracht kommen kann. Dieses mag wohl darin liegen, daß die in der Markthalle ausliegenden Waren, deren Preise amtlich notiert werden, in ihren relativen Wertverhältnissen schwer festzustellen sind. Noch schwieriger dürfte die Berechnung des Ausbeutewertes eines jeden auf den Markt gebrachten Tieres sein. Bei unserer Untersuchung sind wir jedoch in der Lage, auch hier Klarheit zu schaffen. Notwendig ist ein einheitliches Schlachtgewicht als Grundlage. Hier kommt uns der Umstand zu Hilfe, daß für die

Berliner Verhältnisse die Durchschnittspreise den Durchschnittswerten eines 200 pfündigen Schweines am nächsten kommen.

Gleichwohl überhebt uns die Gewichtseinheit bezüglich des Berliner Marktpreises nicht einer rechnerischen Schwierigkeit. Das Ausbeuteverhältnis gleich schwerer Schweine variiert nämlich nach Rasse und Mast. Auf Grund vorgenommener Probeschlachtungen sind die einzelnen Fleischteile in ihrem prozentualen Verhältnisse zum Körper zusammengestellt. Bei der Bestimmung der Durchschnittswerte mußte natürlich darauf Rücksicht genommen werden, daß nicht immer gleichmäßig gehauen wurde. Als Resultat wurden folgende Zahlen gewonnen:

Schlachtverlust 40 Pfund . . . . 20 %

Es bleiben 160 Pfund Fleischgewicht; hiervon entfallen:

auf den Rücken	32	Pfund . . .	20 %
„ den Rippespeer	32	„	40 %
„ die Schinken	32	„	
„ Schulter und Bauch	30 + 18	„ . . .	30 %
„ Kopf, Beine usw.	16	„ . . .	10 %
	160	Pfund	100 %

Die Zahlen sind bereits im Jahre 1905 bei der Zerlegung von 10 Schweinen mit einem Lebendgewicht von ca. 200 Pfund pro Stück festgestellt worden. Inzwischen ist auch von anderer Seite diese Methode aufgegriffen. So hat das Preußische Statistische Landesamt nach den Wiegeergebnissen in den Armeekonservenfabriken zu Haselhorst und Mainz und einer Anzahl Schlachthöfe folgende Verteilung seiner neuen Fleischpreisberechnung zugrunde gelegt[1]:

I. Keule neben zugehöriger Teile . . . 42 %
II. Bug . . . . 26 %
III. Kopf und Beine . . . . 11 %
IV. Rückenfett . . . . 21 %

Unter den Schlachtergebnissen an den einzelnen Schlachthöfen greifen wir die für uns naheliegenden Fälle heraus:

	Schinken u. Rücken	Schulter u. Bauch	Kopf u. Bein	Rückenfett
Berlin	43,8	23,4	9,1	23,7
(Gesamtschlachtung 60 Schweine),				
Haselhorst	38,3	26,9	11	23,8
(Gesamtschlachtung 120 Schweine).				

[1] Deutsche Schlacht- und Viehhofzeitung, 1909, S. 190.

Trotz der erheblichen Differenz nach den einzelnen Schlachtgewichtsanteilen haben sich die amtlichen Zahlen den für die vorliegende Berechnung zugrunde gelegten ziemlich genähert. Die Abrundung nach unten empfahl sich deshalb, weil ein Überschreiten der mittleren Grenze nach Möglichkeit vermieden werden sollte.

Der Gesamterlös für ein Schwein, bezogen auf 100 Pfund Schweinefleisch im Kleinhandel, ergibt sich nun durch Multiplikation der Gewichtsprozentsätze und deren Preise. Zur Gewinnung der Bruttoverdienstzahlen für das Fleischergewerbe können wir die Großhandelspreise den Preisen im Kleinhandel nicht gegenüberstellen, da, wie oben bereits dargetan, von einer Einheitlichkeit dieser beiden Preise weder zueinander noch in sich gesprochen werden kann. Wir müssen deshalb auf die Differenz der Lebendviehpreise zu den Ladenfleischpreisen zurückgreifen und dabei die Kostensätze für das Ausschlachten in Ansatz bringen.

Durch die Hand des Lohnschlächters läßt sich nun eine genaue Kostenrechnung für ein geschlachtetes Schwein aufstellen. Dieser Kostenanschlag stellt sich um einiges höher als der beim Bezug vom Engros-Schlächter sich erweisende Aufschlag unter normalen Verhältnissen. Für unsere Berechnung fällt dieser Umstand jedoch nicht nennenswert ins Gewicht. Denn einmal handelt es sich hier um zwei miteinander konkurrierende Wirtschaftsfaktoren, und sodann findet auch das Mehr im Einkaufspreise seinen Ausgleich in dem erhöhten Nutzungswert des ausgeschlachteten Tieres. Die einzelnen Kostensätze sind, soweit sie nicht einheitlich feststehen, im Durchschnitt der höchsten Sätze in Ansatz gebracht und betragen, von April zu April berechnet, während der letzten 16 Jahre:

Pro Schwein	1895/96	1896/98	1898/99	1899/01	1901/04	1904/07	1907/09
Schlachtgebühr .	70	80	100	105	130	130	130
Beschaugebühr .	50	80	85	90	100	100	110
Aufgeld . . .	80	90	80	80	80	90	90
Schlachtlohn .	75	75	75	100	100	110	120
Fuhrlohn . .	25	25	40	40	40	50	60
Pf.	300	350	380	415	450	480	510
das macht auf 100 Pfund berechnet:							
Mk.	1,88	2,19	2,38	2,59	2,82	3,00	3,20

Für das Jahr 1910 ist eine Kostenerhöhung von 0,35 Mk. pro Schwein eingetreten und entsprechend 3,40 Mk. in Rechnung gestellt. Mit den gewonnenen Verhältniszahlen sind die in Tabelle VIII angegebenen Fleischpreise verrechnet und die Durchschnittspreise, wie sie dem Körper des Tieres entsprechen, in der Tabelle IX, Spalte 1 berechnet. Unter

Tabelle IX.

Monat	Das Pfund Fleisch kostet dem Konsumenten Pf.	Das Pfund Fleisch kostet dem Fleischer inkl. Schlachtkosten Pf.	Differenz zwischen Produktions- und Konsumpreis für 1 Pfd. in Pf.	Differenz zwischen Produktions- und Konsumpreis in Prozent des Produktionspreises	Das Pfund Fleisch kostet dem Konsumenten Pf.	Das Pfund Fleisch kostet dem Fleischer inkl. Schlachtkosten Pf.	Differenz zwischen Produktions- und Konsumpreis für 1 Pfd. in Pf.	Differenz zwischen Produktions- und Konsumpreis in Prozent des Produktionspreises
	1	2	3	4	1	2	3	4
	1895				**1898**			
Januar	65,2	51,13	14,1	27 1/2	69,9	59,69	10,2	17
Februar	65,1	49,88	15,2	30 1/2	69,9	59,94	10,0	16 2/3
März	64,5	47,48	17,0	35 1/2	68,9	57,94	11,0	18
April	63,9	43,38	20,5	47	68,3	54,48	13,8	25 1/3
Mai	63,5	43,13	20,4	47	68,9	54,13	14,8	27 1/3
Juni	63,1	42,68	20,4	47	69,3	54,76	14,5	27
Juli	63,8	42,38	21,4	33 1/2	69,6	59,88	8,7	17 1/3
August	64,4	49,28	15,1	31 1/2	70,4	61,26	9,1	15 1/3
September	64,4	49,38	15,0	31 1/2	70,4	60,88	9,5	15 2/3
Oktober	64,3	48,38	15,9	32 2/3	70,7	59,08	10,9	20
November	64,2	47,08	17,1	36 1/2	70,5	58,13	12,4	21 2/3
Dezember	64,0	45,13	18,9	42	69,5	55,48	14,0	25
	1896				**1899**			
Januar	63,5	45,38	18,1	40 2/3	68,8	54,51	14,3	26 1/3
Februar	62,7	43,88	18,8	42 2/3	68,6	52,63	16,0	30 1/3
März	62,2	42,13	20,1	47 1/2	67,8	50,13	17,7	35 1/3
April	62,0	42,19	19,8	46 2/3	67,7	48,19	19,5	40 1/2
Mai	61,0	40,39	20,6	51	67,2	48,05	19,1	39 2/3
Juni	61,0	37,94	23,1	60 2/3	66,5	47,72	18,8	39 1/2
Juli	61,8	42,14	19,4	43 2/3	66,3	49,29	17,0	34 1/2
August	62,8	46,99	15,8	33 1/2	66,4	51,09	15,3	30
September	62,6	50,19	12,2	24 2/3	66,1	50,49	15,6	31
Oktober	62,8	50,39	12,4	24 1/2	65,9	49,84	16,1	32 1/3
November	62,4	50,69	11,7	23	65,4	49,22	16,2	32 2/3
Dezember	62,9	49,59	13,3	26 2/3	65,2	48,19	17,0	35 1/3
	1897				**1900**			
Januar	62,9	51,79	11,1	21 1/2	65,0	48,09	16,9	35
Februar	62,8	51,44	11,4	22	64,6	47,84	16,8	35
März	62,8	50,94	11,9	23 1/3	64,1	46,79	17,3	37
April	62,8	48,44	14,4	29 2/3	63,8	45,97	17,8	38 2/3
Mai	62,7	47,79	14,9	30 1/2	63,5	45,84	17,7	38 1/3
Juni	63,4	48,94	14,5	29 1/2	64,0	45,59	18,4	40 1/2
Juli	65,3	55,79	9,5	17	65,2	50,72	14,5	28 1/2
August	67,7	58,94	8,8	15	66,4	54,47	11,9	22
September	69,4	60,07	9,3	15 1/2	66,8	54,99	11,8	21 1/2
Oktober	70,5	61,49	9,0	14 2/3	66,8	54,72	12,1	22
November	70,5	61,19	9,3	15 1/3	66,8	55,22	11,6	21
Dezember	70,7	59,29	11,4	11 1/3	66,7	53,89	12,8	23 2/3

Tabelle IX (Fortsetzung).

Monat	Das Pfund Fleisch kostet dem Konsumenten Pf.	Das Pfund Fleisch kostet dem Fleischer inkl. Schlachtkosten Pf.	Differenz zwischen Produktions- und Konsumpreis für 1 Pfd. in Pf.	Differenz zwischen Produktions- und Konsumpreis in Prozent des Produktionspreises	Das Pfund Fleisch kostet dem Konsumenten Pf.	Das Pfund Fleisch kostet dem Fleischer inkl. Schlachtkosten Pf.	Differenz zwischen Produktions- und Konsumpreis für 1 Pfd. in Pf.	Differenz zwischen Produktions- und Konsumpreis in Prozent des Produktionspreises
	1	2	3	4	1	2	3	4
	1901				**1904**			
Januar	66,4	55,97	10,4	18½	69,0	48,82	20,2	41½
Februar. . . .	66,4	56,47	9,9	17⅔	68,1	48,82	19,3	39½
März	66,6	56,19	10,4	18½	66,8	47,82	19,0	39⅔
April	66,5	55,32	11,2	21	67,0	49,82	17,2	34½
Mai	66,4	54,45	11,9	23	67,4	49,82	17,6	35½
Juni	67,3	55,92	12,4	20½	67,8	50,32	17,5	34½
Juli	68,7	58,32	10,4	18	68,1	53,82	14,3	26
August	70,5	61,22	9,3	15⅓	68,5	56,32	12,2	21⅔
September. . .	71,7	62,87	8,8	15½	68,8	55,82	13,0	23⅓
Oktober	72,2	63,07	9,1	14½	68,5	55,32	13,2	24
November . . .	72,3	63,82	8,5	13⅓	68,1	55,32	12,8	23⅓
Dezember . . .	72,2	62,57	9,6	15⅓	68,3	54,82	13,5	24¼
	1902				**1905**			
Januar	73,0	62,32	10,7	17	69,6	56,82	12,8	22⅓
Februar. . . .	72,9	62,95	9,9	16	71,0	58,32	12,7	21½
März	72,7	62,02	10,7	17⅓	69,2	63,82	5,4	8½
April	72,5	61,07	11,4	18⅔	73,3	66,50	6,8	10⅓
Mai	71,6	60,42	11,2	18½	74,1	65,50	8,6	13
Juni	72,4	58,70	13,2	23½	75,2	66,—	9,2	14
Juli	73,8	62,07	11,7	20⅔	78,6	66,50	12,1	21½
August	75,9	66,12	11,8	14⅔	85,4	70,—	15,4	22
September. . .	77,3	64,92	13,4	19	86,8	71,—	15,8	22⅓
Oktober	77,3	64,20	13,1	20½	87,5	74,50	13,0	18
November . . .	76,2	61,52	14,7	24	88,1	76,—	12,1	16
Dezember . . .	75,6	60,13	15,5	20½	88,3	73,50	15,8	21
	1903				**1906**			
Januar	75,4	59,02	16,4	27⅔	90,6	75,—	15,6	20
Februar. . . .	74,0	55,82	18,2	36⅓	90,9	78,50	12,4	15⅔
März	72,9	52,20	20,7	38⅔	89,8	69,—	20,0	29
April	72,2	52,20	20,0	38⅓	89,2	68,—	21,2	31½
Mai	71,4	49,32	22,1	44½	85,4	64,50	20,9	32½
Juni	70,7	49,07	21,6	44	84,7	66,50	18,2	24⅓
Juli	71,4	52,20	18,9	36⅔	84,9	68,75	16,2	23½
August	71,3	55,42	15,5	28½	86,3	71,50	14,8	20⅔
September. . .	70,8	54,45	16,3	30	88,5	74,50	14,0	19
Oktober	70,8	52,32	18,5	35⅓	88,0	72,50	15,5	21½
November . . .	69,6	50,82	18,8	34	84,9	65,50	19,4	29⅔
Dezember . . .	68,7	49,32	19,4	39½	79,4	63,50	15,9	25

Tabelle IX (Fortsetzung).

Monat	Das Pfund Fleisch kostet dem		Differenz zwischen Produktions- und Konsumpreis		Das Pfund Fleisch kostet dem		Differenz zwischen Produktions- und Konsumpreis	
	Konsumenten Pf.	Fleischer inkl. Schlachtkosten Pf.	für 1 Pfd. in Pf.	in Prozent des Produktionspreises	Konsumenten Pf.	Fleischer inkl. Schlachtkosten Pf.	für 1 Pfd. in Pf.	in Prozent des Produktionspreises
	1	2	3	4	1	2	3	4
	1907				**1909**			
Januar	79,9	62,5	17,4	28	81,3	69,2	12,1	$17\frac{1}{2}$
Februar	77,8	58,5	19,3	33	81,3	69,2	12,1	$17\frac{1}{2}$
März	75,4	54,0	21,4	$39\frac{2}{3}$	80,5	66,2	14,3	$21\frac{3}{5}$
April	74,3	52,2	22,1	$42\frac{1}{3}$	80,1	64,2	15,9	$24\frac{4}{5}$
Mai	75,2	50,7	24,5	$48\frac{1}{3}$	80,5	62,7	17,8	$28\frac{2}{5}$
Juni	75,3	54,2	21,1	39	81,4	64,2	17,2	$26\frac{4}{5}$
Juli	77,5	64,2	13,3	$20\frac{3}{4}$	83,2	71,2	12,0	$16\frac{9}{10}$
August	80,6	67,7	12,9	19	85,0	74,7	10,3	$13\frac{4}{5}$
September. . .	81,1	62,7	18,4	$29\frac{1}{3}$	87,7	74,7	13,0	$17\frac{2}{5}$
Oktober	79,0	59,2	19,8	$33\frac{1}{2}$	87,6	75,2	12,4	$16\frac{1}{2}$
November . . .	77,5	57,2	20,3	$35\frac{1}{2}$	85,7	72,7	13,0	$17\frac{9}{10}$
Dezember . . .	76,8	57,7	19,1	33	85,7	71,7	14,0	$19\frac{1}{2}$
	1908				**1910**			
Januar	77,3	58,2	19,1	$32\frac{3}{4}$	86,2	71,4	14,8	$20\frac{3}{4}$
Februar	76,6	55,7	20,9	$37\frac{1}{2}$	85,9	69,4	16,5	$23\frac{4}{5}$
März	75,0	54,2	20,8	$38\frac{1}{3}$	85,3	67,9	17,4	$25\frac{1}{2}$
April	74,9	57,2	14,7	$25\frac{3}{4}$	84,6	67,9	16,7	$24\frac{2}{3}$
Mai	75,3	57,7	17,6	$30\frac{1}{2}$	85,3	66,4	18,9	$27\frac{1}{2}$
Juni	77,4	58,7	18,7	32	85,9	64,4	21,5	$33\frac{2}{5}$
Juli	79,0	61,2	18,8	30	84,3	67,4	16,9	25
August	79,6	64,7	14,9	23	84,3	68,4	15,9	$23\frac{1}{4}$
September. . .	79,5	66,2	13,3	20	83,8	68,9	14,9	$21\frac{2}{3}$
Oktober	79,4	67,2	12,2	$18\frac{1}{2}$	83,4	68,9	14,5	$21\frac{1}{2}$
November . . .	79,6	67,2	12,4	$18\frac{1}{2}$	83,0	65,9	17,1	$26\frac{2}{5}$
Dezember . . .	80,0	66,7	13,3	20	82,6	59,9	22,7	$37\frac{9}{10}$

Spalte 2 sind dann weiter die Preise der Schlachtschweine mit Aufschlag der Schlachtgebühr pro Pfund eingesetzt. Die beiden folgenden Zahlenreihen geben die Preisunterschiede (Spalte 3 in Pfennigen, Spalte 4 in Prozenten ausgedrückt) des Schlachtviehpreises mit dem Kostenaufschlag des Schlachtens und der Fleischpreise an. In dieser Spannung ruhen noch die Geschäftsspesen im Ladenfleischhandel.

An der Hand der Tabelle IX schwankte der Aufschlag pro Pfund in den einzelnen Monaten der Jahre 1895—1910 zwischen 5,4 und 23,1 Pf. oder zwischen $8\frac{1}{2}$ und $60\frac{2}{3}$ % der Schlachtviehpreise. Stellen wir den Aufschlag der einzelnen Jahre nebeneinander, so schwankt derselbe in den 16 Jahren zwischen 17 % (1905) und 39 % (1896), 37 % 1907, 27 % 1908, 20 % 1909, 26 % 1910, und betrug im Durchschnitt der Jahre 24¾ %.

Diese Zahlen geben gleichermaßen die Handelsgewinne an, wie sie jeder Kaufmann der Lebensmittelbranche auf die Einkaufspreise schlagen muß. Entkleiden wir das Fleischergewerbe aller gewerbsmäßigen Bedingungen, so würden wir für den Zuschlag mit einem 15—18 %igen Gewinn im Durchschnitt aller Artikel analog den kaufmännischen Gewinnansprüchen zu rechnen haben. Bei dieser Annahme ist natürlich Voraussetzung, daß die Rechnungsweise den allgemein angenommenen Verhältnissen entspricht. Dieses in jeder Handlung vorauszusetzen, ist etwas gewagt. Für einen soliden Geschäftsbetrieb müssen immerhin 6—8 % der täglichen Gewinneinnahme auf die Geschäftsunkosten und etwa 2 % auf Verlust beim Verwiegen und Detaillieren zu setzen sein; der Rest stellt dann den Reingewinn dar.

Einzelne Momente aus dem Handelsleben können nie, wenn auch unter Berücksichtigung aller Umstände festgehalten, einen Überblick über die Geschäftslage und mithin über die Rentabilität eines Gewerbes geben. Unsere Untersuchung hat das für sich, daß sie bei Beobachtung aller zutage tretenden Erscheinungen in einem Zeitlaufe von 16 Jahren, auf einer den realen Zuständen entsprechenden Basis aufgebaut, ein urteilskräftiges Bild zu geben vermag. Daß gerade die Gattung der Schweine herausgegriffen ist, hat darin seinen Vorteil, daß sie, was Quantität und Qualität des Fleisches betrifft, am geeignetsten für eine Statistik und ihre Schlüsse erscheint, zumal für sie im Handel feste Durchschnittszahlen gebräuchlich sind.

Würden wir aus den Klagen der Schlächter in den Jahren 1901/02 und 1905/06 schließen dürfen, daß die Rentabilitätsgrenze, d. h. der Gewinnaufschlag, bei dem im äußersten Falle ein Geschäftsbetrieb als Existenzmittel für die Dauer aufrechterhalten werden kann, damals auf das Minimum herabgedrückt sei, so wäre ein 16—18 %iger Aufschlag als die unterste eines die Existenz sichernden Gewinnes zu rechnen, der allerdings in einigen Monaten nicht unerheblich gesunken ist. Hinzu kommt, daß gerade in Zeiten ungleicher Fleischpreise nicht selten gewerbliche Krisen, Geschäftsstockungen die Kaufkraft der Bevölkerung einschränken. Mit der Beschränkung der Absatzmöglichkeit geht auch die Rentabilität zurück.

Um eine gesunde Absatzmöglichkeit zu erhalten, dürfen die Fleischpreise nicht mit den Viehpreisen parallel steigen. Ein verminderter Absatz ist gerade im Fleischhandel schwerer zu ertragen als ein verminderter Reingewinn. Jedoch scheint immerhin während jener Krisen eine ausreichende Absatzmöglichkeit vorhanden gewesen zu sein. Wenn eine größere Zahl von Zusammenbrüchen hiergegen vorgebracht werden, so ist das doch nicht für das Fleischergewerbe im allgemeinen maßgebend. Es wird selbst in Fleischerkreisen zugegeben, daß weit mehr als die hohen Viehpreise die infolge der Gewerbefreiheit und des in Berlin ganz eigenartig entwickelten Fleischmarktes geförderte Selbständigkeitssucht existenzunfähiger Elemente, die mit geringen Mitteln und großen Kreditansprüchen arbeiten müssen, Schuld daran tragen. Die bei den Kommissionären mit Kredit versehenen Engros-Schlächter geben weiter den Ladenfleischern und Fleischhändlern Kredit, wodurch Hunderte von Niederlassungen erleichtert, veranlaßt und erhalten werden, deren Besitzer jahraus, jahrein „von der Hand in den Mund leben". Bei günstigen Viehpreisen schießen sie gleich einem Saisongeschäft wie Pilze aus dem Boden, um bei niedergehender Konjunktur wieder zu verschwinden.

Gleichwohl sei bei dieser Gelegenheit bemerkt, daß die in der Eingabe des „Zentralausschusses hiesiger kaufmännischer, gewerblicher und industrieller Vereine" an den Minister für Handel und Gewerbe vom 31. Mai 1907 gemachten Angaben[1] den tatsächlichen Verhältnissen nicht gerecht geworden sind. Wenn es daselbst heißt, daß von den im Jahre 1907 in Berlin zur Einkommensteuer veranlagten 2349 Fleischern 1609 oder fast 70 % zur Steuerklasse VI, 691 zur Klasse III und der Rest von 49 zur Klasse I und II gehören, so steht die Schlußfolgerung im offenbaren Widerspruch zu der Tatsache, daß Hunderte von Fleischern wohlsituierte Hausbesitzer, ständige Besucher der Rennplätze, Besitzer von Rennpferden usw. sind. Gewiß ist eine Klage über die Geschäftslage im Frühjahr 1906 gegenüber der im Frühjahr 1907 gerechtfertigt. Es fragt sich nur, inwiefern die letztere es der ersteren gegenüber ist. Denn es ist durchaus verfehlt, im Fleischhandel von einer zeitweiligen Preislage auf die Rentabilität zu schließen. Wie nach den mageren Jahren die fetteren ausgenutzt werden, wird allgemein verschwiegen. In diesen Zeiten verdoppelt und verdreifacht sich der Gewinn gegenüber dem vorhergehenden.

Worin liegt nun das langsame und zögernde Zurückgehen der Fleisch-

[1] Betraf: Die Beschlüsse des Preußischen Landesökonomie-Kollegiums zur Frage des Ausgleichs der Schweinepreise zwischen Groß- und Kleinhandel sowie die Bestrebungen auf Ausschaltung des Zwischenhandels, insbesondere des Zwischenhandels in Vieh.

preise gegenüber den Viehpreisen begründet? Aus dem Fleischerkreise werden dafür zwei Gründe angegeben:

1. Die oben angeführten wirtschaftlichen Gründe haben den Fleischer zur Zeit steigender Viehpreise gezwungen, mit seinen Preisen auf dem Maße des wirtschaftlich Zulässigen zu verharren. Bei sinkenden Viehpreisen sucht er nun wieder den Ausgleich durch Halten der Fleischpreise zu erreichen.

2. Bei dem Umstande, daß gerade die Preise der qualitativ besten Teile des Schweines dem Sinken der Großhandelspreise nicht entsprechend folgen, muß in Betracht gezogen werden, daß die Preise der qualitativ minderen Teile des Schweines dafür um so stärker sinken, und daß diese Teile bei gesunkenen Viehpreisen zu jedem Preise losgeschlagen werden müssen. Während die Arbeiterbevölkerung gerade hierfür in früheren Jahren einen erheblichen und ausreichenden Abnehmerkreis bildete, ist sie mit dem Sinken der Fleischpreise und auch wohl infolge ihres gestiegenen Einkommens und der damit gestiegenen Kaufkraft zum Konsum qualitativ mehrwertiger Teile übergegangen, so daß der Großhandel wie der Kleinhandel sich vergeblich nach Abnehmern für diese den Gesamtpreis immerhin wesentlich mitbestimmenden Fleischstücke umsieht, daß daher der Einnahmeausfall bei dem Verkauf der besseren Stücke gedeckt werden muß. Und so erklärt es sich, daß diese besseren Qualitäten nicht so stark im Kleinhandelspreise zurückgehen, wie es dem Fallen der Großhandelspreise und noch mehr der Viehpreise entsprechen würde.

Aus diesen Umständen erklärt sich auch, daß die Feststellung der Einkommensverhältnisse bei den einzelnen Fleischern mit besonderen Schwierigkeiten verbunden sind. Die Angaben sollen oft um mehr als 100% differieren. In einem auf behördliches Ersuchen abgefaßten Gutachten[1] über den Durchschnittsverdienst ist in der oben durchgeführten Weise verfahren, und zwar unter Zugrundelegung der von Ostertag festgestellten Schlachtgewichtsanteile als I. Fleischqualität mit 38,3%, als II. mit 26,9%, als III. mit 23,8% und als IV. mit 11%.

Danach stellt sich der Bruttoverdienstsatz bei einem

Durchschnittsschlachtgewicht von 86 kg	= 172 Pfd.
Einkaufspreis 60 Mk. pro Zentner	= 103,20 Mk.

[1] Nach einem mit B. unterzeichneten Artikel: Durchschnittsverdienst am Schlachtvieh. Deutsche Schlacht- und Viehhofzeitung, 1910, S. 184.

I. Fleischgruppe	38,3 %	= 65,876 Pfund	à 90 Pf.	=	59,29 Mk.
II. "	26,9 %	= 46,268 "	à 80 "	=	37,01 "
III. "	23,8 %	= 40,936 "	à 75 "	=	30,70 "
IV. "	11,0 %	= 18,92 "	à 35 "	=	6,82 "
	100,0 %	= 172,00 Pfund			133,62 Mk.
— 5 % für Eintrocknen, Gutgewicht . . .					6,68 "
					126,94 Mk.
+ für Kram					8,— "
Verkaufswert					134,94 Mk.
Einkaufspreis					103,20 "
Bleibt brutto pro Schwein					31,74 Mk.

Dieser ersprießliche Bruttogewinn, der „selbst bei Anrechnung der Unkosten immer noch zu hoch erscheint" und „auf den Verdienst der Fleischermeister ein falsches Licht werfen könnte", hat den Kritiker nicht schlafen lassen. Eine Berechnung[1], die „aus der Erfahrung herausgewachsen ist und die Lage richtiger kennzeichnen soll", gibt aber um nichts weniger nur folgenden theoretisch zurechtgelegten Fall.

„Das Durchschnittsgewicht beträgt 75 kg = 150 Pfund; der Einkaufspreis jetzt 70—72 Pf. pro Pfund Schlachtgewicht (früher aber bis zu 80 Pf.) = 105—108 Mk. Der Verkaufspreis ist für I. Qualität 85 Pf., für II. Qualität 80 Pf. seit 1. April. Diese Preise kommen in Betracht für Bratenstücke und Schlegel; für Bauchlappen und Speck, die die Hälfte des Gewichts ausmachen, 80 resp. 75 Pf. Der Rest, Kinnbacken usw. ca. 10 Pfund kann mit 60—65 Pf., Schwarten 6—8 Pfund mit 60—65 Pf. alles pro Pfund bezeichnet werden, das Eingeschlächt mit 6—7 Mk.

Ziehen wir für die Einwage 5 % des Gewichts ab, so ist das Verkaufsgewicht 143 ½ Pfund.

Verkaufspreis:

64	Pfund Braten und Schlegel à 85 Pf.	54,40 Mk.		
64	" Bauchlappen und Speck à 80 Pf.	51,20 "		
10	" Kinnbacken usw. à 60—65 Pf.	6,50 "		
6—8	" Schwarten à 20—25 Pf. . .	1,75 "		
Eingeschlächt		7,— "		
	Gesamteinnahme	120,85 Mk.		
	ab Einkaufspreis	105,—	"	108,— Mk.
	Bruttogewinn .	15,85 Mk.		11,15 Mk.

[1] a. a. O. S. 273.

Bei 80 resp. 75 Pf. Verkaufspreis, wie er bis 1. April bestand, würde die Einnahme 6,40 Mk. weniger betragen, also nur 9,85—5,15 Mk., davon ist aber die Schlachtgebühr im Betrage von 3,50 Mk. noch in Abzug zu bringen." An diese Darstellung wird weiter folgende Schlußfolgerung geknüpft: „Bedenkt man nun, daß mit diesem verhältnismäßig kleinen Bruttogewinn alle die Spesen bezahlt werden sollen, wie z. B. Beifuhr, Ladenmiete, Personal, Versicherungen usw., so erscheint es einem fast unglaublich, daß der Fleischermeister durchkommen kann. Es ist dies auch nur dadurch möglich, daß er und seine gesamte Familie im Geschäft mitarbeiten, ohne für sich einen Lohn in Anrechnung zu bringen. Um so mehr ist es auch notwendig, daß die berufenen Kreise, und zu diesen gehören in erster Linie die Schlachthofdirektoren und Tierärzte, wenn nötig, die Metzger in Schutz nehmen und das Publikum über die tatsächlichen Verhältnisse aufklären. Obige Berechnung möge hierbei Dienste leisten." Ganz abgesehen von der augenscheinlichen Beflissenheit hohe Einkaufspreise mit niedrigen Verkaufspreisen zusammenzustellen, kann hierauf nur erwidernd die Frage gestellt werden: Ja, woher nimmt denn ein Fleischermeister seine und seiner Familie Existenzmittel her, wenn ihm kein Überschuß, oder wie offenbar nach obigem Beispiel ein absoluter Verlust am Schlachttier in Aussicht steht? Geradezu verdächtig erscheint daneben das Anrufen der Schlachthofleiter und Tierärzte, auf Grund des obigen Beispiels das Fleischergewerbe gegen den Konsumenten in Schutz zu nehmen. Dieser Fall muß hervorgehoben werden, weil der Deutsche Fleischerverband auf seinem Verbandstage am 14. und 15. Juni 1910 unter Bezugnahme auf denselben die Rentabilitätsverhältnisse des Fleischergewerbes besprochen hat. Bezeichnend ist, daß man es nicht für notwendig befunden hat, ein anderes Argument als dieses Beispiel gegen die obige Berechnungsmethode beizubringen.

Schon während der Fleischteuerungsjahre 1901/02 und 1905/06 hat man es aus Fleischerkreisen nicht daran fehlen lassen, durch einzelne in der Presse bekanntgegebenen Fälle die Unrentabilität der Schweineschlachtung nachzuweisen. Ihre Unhaltbarkeit möge an einigen Beispielen dargetan werden.

Für einen selbsteinkaufenden Ladenschlächter stellt sich das Ausbeuteverhältnis eines 200 pfündigen Schweines (Lebendgewicht mit 20 % Taraabzug) unter normalen Preisen etwa folgendermaßen:

Preis 55 Mk. pro 100 Pfd.		110,— Mk.
Bei 20% Tara ab nebst Schlachtverlust 3 Pfd. bleiben 157 Pfd. Schlachtgewicht.		
34 Pfd. frischen Schinken, à 80 Pf.	27,20 Mk.	
28 Pfd. Kotelette, à 1 Mk.	28,— „	
6 Pfd. Schweinenacken, à 90 Pf.	5,40 „	
30 Pfd. Fleischspeck, à 80 Pf.	24,— „	
14 Pfd. Vorderschinken, à 75 Pf.	10,50 „	
22 Pfd. fetten Speck, à 75 Pf.	16,50 „	
9 Pfd. Kopf, à 50 Pf.	4,50 „	
4 Pfd. Eisbein, à 70 Pf.	2,80 „	
2 Pfd. Pfoten, à 90 Pf.	—,60 „	
5 Pfd. Flomen, à 80 Pf.	4,— „	
1 Pfd. Nieren	—,20 „	
2 Pfd. Verlust		
157 Pfd.	123,70 Mk.	
Verwertung von Herz, Lunge, Zunge, Leber usw.	5,50 „	
Einnahmen	129,20 Mk.	
An Unkosten kommen in Betracht		4,50 „
Ausgaben		114,50 Mk.

Folglich bleibt gegenüber einer Einnahme von 129,20 Mk. ein Gewinn von 14,70 Mk.

Aus den sich ergebenden Einnahmen eines geschlachteten Schweines jedoch verallgemeinernde Schlüsse auf die Geschäftslage zu bilden, wie es sonst in der Presse versucht wird, bringt weder für das Gewerbe noch für den einzelnen Fleischer sachlich einen aufklärenden Nachweis. Wir entnehmen hierfür eine Notiz der „Niederrheinischen Fleischerzeitung“:

Ein Schwein wog 208 Pfd. netto.		
Es kostet das Pfund im Einkauf 61 Pf.		126,88 Mk.
Dazu kommen die Kosten:		
für Schlacht- und Beschaugebühr	2,90 Mk.	
für Versicherung	1,— „	
für Wiegegeld	—,20 „	
für Schlachtlohn	—,60 „	
für Fuhrlohn	—,50 „	
		5,20 „
Gesamtkosten		132,08 Mk.
Aus diesem Schwein wurden erzielt:		
$30^2/_5$ Pfd. Karbonade, à 75 Pf.		22,80 Mk.
$11^3/_5$ Pfd. Kopf, à 30 Pf.		3,40 „
$9^2/_5$ Pfd. Bledden, à 70 Pf.		6,58 „
$^3/_5$ Pfd. Nieren, à 60 Pf.		—,36 „
$6^2/_5$ Pfd. Pfoten, à 25 Pf.		1,60 „
Übertrag		34,74 Mk.

Übertrag	34,74 Mk.
5³/₅ Pfd. Eisbeine, à 60 Pf.	3,36 „
7³/₅ Pfd. Rippen, à 70 Pf.	5,32 „
11⁴/₅ Pfd. Schwarten und Speckabfall, à 30 Pf.	3,54 „
4¹/₂ Pfd. Knochen, à 10 Pf.	—,45 „
36³/₅ Pfd. Speck, à 75 Pf. (ab 10% für Salzen und Räuchern)	24,75 „
8 Pfd. Schinkenstücke, à 80 Pf. (ab 10% Verlust)	5,76 „
20⁴/₅ Pfd. Schulter, à 80 Pf. (ab 10% Verlust)	15,04 „
19²/₃ Pfd. Schinken, à 100 Pf. (ab 12% Verlust)	17,10 „
25 Pfd. Bratwurst, à 70 Pf.	17,50 „
7³/₁₀ Pfd. Kinnbacken, à 65 Pf.	4,75 „
5¹/₂ Pfd. Gesamtverlust = 3%	
Für Nebenprodukte, das Geschlinge	6,— „
	138,31 Mk.
	132,08 „
Gewinn	6,23 Mk.

Es handelt sich hier um einen Engros-Schlächtereibetrieb. Wenn auch in demselben die Verarbeitung des Fleisches weiter geführt wird, als es in Berlin üblich ist, so läßt sich jedoch dieses Beispiel für die Rentabilitätsfrage heranziehen. Trotz des hohen Schweinepreises weist es einen Nutzen von 4,6% auf. Als zweites Beispiel möge die Kalkulation des Fleischermeisters Esche-Berlin dienen, wie er sie für das Jahr 1905 auf Wunsch der Handelskammer aufgestellt hat:

Schweinepreis 73 Mk. beste Qualität.

5 Schweine brutto 1040 Pfd., 20% netto 832 × 73 =	607,36 Mk.
Untersuchung, à 2,30 Mk.	11,50 „
Schlacht- und Fuhrlohn, à 1,40 Mk.	7,— „
Ausgabe	625,86 Mk.

Gewicht: 10 halbe Schweine	804 Pfd.
Liesen und Micker	43 „
	847 Pfd.
Gewichtsverlust nach 12 Stunden	6 „
Gesamtgewicht	841 Pfd.

Verwertung:

159 Pfd.	Rippespeer, à 90 Pf.	143,10 Mk.
126 „	Schinken, à 80 Pf.	100,80 „
95 „	Bauch, à 75 Pf.	71,25 „
82 „	Blatt, à 85 Pf.	69,70 „
133 „	Rückenfett, à 73 Pf.	97,— „
Übertrag 595 Pfd.		481,85 Mk.

Übertrag 595 Pfd.		481,85 Mk.	625,86 Mk.
59 „	Ohren und Schnauzen, à 35 Pf.	20,65 „	
21 „	Eisbeine, à 85 Pf.	17,85 „	
115 „	Ausputz mit Knochen, à 50 Pf.	57,50 „	
8 „	Schwarte, à 25 Pf.	2,— „	
43 „	Liesen und Micker, à 60 Pf. . .	25,80 „	
841 Pfd.			
Leber		16,— „	
5 Lungen und Herzen, à 70 Pf.		3,50 „	
5 Zungen, à 75 Pf.		3,75 „	
Blut		2,— „	
		630,90 Mk.	
Gewinn			5,04 Mk.

Stellen wir beide Kalkulationen einander gegenüber, so müssen an der ersteren der hohe Gewichtsverlust und bei der zweiten die mit der amtlichen Notierung nicht übereinstimmenden Vieh- und Fleischpreise Bedenken erregen. Zwei weitere konkrete Fälle mögen uns nun die Resultate von Privatschlachtungen geben. Der erstere ist mitgeteilt von Generalsekretär Burkhardt.

1 Schwein mit einem Lebendgewicht von 218 Pfd.
wog ausgeschlachtet . . . . 178 Pfd.

Seine Verwertung ergab:

Schinken	25,4 Pfd.,	à 95 Pf.	23,50 Mk.	
Kotelette	33 „	à 70 „	23,10 „	
Speck	56 „	à 65 „	36,40 „	
Flomen, ausgelassen . . .	7 „	à 75 „	5,20 „	
Schultern.	34,4 „	à 75 „	25,80 „	
Knochenfleisch	17,6 „	à 20 „	7,-- „	
Verlust.	4,6 „			
	178 Pfd.	erlösten	121,— Mk.	
Einkaufspreis (Herbst 1903)			99,26 „	
Gewinn.			21,74 Mk.	

In die Berechnung kommen noch:

6 Pfd. Darmfett	3,— Mk.
Verwertung von Lunge, Leber und Darmfett .	3,50 „
Für Arbeitslohn verausgabt	6,50 „

Das andere Beispiel, von Herter-Burschen bekanntgegeben, um die Höherbewertung des Selbstschlachtens zu erweisen, bringt folgendes Resultat:

Ein Sauschwein mit einem Lebendgewicht von 284 Pfd.
hatte ein Schlachtgewicht von. . . . . . 238 „

Kosten im Einkauf: 1 Pfd. Schlachtgewicht 43 Pf.	= 102,34 Mk.
Lohn und Auslagen	11,20 „
	113,54 Mk.

Es wurden erzielt:

7	Pfd.	Lachsschinken, à 80 Pfg.	5,60 Mk.
$49^1/_2$	„	Hinterschinken, à 60 Pf.	29,70 „
14	„	1 Vorderschinken, à 50 Pf.	7,— „
22	„	frische Blut- und Leberwurst, à 70 Pf.	15,40 „
23	„	Grütz- und Semmelwurst, à 35 Pf. .	8,05 „
$7^1/_2$	„	Dauer- und Bratwurst, à 90 Pf. . .	6,75 „
7	„	Filet und feines Fleisch, à 70 Pf. . .	4,90 „
$38^1/_2$	„	Koch- und Pökelfleisch, à 45 Pf. . . .	17,32 „
55	„	Speck, à 50 Pf.	27,50 „
$17^1/_2$	„	Darmfett, Liesen, Bämme, à 50 Pf.	8,75 „
		Wurstsuppe und Wurstfett	1,— „
241	Pfd.	brachten	131,97 Mk.

Diese Schlachtung ergab einen Gewinn von 18,43 Mk.

Die Beispiele sollen zu erkennen geben, wie mannigfaltig die Schlüsse ausfallen müssen, wenn man nach den gegebenen Aufstellungen auf die Rentabilität der Schweineschlachtungen schließen will. Die beiden letzten Fälle sind nun zwar den Hausschlachtungen entnommen; um wieviel besser muß die Verwertung unter Heranziehung möglichst bester Betriebsmittel und rationeller Verwertung, wie man es bei einem Gewerbe voraussetzen darf, ausfallen. Im folgenden mag nun ein Beispiel angeführt werden, was sich schon eher betrachten läßt. Wir geben hier einen Auszug aus den Geschäftsabschlüssen einer Großfleischerei Hamburgs wieder.

	Im Einkauf		Im Verkauf		
	Fleischgewicht Pfd.	Ausgaben Mk.		Gewinn für ein Schwein brutto Mk.	Gewinn für ein Schwein netto Mk.
1901:					
450 Schweine	65 250	37 845			
145 Pfd., à 63 Pf.. . . .			41 107,50		
Kram pro Stück 4,80 Mk..			2 160,—		
			43 267,50		
Einkaufspreis 53 Pf. à Pfd.			37 845,—		
Gewinn für 450 Schweine.			5 422,50	12,05	4,96

	Im Einkauf		Im Verkauf		
	Fleischgewicht Pfd.	Ausgaben Mk.		Gewinn für ein Schwein brutto Mk.	Gewinn für ein Schwein netto Mk.
1902:					
200 Schweine	29 000	17 690			
145 Pfd., à 67 Pf.			19 430,—		
Kram pro Stück 4,80 Mk. .			960,—		
			20 390,—		
Einkaufspreis 61 Pf. à Pfd.			17 690,—		
Gewinn für 200 Schweine .			2 700,—	13,50	8,06
1903:					
900 Schweine	135 000	66 555			
145 Pfd., à 58 Pf.			75 690,—		
Kram pro Stück 4,80 Mk. .			4 320,—		
			80 010,—		
Einkaufspreis 51 Pf. à Pfd.			66 555,—		
Gewinn für 900 Schweine .			13 455,—	14,95	7,50

An diesem Detail-Geschäft — sein Name ist diskret — partizipieren mehrere Teilhaber; es kann daher, was Genauigkeit der Buchführung betrifft, als einwandfrei hingestellt werden. Leider kann nur ein Auszug gebracht werden, da Vieh aller Gattungen geschlachtet wird.

Werfen wir noch einen kurzen Überblick auf die Geschäftsunkosten, so finden wir interessante Zahlen eines solchen Betriebes. Wir müssen hierbei die anderen Viehgattungen berücksichtigen. Bei einem Umsatz von 2 520 Tieren mit einer Ausgabe von 379 211 Mk. wurde im Jahre 1903 ein Gesamtgewicht von 548 160 Pfund Fleisch erzielt. An Personal wurden drei Gesellen, ein Kutscher und ein Mädchen beschäftigt.

Außer den Ausgaben für die Schlachtung mit 7 118,84 Mk. betrugen die Geschäftsunkosten:

Lohn	5 360,50	"
Versicherung der Leute	425,30	"
Gas und Elektrizität	980,40	"
Salz	420,—	"
Feuerung	720,—	"
Haushalt für die Leute	2 963,40	"
Übertrag	17 988,44	Mk.

Übertrag	17 988,44 Mk.
Kosten per Diverse	2 465,29 "
Zinsen	2 000,— "
Inventarabschluß	400,— "
Reparaturen	687,45 "
Maschinenabschreibung	200,— "
Miete	3 040,— "
Summe (einschl. Schlachtungskosten)	26 781,18 Mk.

Diese Ausgaben entsprechen 8,14 % der Ausgaben für Vieh. Der Reingewinn am Schweinefleisch auf Hundert berechnet beträgt trotz der hohen Schweinepreise

in den Jahren 1901 und 1903 . . 7,09 Mk.
im Jahre 1902 . . . . 7,44 Mk.

Stellen wir dazu noch im Vergleich die Ergebnisse Creuzbauers [1], welche mit der Steigerung der Schlachtungszahlen eine Steigerung des Gewinns durch Verschiebung des Geschäftsaufwandes zum Ausdruck bringen. Die Zahlen geben immerhin den Beweis, daß die Rentabilität um so größer wird, je weiter der Betriebsrahmen wächst, je höher also die Zahl der Schlachtungen gesteigert wird.

	Beim Schlachten von wöchentlich Schweinen:				
	1 St.	10 St.	30 St.	50 St.	100 St.
Ausgaben:	Mk.	Mk.	Mk.	Mk.	Mk.
Einkaufspreis	98,—	980,—	2 940,—	4 900,—	9 800,—
Fleischaufschlag	—,90	9,—	27,—	45,—	90,—
Schlachtgebühr	1,50	15,—	45,—	75,—	150,—
Personal	1,20	12,—	50,—	70,—	110,—
Steuern und Versicherung	—,10	1,—	5,—	8,—	14,—
Eis- und Kühlhalle	—,30	3,—	5,—	6,—	9,—
Ladenmiete	1,20	12,—	24,—	30,—	30,—
Fuhrwerk	—	2,—	6,—	28,—	36,—
Materialabnutzung	—,10	1,—	2,—	3,—	5,—
Summa	103,30	1 035,—	3 104,—	5 165,—	10 244,—
	1 St.	10 St.	30 St.	50 St.	100 St.
Einnahmen:	Mk.	Mk.	Mk.	Mk.	Mk.
Eingeweide	1,—	10,—	30,—	50,—	100,—
Kopfstück, Haxen	1,40	14,—	42,—	70,—	140,—
Blut	—,20	2,—	6,—	10,—	20,—
Fleisch und Fett	104,10	1 041,—	3 123,—	5 205,—	10 410,—
Summa	106,70	1 067,—	3 201,—	5 335,—	10 670,—

[1] Die Versorgung Münchens mit Lebensmitteln, München 1903, S. 104.

Es betragen wöchentlich:

	Ausgaben	Einnahmen	Gewinn pro Woche	Gewinn pro Jahr
	Mk.	Mk.	Mk.	Mk.
1 Schwein	103,30	106,70	3,40	176,80
10 Schweine	1 035,—	1 067,—	32,—	1 664,—
30 Schweine	3 104,—	3 201,—	97,—	5 044,—
50 Schweine	5 165,—	5 335,—	170,—	8 840,—
100 Schweine	10 244,—	10 670,—	426,—	22 152,—

Wollten wir auch für Berlin einheitlich den Geschäftsaufwand festzulegen suchen, so würden wir zu wenig greifbaren Resultaten kommen. Bei den sehr verschiedenen Miets- und Personalverhältnissen je nach der Lage und den Ansprüchen des Kundenkreises sind die Kosten eines Fleischergeschäfts verschieden hoch anzuschlagen. Etwa aus der Zahl der Schlachtungen auf die Rentabilität zu schließen, ist in einer Stadt wie Berlin durchaus verfehlt. Allerdings sind im umgekehrten Maße für einen Fleischereibetrieb die Geschäftsunkosten um so größer, je kleiner der Geschäftsumfang ist. Kleiner Umfang kann nur kleine Lasten tragen, während Großfleischereien mit ihrem gewaltigen Umsatz um so größere Möglichkeit hierfür finden, je umfangreicher der Geschäftsaufwand angelegt ist. Wenn bei den Geschäftseinrichtungen und Erweiterungen ohne Überlegung vorgegangen wird, und dadurch die Verkaufsmenge übermäßig belastet wurde und dazu die Geschäftsunkosten mit der Absatzmöglichkeit in ein ungerades Verhältnis treten, davon ist natürlich die Folge, daß die Rentabilität zurückgeht. Solche Fälle weisen die Zahlungsstockungen in den Jahren 1901, 1902 und 1905 zahlreich auf.

Nach der Kalkulation eines Sachverständigen, und wie sie auch in der Praxis angestellt zu werden pflegt, genügt zur Etablierung eines kleinen Geschäfts ein Kapital von 2000 Mk. In einer neuerstandenen, aber bevölkerten Gegend kann noch auf eine Miete von 1500 Mk. pro Jahr gerechnet werden. Ein vollständiges Inventar (Handbetrieb) ist schon für 800 Mk. zu erhalten. Der notwendige Einkauf beträgt etwa:

50 Pfd. mageren Speck, à 70 Pf.	35,—	Mk.
50 Pfd. fetten Speck, à 70 Pf.	35,—	„
50 Pfd. Schinken, à 120 Pf.	60,—	„
50 Pfd. feste Schlackwurst, à 130 Pf.	65,—	„
50 Pfd. feste Salami, à 130 Pf.	65,—	„
10 Stück halbe Schweine, 80 Pfd., à 50 Pf.	400,—	„
Ein halbes Rind	200,—	„
1 Kalb	100,—	„
Übertrag	960,—	Mk.

	Übertrag	960,—	Mk.
1 Hammel		40,—	„
Därme, Gewürze, Bindfaden, Speile		130,—	„
Kräme, Lebern usw. von Woche zu Woche		270,—	„
		1400,—	Mk.
Hierzu für Inventar und Miete (für 3 Monate)		600,—	„
	Summa	2000,—	Mk.

Bei Barzahlung wäre also das Anlagekapital in Betriebskapital übergeführt. Für die Zubereitung von Kochschinken, Schulterblättern, sowie Braunschweiger und Polnischer und aller Kochwurstsorten würde der Vorrat in den ersten Wochen ausreichen. Mit den Einnahmen für die verkauften Waren müßte dann sofort Ersatz geschaffen werden. Bei einem 14 tägigen Umsatz dieses Quantums wäre der Ladenfleischer theoretisch in der Lage, 36 400 Mk. im Jahre umzuschlagen und nach dem Durchschnitt des letzten Jahres einen Bruttogewinn von etwa 8 500 Mk. zu erzielen, was einem Reingewinn von nicht ganz 4 000 Mk. entsprechen würde. Geschäftsverlust, wie Verderb von Fleisch usw. sind dabei nicht berücksichtigt. Daß solche Existenzen, zumal bei den schwankenden Fleischpreisen der Kreditbedürftigkeit anheimfallen, ist allerdings nicht zu verwundern.

Neben den zu hoch empfundenen Schlachtgebühren sind die Transportkosten der Zielpunkt der Klagen des Berliner Schlächters. Sie sind unbestreitbar für die meisten Betriebe sehr erheblich, da das Schlachthaus an der Peripherie der Stadt liegt und der Meister gezwungen ist, entweder von demselben oder aus der Zentralmarkthalle die großen Quantitäten bis zu seiner Werkstatt transportieren zu lassen. Die Unkosten wachsen mit der Entfernung und zwar für den kleineren Meister mehr als für den größeren. Wegen der weiten Entfernung haben sich viele genötigt gesehen, sich Pferd und Wagen anzuschaffen, wodurch das Anlagekapital um ca. 1200 Mk. und das Betriebskapital um 600 Mk. jährlich gewachsen ist. Selbst die größeren Geschäfte mit drei oder mehr Gehilfen haben Pferd und Wagen einzig und allein zum Abholen der Ware aus der Markthalle einstellen müssen. Die mit der Anschaffung und Unterhaltung des Gespanns verknüpften Kosten drücken den Kleinbetrieb mehr als den Großbetrieb, dem unter Umständen ein solches Transportmittel billiger zu stehen kommt. Der Kleinbetrieb hat keine ausreichende Verwendung für ein Pferd. Hat es seine eigentliche Bestimmung, den Transport der ausgeschlachteten Tiere vom Schlachthof oder von der Markthalle nach der Werkstatt erfüllt, dann steht es untätig im Stalle. Hier und da halten sich wohl deshalb mehrere Meister gemeinschaftlich ein Gespann, und in größeren Betrieben sucht man es neben dem Transport aus dem Schlachthofe noch zur Erledigung der eingegangenen Bestellungen dienstbar zu machen.

Die Anlage eines motorischen Betriebes erfordert für einen Mittelbetrieb von einem Meister, drei Gehilfen und einem Mädchen ein Kapital von 6—7000 Mk., davon die Hälfte für die Anschaffung und Aufstellung des Motors entfällt. Die Betriebskosten für Unterhaltung und Erneuerung der Maschine, Heizung und Beleuchtung stellen sich jährlich auf annähernd 800 Mk. Diesen Ausgaben stehen aber dann entsprechende Ersparungen gegenüber. Die Fabrikation der Wurst, die bisher die weitaus größte Zeit in Anspruch nahm, ist auf eine bedeutend kürzere Zeit reduziert. Die weitaus größte Zahl der sogenannten Wurstfabriken trägt handwerksmäßigen Charakter. Ein Betrieb mit einer nur geringen Anzahl Gesellen, welcher seine Haupttätigkeit auf die Wurstfabrikation legt, nennt sich ohne weiteres Wurstfabrik. Es sind dies Schweineschlächtereien, in welchen in der Hauptsache Wurst- und Rauchwaren hergestellt und diese dann im Laden verpfundet werden.

Es wird wenig nützen, hinsichtlich aller dieser verschiedenen Verhältnisse klare Einheitlichkeit schaffen zu wollen, solange nicht die Rentabilitätsfrage für dieses wie für jedes andere Kleingewerbe einheitlich zu lösen gesucht sein wird. Bei dem immer mehr um sich greifenden Niedergang desselben in den Großstädten harrt auch die Fleischfrage als ein wichtiger Faktor der sozialen Zustände ihrer Lösung. Das Schlächtergewerbe bietet hier noch eine der größten Schwierigkeiten. So schränkt der Haushalt und die Kost des Personals um ein gut Teil die Einnahmen durch den eigenen Verbrauch der Ladenware ein, was gewöhnlich unberechnet bleibt. Gerade im Laufe der letzten Jahre sollen die Spesen und Regiekosten außerordentlich gestiegen sein. Die Ansprüche der Kundschaft, die Aufwendungen für Einrichtungen und Ausstattung der Läden und Werkstätten, die Zahl der Fälle, in denen die Besorgung ins Haus gewünscht wird und die dadurch bedingte Vermehrung des Hilfspersonals, die Aufwendungen für die Löhne der Gehilfen und für alle Hilfsmaterialien sind gewachsen. Die einheitliche Berechnung des Geschäftsaufwandes haben wir daher aus der Berechnung ausschließen müssen.

3. Die Fleisch- und Wurstwarenfabrikation.

Bei der Untersuchung der Fleischpreise ist bisher nicht berücksichtigt, daß nicht alles ausgeschlachtete Vieh als Fleisch unmittelbar in die Hand des Konsumenten gelangt. Da ein nicht geringer Teil zu Fleisch- und

Wurstwaren verarbeitet wird, verdient deren Fabrikation eine besondere Würdigung. Dieselbe liegt mit Ausnahme einiger Großanstalten, die für den Versand und Zwischenhandel arbeiten, in den Händen mittlerer Wurstgeschäfte und der kleinen Fleischer, die ihre Fabrikate an Gastwirte oder an ihren Kundenkreis absetzen. Der Jahresumsatz an den Fleischwaren in Berlin soll über 20 Millionen Mk. betragen, wovon die Hälfte allerdings auf den Versand entfällt. In feineren Wurstwaren, aber auch in gekochtem Schinken und Speck hat Berlin heute einen Ruf, der weit über die Grenzen des Reiches hinausgeht.

Unter Wurst versteht man ein Gemenge kleingewiegten Fleisches und Fettes, das mit Gewürz, Salz, Pfeffer, Thymian, Zwiebel, Knoblauch und anderen Zutaten vermengt und in Därme gefüllt, im rohen, geräucherten oder gekochten Zustande in den Handel gebracht wird. In großer Sortenzahl erscheint sie auf dem Markte und erhält ihre verschiedene Bezeichnung entweder nach ihrer Herstellungsweise wie Wiener, Frankfurter, Regensburger, Thüringer, Halberstädter, Jauersche, Braunschweiger, Breslauer, Brühwurst usw. oder nach ihrem Geschmack und Inhalt wie Grütz-, Blut-, Leber-, Zungen-, Schinkenwurst usw.

Hinsichtlich ihrer Zubereitung unterscheidet man hauptsächlich Koch- und Rohwürste. Zur Herstellung der zum Frischverbrauch bestimmten Kochwürste werden die genießbaren Eingeweideteile und das schwer verkäufliche Fleisch vom Bauch, Kopf und das Rückenfett verwendet. Das vom Knochen gelöste Fleisch wird durch Wiege- und Schneidemaschinen zu Würfeln oder Streifen zerkleinert, mit den nötigen Zutaten in die Wurstmengemaschine und von dort in die Wurstspritze übergeführt. Darauf wird die fertige Wurst in offenen Kesseln gekocht und ist nach ihrer Abkühlung sofort verkaufsfertig. Zur Bereitung von Rohwürsten bedarf es mehr des kernigen Fleisches; zur Erzielung der Festigkeit wird daher $^1/_5$—$^3/_5$ Rindfleisch mitverwandt. Bis auf das Kochen ist die Herstellungsart dieselbe. Statt dessen wird sie nach mehrtägiger Lufttrocknung in die Räucherkammer und von dort auf den Lagerboden zur vollständigen Ausreife gebracht. Dieser Prozeß nimmt je nach der Feinheit der erzeugten Ware 1—4 Monate in Anspruch. Diese Dauerware, besonders die ausgetrocknete harte Wurst findet ihren Hauptabsatz in der warmen Jahreszeit. Ein trockener, heißer Sommer, wie er sich bekanntlich 1904 einstellte, läßt den Bestand rasch und glatt zur Räumung bringen, während der kalte und nasse Sommer des Jahres 1907 die Nachfrage, besonders aus den Bädern und Sommerfrischen, sehr zurückgehen ließ.

Mit der fortschreitenden Ausbildung der Wurstmacherei seit Einführung der obligatorischen Fleischbeschau, durch welche eine gewisse Gewähr für die Verarbeitung nur gesunden Fleisches in die Wurst geboten wurde, ist letztere auch mehr und mehr in die besseren und sogar in die feinen Haushaltungen eingeführt. Auch fordert die sich ständig bessernde Lebenshaltung des Arbeiters und Handwerksgesellen einen steigenden Mehrverbrauch durch den Belag auf das Brot, und es gibt nichts Billigeres, Nahrhafteres und Bekömmlicheres als dieses bereits gewürzte und zerkleinerte entweder gekochte oder geräucherte Fleisch, dem der Darm als Umhüllung dient. Neben den großen Mengen von bereits präparierten Därmen, welche die Eisenbahn von auswärts zuführt, versorgen 194 selbständige, mit Gesellen arbeitende Darmschleimer, welche in einem besonders dazu eingerichteten Gebäude auf dem Schlachthofe die Därme sauber abschleimen, waschen und einsalzen, den Berliner Markt mit dieser Ware.

Für die Absatzverhältnisse von Wurst kommt mehr als die von Fleisch der jeweilige Arbeitsmarkt in Frage. Der noch an der Grenze vom Genuß- zum Nahrungsmittel stehende Artikel wird bei ungünstigen Arbeitsverhältnissen sofort eingeschränkt. Hierdurch soll gerade das Jahr 1909 sehr ungünstig gewesen und für die Bonität der Händler vielfach verhängnisvoll geworden sein, so daß Verluste selbst bei größter Vorsicht nicht zu vermeiden gewesen sind. Der Stand der Viehpreise übt natürlich seinen Einfluß auf die Rentabilität der Wurstwarenfabrikation aus. Hohe Viehpreise während der Fabrikationszeit und einen Tiefstand in Monaten des Hauptverzehrs müssen immer Verluste mit sich bringen. Besonders leiden diejenigen Fabrikanten darunter, die im Frühjahr größere Lieferungsabschlüsse mit Behörden und Zwischenhändlern abzuschließen pflegen. Bei den sehr veränderlichen Schweinepreisen gehört ein ausgeprägtes kaufmännisches Geschick dazu, eine richtige Kalkulation hinsichtlich der Höhe der Produktionskosten und der Bewertungsmöglichkeit aufzustellen.

Eigene Schlachtung ist für diese Art des Betriebes noch weniger gebräuchlich; vielmehr ist es Sitte, Fleisch nach Stück und Gewicht vom Engros-Schlächter einzukaufen und weiter zu verarbeiten. Spielt bei dem Viehkauf mehr das spekulative Verfahren mit, nämlich einen schlechten oder guten Kauf an dem Viehstück zu machen, wird bei der weiteren Verarbeitung des Fleisches durch die richtige Auswahl in der Quantität und Qualität der Substanzen für die einzelnen Wurstarten und -sorten die Qualität der Ware bestimmt. Durch das individuelle Können des Meisters, von seiner Fähigkeit und seinem Geschmack hängt das Gedeihen des Betriebes ab. Das zeigt sich vor allem in der Herstellung des Wurstteiges, bei der Füllung der Wurst und der Räucherung. Hierbei spielt auch die Beurteilung der Qualität des Fleisches eine große Rolle.

Hinsichtlich der Kalkulation bei der Herstellung von Fleischwaren in einem Berliner Fleischergeschäft, das mit Salzerei und Wurstfabrikation verbunden ist, sind folgende Berechnungen[1], die an der Hand des Geschäftsbuches für konkrete Fälle aufgestellt sind, bemerkenswerte Beispiele. Vorauszuschicken ist, daß für Löhne, Gewürz, Heizmaterial, Licht, Kraft, Versicherung und sonstige Geschäftsunkosten Auslagen nicht in Ansatz gebracht sind.

1. Bereitung von sogenanntem Kasseler ohne Knochen.

Einkauf:				
100	Pfund Schinken à 70 Pf.			70,— Mk.
Erlös:				
63	Pfund Kasseler fertig geräuchert à 100 Pf.	63,—	Mk.	
3	„ Schwarten à 20 Pf.	—,60	„	
2	„ Fleisch à 80 Pf.	1,60	„	
2	„ Knochen à 10 Pf.	—,20	„	
18	„ Fett à 70 Pf.	12,60	„	
12	„ Hintereisbein à 35 Pf.	4,60	„	82,60 „
			Überschuß	12,60 Mk.

2. Bereitung von Schnitzel und Kasseler ohne Knochen.

Einkauf:						
33,2	Pfund frischer Schinken mit Spitzbeinen à 65 Pf. .					21,58 Mk.
Erlös:						
10	Pfund Kasseler	à 100	Pf. . . .	10,—	Mk.	
5,6	„ Schnitzel	à 120	„ . . .	6,70	„	
8	„ Fett	à 70	„ . . .	5,60	„	
1,3	„ Abputzfleisch	à 80	„ . . .	1,05	„	
1	„ Schwarten	à 20	„ . . .	—,20	„	
1	„ Eisbein	à 20	„ . . .	—,20	„	
2,2	„ Hintereisbein	à 35	„ . . .	—,75	„	
3,8	„ Knochenfleisch	à 10	„ . . .	—,35	„	24,85 „
					Überschuß	3,27 Mk.

[1] Die Beispiele Nr. 1—7 (für September 1906 aufgestellt) haben dem Verfasser bereits 1907 aus dem Material der Berliner Handelskammer zur Verfügung gestanden. Nr. 8—10 sind der preisgekrönten Arbeit von Rohn, Kalkulationslehre für das Fleischer- und Wurstmachergewerbe, Berlin 1908 (nach dem Preisausschreiben der Allgemeinen Fleischer-Zeitung) entnommen. Auch die Beispiele Nr. 1—7 erscheinen dort aus derselben Quelle, aber mit der Veränderung, daß in allen Fällen höhere Einkaufspreise den Berechnungen zugrunde gelegt sind und infolgedessen der Überschuß

3. Bereitung von Pökelfleisch.

Einkauf:

9,2 Pfund frischer Schweinekamm à 70 Pf.			6,50 Mk.

Erlös:

2	Pfund Knochenfleisch à 15 Pf.	—,30 Mk.	
6,4	„ gekochtes Fleisch à 110 Pf. . .	7,05 „	7,35 „

Der Artikel wird regelmäßig in Viertel- und Halbviertelpfunden, nicht pfundweise, verkauft. Um die Verluste auszugleichen, die durch das Einwiegen und durch die Brocken beim Aufschneiden entstehen, muß der Detaillist das Pfund um 30 Pf. teurer verkaufen, also 1,40 Mk. nehmen; demnach ergibt sich ein Überschuß von 2,70 Mk.

4. Bereitung von gekochtem Schulterblatt.

Einkauf:

11,9 Pfund frisches Schulterblatt à 65 Pf.		7,75 Mk.

Erlös:

0,6	Pfund	Bruströppen	à 70 Pf. . .	—,45 Mk.	
1,4	„	Knochenfleisch	à 10 „ . .	—,15 „	
1,4	„	Fleisch zur Wurst	à 60 „ . .	—,85 „	
7	„	gek. Schulterblatt	à 120 „ . .	8,40 „	9,85 „
				Überschuß	2,10 Mk.

Schulterblatt wird in ebenso kleinen Quantitäten verkauft wie Pökelkamm, also viertel- und achtelpfundweise.

5. Bereitung von Schlackwurst.

Einkauf:

80 Pfund Schweinefleisch ohne Knochen à 80 Pf.	64,— Mk.
Därme	4,— „
Die Wurst wiegt nach 4 Wochen nur noch 68 Pfund, also	
Selbstkostenpreis à 100 Pf.	68,— Mk.

sehr gering, in einzelnen Fällen sogar ein Verlust gefunden wurde. Der Verfasser hat jedoch keinen Anstand daran genommen, es bei den ursprünglichen Preisen zu lassen, zumal sie nach der derzeitigen Preislage für Vieh als die wahrscheinlicheren anzusehen sind. Überhaupt scheint die Kalkulationslehre mehr nach dem bereits oben gerügten Bestreben der Fleischer aufgestellt zu sein, durch Gegenüberstellung von hohen Einkaufspreisen mit niedrigen Verkaufspreisen warnende Beispiele zu geben.

Nach weiteren 8 Wochen wiegt die Wurst nur 50 Pfund, mithin Selbstkostenpreis à 136 Pf. Der Detaillist muß, um die Geschäftsunkosten und die Verluste beim Einwiegen herauszuholen, sich für das Pfund 2,— Mk. zahlen lassen. Zur Aufklärung des hohen Einkaufspreises diene folgende Rechnung:

Es kosten 49 Pfund Rippespeer im Einkauf à 65 Pf.		31,85 Mk.
Hiervon ab:		
10 Pfund Knochenfleisch à 15 Pf. . . .	1,50 Mk.	
1,5 Pfund Rippespeer à 80 Pf.	1,20 „	2,70 „
37,5 Pfund reines Fleisch kosten demnach à 80 Pf. . .		29,15 Mk.

6. Bereitung von Braunschweiger Mettwurst.

Einkauf:		
49 Pfund frischer Rippespeer à 65 Pf. . .		31,85 Mk.
Erlös:		
1,5 Pfund Rippen à 80 Pf.	1,20 Mk.	
10 „ Knochenfleisch à 15 Pf. . . .	1,50 „	
35,5 „ fertige Mettwurst à 120 Pf. .	41,60 „	45,30 „
		13,45 Mk.
ab Verlust durch Einwiegen à Pfund 10 Pf.		3,55 „
	Überschuß	9,90 Mk.

7. Bereitung von feiner Leberwurst.

Einkauf:		
15 Pfund Schweineleber à 80 Pf. . . .	12,— Mk.	
20 „ Fett à 60 Pf.	12,— „	
20 Stück Fettdärme à 30 Pf.	6,— „	30,— Mk.
Erlös:		
31,5 Pfund fertige Wurst à 1,20, beim Detaillieren à 1,40 Mk.		44,10 „
		14,10 Mk.
ab Verlust durch Einwiegen pro Pfund 10 Pf.		3,15 „
	Überschuß	10,95 Mk.

8. Selbstkostenpreis für 1 Pfund feine Leberwurst.

Einkauf:

11 Pfund entsehntes Kalbfleisch à 90 Pf.	9,90	Mk.	
22 „ gesalzene und frische Schweineleber (halb und halb) à 90 Pf.	19,80	„	
36 Pfund Fett (Wammen und Backen ohne Schwarten) à 60 Pf.	21,60	„	
69 Pfund Masse.			
8 „ krause Därme	3,—	„	
Gewicht 77 Pfund, in die Därme gespritzt wog die feine Leberwurst 78 1/2 Pfund, also Gewürz und Bindfaden ca. 1 1/2 Pfund	0,50	„	54,80 Mk.
			54,80 Mk.

Verlust durch das Kochen 7 1/2 Pfund = 9 5/10 %
„ „ „ Räuchern 7 „ = 9 8/10 %

Nettogewicht 64 Pfund = 54,80 Mk.
„ 1 „ = 0,85 „

Selbstkostenpreis für 1 Pfund feine Leberwurst . .	0,85 Mk.
Dazu 15 % Unkosten und Lohn per Pfund	0,13 „
Mithin	0,98 Mk.

9. Bereitung von Rauchfleisch.

10 Blumenstücke (Kugeln) frisch . . .	125 Pfund	
aus der Lake	122 „	(8—10 Tage)
nach dem Trockenlagern	120 „	(ca. 4 Wochen)
nach dem Räuchern	116 „	(eine Nacht)
nach dem Kochen	103 „	(ca. 3 Stunden)
im ganzen verloren	22 Pfund = 17 3/5 %	
	oder per Stück 2,2 Pfund.	

Preisberechnung:

125 Pfund à 0,90 Mk.	112,50 Mk.
Geschäftsunkosten nach Kalkulation pro Stück 0,50 Mk.	5,— „
	117,50 Mk.

geräuchert pro Pfund 1,01 Mk.
gekocht „ „ 1,14 „

10. Verlust der Schlackwurst durch den Räucherprozeß.

Eine Schlackwurst wiegt am Herstellungstage

	Dienstag, den	12.	November	1135 g
nach 7 Tagen	„ „	19.	„	1015 g
„ 7 „	„ „	26.	„	950 g
„ 7 „	„ „	3.	Dezember	910 g
„ 7 „	„ „	10.	„	870 g
„ 7 „	„ „	17.	„	835 g
„ 7 „	„ „	24.	„	815 g
„ 7 „	„ „	31.	„	795 g
„ 7 „	„ „	7.	Januar	785 g
„ 7 „	„ „	14.	„	775 g
„ 7 „	„ „	21.	„	770 g
„ 7 „	„ „	28.	„	770 g

also Verlust nach 12 Wochen = 365 g oder ca. $33^1/_3$ %.

Diese Beispiele lassen erkennen, wie sehr die Aufmerksamkeit des Fabrikanten auf jeden einzelnen Produktionsprozeß gerichtet sein muß, um in jedem einzelnen Fall den Verkaufspreis richtig ansetzen zu können. Eine allgemein gültige Berechnungsweise gibt es dabei nicht. Auch finden sich genau durchgeführte Kalkulationen gewöhnlich nur in Großbetrieben, während bei der Preisbemessung im Ladengeschäft auf die Gewohnheit des Publikums Rücksicht genommen wird. Soweit der kleine Wurstmacher nicht auf den Vertrieb an Zwischenhändler und Gastwirte angewiesen ist, leidet er sehr unter der Konkurrenz der Spezialgeschäfte und der Warenhäuser, die zumeist eingeführte Waren zu verhältnismäßig niedrigen Preisen anbieten. Dagegen legt das Publikum in den feinen Fleisch- und Wurstwarengeschäften, deren Ruf sich über ganze Stadtteile zu erstrecken pflegt, gern hohe Preise an, da es hier der Bedienung mit bester Ware sicher ist. Zu den besprochenen reinen Produktionskosten treten noch die Spesen für den Betrieb und Vertrieb hinzu. Diese sollen den Grundpreis mit 15% im Durchschnitt belasten. „In der Magdeburger Versammlung wurde an der Hand eingeholter Kalkulationen festgestellt, daß die Fabrikations- und Umsatzkosten 15—16% und darüber betragen, während man früher allgemein nur 10% angenommen hat. Der Vertreter einer der größten Wurstfabriken Deutschlands, mit einem Umsatz von $5^3/_4$ Millionen Mark, zeigte auf Grund exakter Buchführung, daß der Satz ohne Abschreibungen,

Tabelle X. **Die Preise für Wurstwaren in den einzelnen Stadtteilen (August 1910).**
(Pro Pfund in Pf.)

Wurst	Ostdeutsche Fleischindustrie G. m. b. H. Pf.	Warenhaus Wertheim Pf.	Berlin C Pf.	Berlin S Pf.	Berlin N Pf.	Berlin W Pf.	Schöneberg Pf.	Schöneberg Pf.	Charlottenburg Pf.	Wilmersdorf Pf.	Lichtenberg Pf.	Spannung Pf.
Teewurst	100	130	200	160	140	—	130	160	200	170	—	100—200 = 100 Pf.
Zervelatwurst I	130	170—200	180	180	175	180	140—160	150	180	180	160	130—200 = 70 "
Zervelatwurst II	—	140—160	160	160	160	160	—	—	160	150	140	140—160 = 20 "
Salamiwurst I	130	170—200	160	180	140	—	180	140	170	160	160	130—200 = 70 "
Salamiwurst II	—	140—160	140	160	130	—	—	—	—	—	140	130—160 = 30 "
Mortedella (gef. Schinken)	85	110	—	120	—	120	140	—	120	120	100	85—140 = 55 "
Rauchwurst	—	—	—	—	—	—	—	—	—	—	—	—
Plockwurst	100	140	100	160—180	100	—	—	—	—	—	—	100—180 = 80 "
Jagdwurst	80	100	120	120	100	120	120	120	120	120	120	80—120 = 40 "
Knackwurst	—	Paar 35	Paar 25	120	—	—	—	St. 15	—	—	—	—
Mettwurst I	85	130	80	120	—	120	140	100	140	100	100	80—140 = 60 "
Mettwurst II	75	120	70	100	—	100	120	—	—	—	90	70—120 = 50 "
Feine Leberwurst	90	130	120	120	120	120	160	120	120	120	120	90—160 = 70 "
Landleberwurst	80	110	110	} 100	100	90	120	100	120	} 100	100	80—120 = 40 "
Zwiebelleberwurst	45	90	80		—	—	100	80	70		100	45—100 = 55 "
Gewöhnliche Leberwurst	—	90	80	—	—	—	90	—	70	—	90	50—90 = 40 "
Fleischwurst	85	110	110	100	90	—	—	100	100	100	100	85—110 = 25 "
Blutwurst I	70	80	100	100	80	90	—	70	—	100	60	60—90 = 30 "
Gewöhnliche Blutwurst	45	55	90	80	70	80	—	—	—	—	—	45—90 = 45 "
Knoblauchwurst	65	80	Paar 10	—	—	—	—	130	90	—	—	65—130 = 65 "
Polnische Wurst, hart	90	120	110	100	—	—	—	120	—	—	—	90—120 = 30 "
Polnische Wurst, weich	—	100	90	100	—	—	—	—	—	—	—	90—100 = 10 "
Sülzwurst	70	80—110	—	80	100	—	—	100	—	110	80	70—110 = 40 "
Wiener Würstchen, Paar	100 = 800	10	15	10	3 = 25	3 = 25	10	10	10	10	6 = 50	3 Paar 25
Bockwurst, Stück	100 = 1100	15	20	15	30	—	—	15	15	—	20—35	15—35 Paar à 20 "
Zungenwurst	90	130	120	120	120	120	120	120	140	120	100	90—140 = 50 "

Delkredere und Gewinnaufschlag bzw. Vergütung der eigenen Arbeit sich auf 12,3—13,4 % beläuft [1]."

Damit ist aber das Belastungskonto noch nicht erschöpft. Da nämlich diese Artikel in Berlin vorwiegend in Viertel- und Halbviertelpfunden abgesetzt werden, so lassen sich beim Verwiegen Verluste nicht vermeiden. Ein im Aufschneiden unsicheres und nachlässiges Personal kann zum Schaden des Inhabers arbeiten und nur die größte Aufmerksamkeit desselben schützt ihn davor, daß sozusagen sein Unternehmergewinn zum Laden hinausgetragen wird. Die von der Allgemeinen Fleischer-Zeitung veranlaßten Ermittlungen darüber durch Einkäufe in einer großen Anzahl von Fleischerläden haben festgestellt, daß Übergewichte von 50—75 g bei Einkauf von 125—250 g keine Seltenheiten waren. Durch diese Verluste sucht sich der Detaillist durch einen Aufschlag von 10—20 Pf. gegenüber dem Einkauf im ganzen zu entschädigen.

4. Der Zusammenhang zwischen den Schlachtvieh- und Schinkenpreisen.

Während eine amtliche Notierung der Fleisch- und Wurstwarenpreise nicht stattfindet, läßt sich eine Übersicht über die Schinkenpreise geben, und bei der ziemlich gleichmäßigen Bewertung aller Dauerfleischwaren erscheint es angebracht, die Preisbewegung des Schinkens im Zusammenhang mit den Viehpreisen einer Würdigung zu unterziehen. Was den Berliner Schinken als Marktware kennzeichnet, ist das übereinstimmende Urteil aller Sachverständigen, welches dahin geht, daß der hiesige Schinken mit den Produkten jedes anderen Landes konkurrieren kann und auch dem berühmten Prager Schinken in nichts nachsteht. Besondere Spezialität ist der gekochte Schinken, für dessen Zubereitung mehrere Salzereien entstanden sind, darunter einige, deren Räucherungs- und Kelleranlagen ein Fassungsvermögen von 7—10 000 Stück aufweisen. Für die Höhe dieser Industrie ist die Tatsache kennzeichnend, daß der Berliner Schinken in großen Posten nach Thüringen und Braunschweig in rohem und auch zubereitetem Zustande versandt wird, um von dort wieder als echte Ware in den Handel gebracht zu werden. Unsere Schinkenindustrie hat durch den ersten deutschen Schinkenwettbewerb, der am 16. und 17. Februar 1905 zu Berlin stattfand, einen kräftigen Antrieb erhalten. Es wurden daselbst über 1300

[1] Wiegand, Die Lage der Wurstfabrikation. Amtliche Zeitung des Deutschen Fleischer-Verbandes, 1909, Nr. 49.

Schinken ausgestellt und der Beurteilung eines Preisgerichts unterzogen. Der Gesichtspunkt, von dem aus das Preisverhältnis vom Viehstück zum Schinken betrachtet werden muß ist ein wesentlich anderer, als der vom Schlachtvieh zum Fleisch. Während dies frisch verkauft wird, ist der Schinken Dauerware. Es gehört zu seiner Herstellung eine fabrikationsmäßige Bearbeitung und geraume Zeit bis zur Marktfähigkeit. Von der Urteilskommission des Schinkenwettbewerbs wurde unter anderem folgende Anforderung an einen konsumfähigen Schinken gestellt:

„Richtig genommen soll ein Ausschneideschinken 6—7 Monate und noch länger halten. Wenn er dann angeschnitten und in einigen Wochen verzehrt wird, soll er Farbe und Geschmack nicht verlieren. Vor allem ist erforderlich ein ausgeruhtes Schwein und sorgfältige Behandlung bei der Schlachtung und richtige Auskühlung, peinlich sauberes Salz, gutes Trocknen und richtiges Räuchern. Wenn nur einer dieser Faktoren nicht vorhanden ist, die milde Salzung ist schon gefährlich, wird damit die Haltbarkeit beeinträchtigt."

Für die Zubereitung der besseren Dauerware sind die Käserschweine besserer Qualität in den letzten Monaten des Jahres sehr gesucht. Um eine delikate Ware herzustellen, muß der Schinken, so sagt man wohl, von der Märzluft tüchtig umweht sein. Mit der Zeit des Hängens tritt aber ein erheblicher Gewichtsverlust ein. Bei 6—7 monatigem Hängen stellt sich der Verlust auf 20—25 %, also auf nahezu ein Viertel seiner ursprünglichen Schwere.

Ein auf diese Weise zubereiteter Schinken hat seine Konsumzeit in den heißen Monaten. Geräucherter Schinken geht nun zwar zu jeder Jahreszeit in Berlin und ist bei jedem Fleischer stets vorrätig zu haben. Während aber der kleine Mann auf dem Lande, welcher selbst einschlachtet, sich die größte Mühe gibt, um im Sommer ein Stück guten Schinken essen zu können, ist hier richtige Dauerware nur bei sehr hohen Preisen zu haben und kommt fast ausschließlich nur in den besseren Haushaltungen auf den Tisch. Für den Volkskonsum muß dagegen mehr auf wohlfeilere Preise gesehen werden. Schnelle Räuchermethoden werden angewandt, um den Schinken mit möglichst geringem Gewichtsverlust in kurzer Zeit marktreif zu machen. So entstehen große Preisunterschiede der einzelnen Qualitäten. Vornehmlich spielt hier der von auswärts eingeführte Schinken eine Rolle. Von 85 Pf. an bis hinauf zu 2,80 Mk. findet man Schinken in speziellen Räucherwarengeschäften angeboten. Die Preise lassen sich für die Statistik nicht immer hinreichend feststellen. Die angegebenen Zahlen in Tabelle XI stellen daher lediglich den Durchschnitt

Tabelle XI.

Jahr und Monat	Preis für Schweine, höchstes Mittel pro Ztr. Mk.	Fleisch im Großhandel in Mark für einen Zentner			Fleisch i. Kleinhandel in Pf. für 1 Pfund	
		Schinken, geräuchert		Lachsschinken	Schinken, geräuchert	Schinken, geräuchert, ausgeschnitten
		mit Knochen Mk.	ohne Knochen Mk.	Mk.	Pf.	Pf.
1	2	3	4	5	6	7
1895						
Januar . . .	49,25	71,—	92,50	125,—	108	144
Februar . . .	48,—	71,—	92,50	125,—	108	144
März	45,60	63,83	90,—	116,53	107	144
April	41,50	71,25	90,—	110,—	106	143
Mai	41,25	70,—	90,—	110,—	104	143
Juni	40,80	70,—	90,—	110,—	102	140
Juli	44,50	70,—	90,—	110,—	102	140
August . . .	47,40	70,—	90,—	110,—	102	140
September. .	47,50	70,—	90,—	110,—	101	141
Oktober . . .	46,50	67,41	90,—	110,—	101	142
November . .	45,20	65,—			100	141
Dezember . .	43,25	65,—			100	141
1896						
Januar . . .	43,50	72,31	Preise nicht notiert		100	141
Februar. . .	42,—	75,—			100	141
März	40,25	74,33			100	141
April	40.—	72,50			100	140
Mai	38,20	72,50			101	141
Juni	35,75	66,16			100	139
Juli	40,75	65,—			100	138
August . . .	44,80	65,—			99	139
September. .	48,—	65,—			98	138
Oktober . . .	48,20	65,—			97	139
November . .	48,50	65,—			97	139
Dezember . .	47,40	65,—			97	139
1897						
Januar . . .	49,60	65,—			96	139
Februar. . .	49,25	65,—			97	139
März	48,75	66,11	80,—	112,50	98	139
April	46,25	72,50	80,—	112.50	97	139
Mai	45,60	72,50	80.—	112,50	98	138
Juni	46,75	72,50	80,—	112,50	97	139
Juli	53,60	88,20	95,24	136,12	97	139
August . . .	56,75	83,43	98,08	136,15	97	139
September. .	57,88	97,12	104,24	124,23	102	141
Oktober . . .	59,30	95,19	103,75	126,35	103	143
November . .	59,—	85,80	96,16	130,—	103	143
Dezember . .	57,10	97,50	105,—	130,—	100	142

Tabelle XI (Fortsetzung).

Jahr und Monat	Preis für Schweine, höchstes Mittel pro Ztr. Mk.	Fleisch im Großhandel in Mark für einen Zentner: Schinken, geräuchert, mit Knochen Mk.	Schinken, geräuchert, ohne Knochen Mk.	Lachsschinken Mk.	Fleisch i. Kleinhandel in Pf. für 1 Pfund: Schinken, geräuchert Pf.	Schinken, geräuchert, ausgeschnitten Pf.
1	2	3	4	5	6	7
1898						
Januar . . .	57,50	97,80	105,20	130,—	104	141
Februar . . .	57,75	99,59	105,21	128,96	106	141
März	55,75	85,—	90,—	125,—	106	143
April	52,10	85,—	90,—	125,—	106	143
Mai	51,75	85,—	90,—	125,—	106	142
Juni	52,38	85,—	90,—	125,—	105	143
Juli	57,50	85,—	90,—	125,—	104	143
August . . .	58,88	85,—	90,—	125,—	105	144
September . .	58,50	85,—	90,—	128,46	106	146
Oktober . . .	56,70	85,—	90,—	130,—	106	145
November . .	55,75	85,—	90,—	130,—	106	145
Dezember . .	53,10	87,02	92,12	130,—	106	145
1899						
Januar . . .	52,13	87,50	95,—	113,—	106	145
Februar . . .	50,25	87,29	94,29	129,48	105	145
März	47,75	82,50	90,—	116,73	105	145
April	45,60	82,50	90,—	115,—	106	146
Mai	45,50	82,50	90,—	115,—	106	146
Juni	45,13	80,77	86,54	111,54	106	146
Juli	46,70	81,64	89,91	110,—	106	146
August . . .	48,50	82,50	92,50	110,—	106	145
September . .	47,90	84,91	92,50	110,—	106	144
Oktober . . .	47,25	85,—	92,50	110,—	104	144
November . .	46,63	85,—	92,50	110,—	104	145
Dezember . .	45,60	84,27	90,—	110,—	105	145
1900						
Januar . . .	45,—	81,—	90,—	107,31	105	145
Februar . . .	45,25	80,—	90,—	105,—	106	144
März	44,20	80,—	90,—	105,—	106	144
April	43,38	80,—	90,—	105,—	105	144
Mai	43,25	80,—	90,—	105,—	105	144
Juni	43,—	78,90	90,—	105,—	105	144
Juli	48,13	77,50	90,—	105,—	105	144
August . . .	51,88	82,78	90,—	113,01	102	140
September . .	52,40	85,—	90,—	117,50	104	141
Oktober . . .	52,13	85,—	90,—	117,50	105	142
November . .	52,63	85,—	90,—	117,50	106	143
Dezember . .	51,30	85,—	90,—	117,50	106	144

Tabelle XI (Fortsetzung).

Jahr und Monat	Preis für Schweine, höchstes Mittel pro Ztr. Mk.	Fleisch im Großhandel in Mark für einen Zentner: Schinken, geräuchert mit Knochen Mk.	Schinken, geräuchert ohne Knochen Mk.	Lachsschinken Mk.	Fleisch i. Kleinhandel in Pf. für 1 Pfund: Schinken, geräuchert Pf.	Schinken, geräuchert, ausgeschnitten Pf.
1	2	3	4	5	6	7
1901						
Januar . . .	53,38	85,—	90,—	117,50	106	144
Februar . . .	53,88	85,—	90,—	117,50	106	144
März	53,60	81,16	90,—	117,50	106	145
April	52,50	75,63	93,15	117,50	107	145
Mai	51,63	77,50	95,—	117,50	106	143
Juni	53,10	79,60	95,—	117,50	106	142
Juli	55,50	80,—	95,—	117,50	107	141
August . . .	58,40	80,—	95,—	117,50	107	141
September . .	59,25	80,—	95,—	111,50	110	143
Oktober . . .	60,25	80,—	95,—	113,90	111	143
November . .	61,—	80,—	95,—	112,50	111	145
Dezember . .	59,75	80,—	95,—	112,50	111	147
1902						
Januar . . .	59,50	80,—	95,—	112,50	112	147
Februar . . .	60,13	80,—	95,—	112,50	112	146
März	59,20	80,—	95,—	112,50	111	146
April	58,25	80,—	95,—	112,50	111	146
Mai	57,60	80,—	95,—	112,50	111	146
Juni	55,88	80,—	95,—	112,50	111	145
Juli	59,25	80,—	95,—	112,50	111	147
August . . .	63,30	82,60	96,30	112,50	113	147
September . .	62,10	85,—	92,50	112,50	116	149
Oktober . . .	61,38	89,44	91,72	112,50	118	152
November . .	58,70	90,—	100,—	112,50	117	152
Dezember . .	57,25	90,—	100,—	112,50	116	152
1903						
Januar . . .	56,20	90,—	100,—	112,50	117	151
Februar . . .	53,—	90,—	100,—	112,50	116	150
März	49,38	87,79	100,—	112,50	115	150
April	49,38	87,50	100,—	112,50	115	150
Mai	46,50	87,50	100,—	112,50	114	148
Juni	46,25	98,50	108,50	123,30	114	148
Juli	49,38	95,—	107,50	125,—	113	147
August . . .	52,60	95,—	107,50	125,—	113	147
September . .	51,63	95,—	107,50	125,—	113	147
Oktober . . .	49,50	95,—	107,50	127,22	113	147
November . .	48,—	95,—	107,50	130,—	114	148
Dezember . .	46,50	95,—	107,50	130,—	114	147

Tabelle XI (Fortsetzung).

Jahr und Monat	Preis für Schweine, höchstes Mittel pro Ztr. Mk.	Fleisch im Großhandel in Mark für einen Zentner			Fleisch i. Kleinhandel in Pf. für 1 Pfund	
		Schinken, geräuchert		Lachsschinken	Schinken, geräuchert	Schinken, geräuchert, ausgeschnitten
		mit Knochen Mk.	ohne Knochen Mk.	Mk.	Pf.	Pf.
1	2	3	4	5	6	7
1904						
Januar . . .	46,—	95,—	107,50	130,—	114	146
Februar. . .	46,—	95,—	107,50	130,—	114	146
März	45,—	85,74	95,93	125,37	112	144
April	47,—	85,—	95,—	125,—	112	144
Mai	47,—	85,—	95,—	125,—	112	144
Juni	47,50	85,—	95,—	125,—	112	143
Juli	51,—	85,77	95,—	—	113	143
August . . .	53,50	90,—	95,—	—	113	143
September. .	53,—	90,—	95,—	—	112	142
Oktober . . .	52,50				113	143
November . .	52,50				113	143
Dezember . .	52,—				112	143
1905						
Januar . . .	54,—				112	142
Februar. . .	55,50				112	142
März	61,—				111	142
April	63,50				112	143
Mai	62,50				114	146
Juni	63,—				115	146
Juli	63,50				117	148
August . . .	67,—				124	155
September. .	68,—				128	158
Oktober . . .	71,50				130	161
November . .	73,—		Preise nicht notiert		131	161
Dezember . .	70,50				129	161
1906						
Januar . . .	72,—				130	161
Februar. . .	75,50				130	162
März	66,—				130	163
April	65,—				131	163
Mai	61,50				130	161
Juni	63,50				130	159
Juli	65,75				131	161
August . . .	68,50				130	162
September. .	71,50				131	162
Oktober . . .	69,50				134	165
November . .	62,50				135	168
Dezember . .	60,50				134	167

Tabelle XI (Fortsetzung).

Jahr und Monat	Preis für Schweine, höchstes Mittel pro Ztr. Mk.	Fleisch im Großhandel in Mark für einen Zentner: Schinken, geräuchert, mit Knochen Mk.	Fleisch im Großhandel in Mark für einen Zentner: Schinken, geräuchert, ohne Knochen Mk.	Fleisch im Großhandel in Mark für einen Zentner: Lachsschinken Mk.	Fleisch i. Kleinhandel in Pf. für 1 Pfund: Schinken, geräuchert Pf.	Fleisch i. Kleinhandel in Pf. für 1 Pfund: Schinken, geräuchert, ausgeschnitten Pf.
1	2	3	4	5	6	7
1907						
Januar . . .	59,50				134	167
Februar . . .	55,50				134	167
März	51,—				133	166
April	49,—				130	164
Mai	47,50				127	160
Juni	50,—				124	155
Juli	60,—				123	154
August . . .	64,50				127	155
September . .	59,50				128	156
Oktober . . .	56,—				128	156
November . .	54,50				128	156
Dezember . .	54,50				128	156
1908						
Januar . . .	55,—				128	156
Februar . . .	52,50				126	153
März	51,—				124	152
April	54,—				124	152
Mai	55,50		Preise nicht		121	152
Juni	58,50				121	152
Juli	61,50		notiert		124	153
August . . .	63,—				125	155
September . .	64,—				126	156
Oktober . . .	64,—				127	156
November . .	63,—				127	158
Dezember . .	64,50				127	158
1909						
Januar . . .	66,—				127	158
Februar . . .	66,—				127	158
März	63,—				127	158
April	61,—				129	158
Mai	59,50				129	158
Juni	61,—				129	159
Juli	68,—				130	159
August . . .	71,50				130	161
September . .	71,50				131	161
Oktober . . .	72,—				130	161
November . .	67,50				132	164
Dezember . .	68,50				132	163

Tabelle XI (Fortsetzung).

Jahr und Monat	Preis für Schweine, höchstes Mittel pro Ztr. Mk.	Fleisch im Großhandel in Mark für einen Zentner			Fleisch i. Kleinhandel in Pf. für 1 Pfund	
		Schinken, geräuchert		Lachs-schinken Mk.	Schinken, ge-räuchert Pf.	Schinken, geräuchert, aus-geschnitten Pf.
		mit Knochen Mk.	ohne Knochen Mk.			
1	2	3	4	5	6	7
1910						
Januar . . .	68,—				134	165
Februar. . .	66,—				133	163
März	64,50				134	164
April	64,50				133	164
Mai	63,—		Preise nicht		133	164
Juni	61,—				133	164
Juli	64,—		notiert		133	164
August . . .	65,—				133	163
September. .	65,50				133	162
Oktober . . .	65,50				133	162
November . .	62,50				133	163
Dezember . .	56,50				133	164

bar. Da aber die Preise im Groß- und Kleinhandel vorwiegend Hallennotierungen sind, so haben sie mehr die Neigung, den Ausdruck niedriger Preise, also der minderwertigeren Ware, zu geben. Die Gründe hierfür sind, daß einmal für den großen Konsum mäßige Preise besseren Absatz finden und sodann die beste Ware stets bei dem Fabrikanten bestellt zu werden pflegt.

Der Zusammenhang der Viehpreise mit den Schinkenpreisen ist ein weit anderer, als der mit den Fleischpreisen. Die Groß- und Kleinhandelspreise zeigen eine voneinander nur wenig abhängige Bewegung. Schinken mit und ohne Knochen setzen im Großhandel mit einer Differenz von 20 Mk. ein. Im Jahre 1897 erlitt die Schinkenproduktion eine erhebliche Einbuße. Die Preise stiegen um 30%. Die großen Zufuhren von dänischen und amerikanischen Schinken konnten die Preissteigerung nicht aufhalten, da sie wegen ihrer Minderwertigkeit nicht konkurrenzfähig waren. Die nächsten Jahre weisen keine erheblichen Schwankungen auf. Erst gegen Ende des Jahres 1902 ziehen die Preise wieder an und halten sich trotz der niedrigen Viehpreise das ganze nächste Jahr hindurch auf ihrer Höhe. In dem Verhältnis des Schinkens zum Schlachtvieh zeigt sich hier die Natur der Dauerware. Die Schinkenpreise folgen den Viehpreisen erst nach geraumer Zeit und überdauern sie noch um Monate, um Jahre; sie gehen dann eben nicht mit zurück. Nicht selten macht sich eine Einschränkung des Schinkenangebots auf dem Großmarkte gerade zu Zeiten mäßiger Schweinepreise geltend. Mit Rücksicht auf die unter hohen Viehpreisen hergestellte Ware sucht man das Angebot etwas zu beschränken, um die Preise zu halten. Die Preisspannung zwischen Schinken mit und ohne Knochen ist auf die jeweilige Marktlage zurückzuführen. Als mit der stärkeren Nachfrage nach knochenlosem Schinken die Fabrikation sich mehr diesem zuwandte, gaben die Preise nach und die Preisdifferenz zwischen beiden Gruppen ging von 20 Mk. auf 4—8 Mk. zurück. Im Jahre 1904 ging der Großhandel in der Zentralhalle ein, und damit verlor die Preisnotierung ihre Stütze.

Anders verhält es sich mit den Kleinhandelspreisen. Hier handelt es sich um die Preise des Schinkens mit Knochen im Einzelverkauf des ganzen Stückes und der gewichtsweise in Stücken oder Scheiben ausgeschnittenen Ware. Schon die Spannung dieser beiden Zahlenreihen läßt erkennen, um wieviel höher der Detail-Verkauf dem im ganzen gegenüber bewertet wird. Das ist sehr erklärlich, wenn, wie erwähnt, die ausgeschnittene Ware nicht selten wenig dauerhaft ist und daher nur mit Verlust detailliert werden kann. Die Preisspannung bewegt sich bis 1900 in unerheblichen Schwankungen zwischen 34—40 % über dem Einzelverkaufspreise. Mit den Großhandelspreisen haben die Ladenpreise wenig Ähnlichkeit, was darauf zurückzuführen ist, daß Schinken kein bedeutender Großhandelsartikel ist. Der Einfluß der Viehpreise ist an den nachträglich eintretenden Schwankungen wahrzunehmen. Unter dem günstigen Einflusse der Jahre 1895/96 konnte der mit Vorräten versehene Zwischenhandel die Preise nicht halten. Diese weisen bis August 1897, unberührt von dem Wechsel der Viehpreise, auch fast unbeeinflußt von der Verteuerung im Großhandel, einen zwar langsamen, aber doch stetigen Rückgang auf. Nach kurzem Anziehen halten sie sich dann trotz Rückganges der Schweinepreise bis August 1901. Eine weitere zwiefache Steigerung gegen Ende des Jahres und im folgenden gibt die Wirkung der gestiegenen Viehpreise wieder. Die Aufschnittware geht in den folgenden Jahren um die Höhe der Steigerung wieder zurück. Dagegen gewinnen die Preise für ganzen Schinken im Laufe der 10 Jahre um 6—8 %, während die Schweinepreise nahezu den ursprünglichen Stand eingenommen haben. Um die Mitte des Jahres 1905 ziehen die Schinkenpreise entsprechend der Steigerung der Viehpreise von 54 auf 70 gleichmäßig von 112 auf 129 bzw. von 142 auf 161 an und halten sich auf dieser Höhe mit Ausnahme einer sechsmonatlichen Abschwächung um die Mitte des Jahres 1908. Die Spannung zwischen den beiden Preisen für Schinken im ganzen und im Aufschnitt hatte inzwischen erheblich nachgegeben und hält sich seitdem auf einer Höhe von 30 Pf. pro Pfund oder 30 % im Durchschnitt der einzelnen Jahre. Die Höhe der Produktionskosten für die beiden Artikel (Schinken in gekochtem und geräuchertem Zustande) läßt sich aus zwei Beispielen [1] ermessen.

1. Bereitung von gekochtem Schinken.

Einkauf:			
24,5 Pfund frischer Schinken à 65 Pf.			15,95 Mk.
Erlös:			
11,6 Pfund gekochter Schinken à 130 Pf.	15,— Mk.		
2 „ Abputzfleisch à 80 Pf.	1,60 „		
1,6 „ Fett à 70 Pf.	1,10 „		
1,4 „ Hintereisbein à 35 Pf.	0,50 „		
0,8 „ Spitzbein à 20 Pf.	0,15 „		
0,7 „ Knochenfleisch à 10 Pf.	0,15 „		18,40 Mk.
		Überschuß	2,45 Mk.

2. Bereitung von geräuchertem Schinken.

Einkauf:			
494 Pfund frischer Schinken à 65 Pf.			321,10 Mk.
Erlös:			
27 Pfund Fleisch à 80 Pf.	21,60 Mk.		
41 „ Fett à 70 Pf.	28,70 „		
11 „ Knochenfleisch à 10 Pf.	1,10 „		
33 „ Eisbein à 35 Pf.	11,55 „		
268 „ ger. Schinken m. Knochen à 120 Pf.	321,60 „		384,65 Mk.
		(bei Verkauf im ganzen) Überschuß	63,55 Mk.

Beim Detaillieren beider Artikel wird das Pfund mit 1,60 Mk. berechnet.

5. Der Zusammenhang zwischen den Schlachtvieh- und Fettpreisen[2].

Ähnlich steht es mit der Preisgestaltung auf dem Speckmarkte. Bei den Engros-Preisen trat hier anfangs ein fremder Einfluß zutage, während die Preise im Detail-Verkauf dagegen auffallender als die Schinkenpreise denen der Schlachtschweine folgen. Daß sich jedoch auch hier in den letzten Jahren eine andere Einwirkung geltend gemacht hat, erkennt man aus

[1] Die Beispiele sind ebenfalls dem Material der Handelskammer entnommen.

[2] Die Angaben über den auswärtigen Handel stützen sich auf die „Jahresberichte der Ältesten der Kaufmannschaft zu Berlin", der „Berliner Handelskammer" und „über den Hamburger Handel" (Berichte von Sachverständigen f. d. Handelskammer zu Hamburg).

Tabelle XII.

Die Preise für Schinken und Speck pro Pfund in den einzelnen Stadtteilen (August 1910).

(Amtlich notierte Preise für Rohschneider 1,33 Mk., im Aufschnitt 1,63 Mk.
Amtlich notierte Preise für Speck [Rückenspeck] —,89 Mk.).

	Ostdeutsche Fleischindustrie G. m. b. H.	Warenhaus Wertheim	Berlin C	Berlin S	Berlin N	Berlin W	Schöneberg	Schöneberg	Charlottenburg	Wilmersdorf	Lichtenberg	Spannung
	Pf.	Pf.	Pf.	Pf.	Pf.	Pf.	Pf.	Pf.	Pf.	Pf.	Pf.	
Schinken:												
Rollschinken	120	140	—	200	—	—	160	—	160	200	180	120—160 = 40 Pf.
Rohschneider	100	125	—	—	—	160	—	—	140	—	160	100—160 = 60 „
Lachsschinken	150	200	180	200	—	180	200	—	200—240	200	—	150—240 = 90 „
Schinkenspeck	90	110	110	—	110	—	120	120	110	110	—	90—120 = 30 „
Nußschinken	105	125	—	—	130	—	—	—	125	190	—	105—130 = 25 „
Gekochter Schinken . . .	120	180	180	180	160	160	160	180	160	180	160	120—180 = 60 „
Kochrollschinken in Dosen	—	180	—	—	—	—	—	—	—	—	—	
Schinkenecken	—	—	90	—	115	—	120	—	—	—	—	90—120 = 30 „
Speck:												
Bauchspeck, mager . . .	78	100	90	100	—	—	—	90	100	—	—	78—100 = 22 „
Bauchspeck, mit Rippen / Bauchspeck, ohne Rippen	—	120	100	100	90	85	90	—	—	100	90—100	85—120 = 35 „
Rückenspeck, fett	76	90	90	90—100	90	100	90	100	100	90	90—100	76—100 = 24 „
Delikateß-Frühstücksspeck .	—	140	100	—	—	—	100	—	125	—	—	100—140 = 40 „

Tabelle XIII.

Jahr und Monat	Kleinhandel Speck geräuchert Pf.	Kleinhandel Schmalz Pf.	Schmalz cif Bremen unverzollt pro Ztr. Mk.	Kleinhandel Speck geräuchert Pf.	Kleinhandel Schmalz Pf.	Schmalz cif Bremen unverzollt pro Ztr. Mk.
	1	2	3	1	2	3
		1895			**1898**	
Januar . . .	75	65	36,95	75	59	26,63
Februar . . .	75	65	35,75	75	59	28,25
März	75	65	36,50	75	58	28,75
April	74	65	37,25	74	57	30,25
Mai	74	64	36,25	74	57	34,07
Juni	73	63	35,13	74	56	31,—
Juli	72	63	34,25	74	56	29,—
August . . .	72	63	33,38	74	57	28,19
September. .	72	63	32,82	75	57	27,60
Oktober . . .	72	63	32,10	76	57	27,63
November . .	72	63	31,19	76	56	27,93
Dezember . .	72	62	29,88	75	57	28,38
		1896			**1899**	
Januar . . .	72	61	31,15	75	59	29,63
Februar . . .	71	60	30,32	75	59	29,07
März	72	61	29,25	75	58	28,35
April	72	61	27,90	75	58	28,07
Mai	70	60	26,07	74	57	26,69
Juni	70	59	24,75	73	57	26,45
Juli	69	58	21,75	72	57	28,—
August . . .	68	57	21,—	72	57	28,38
September. .	67	56	21,82	73	58	29,19
Oktober . . .	68	56	25,60	73	58	30,88
November . .	69	56	24,44	72	57	29,25
Dezember . .	69	56	22,38	73	57	30,57
		1897			**1900**	
Januar . . .	69	55	22,32	72	57	32,15
Februar . . .	69	55	21,82	72	57	32,91
März	69	55	23,13	72	57	33,69
April	69	55	23,05	72	57	38,50
Mai	69	55	21,82	72	57	36,85
Juni	69	54	20,63	71	58	36,44
Juli	69	55	21,90	72	58	36,60
August . . .	72	57	25,57	72	59	36,94
September. .	75	59	26,40	73	60	38,44
Oktober . . .	75	60	25,13	73	61	39,20
November . .	75	60	24,25	73	61	38,75
Dezember . .	75	59	24,80	73	61	38,63

Tabelle XIII (Fortsetzung).

Jahr und Monat	Kleinhandel		Schmalz cif Bremen unverzollt pro Ztr. Mk.	Kleinhandel		Schmalz cif Bremen unverzollt pro Ztr. Mk.
	Speck geräuchert Pf.	Schmalz Pf.		Speck geräuchert Pf.	Schmalz Pf.	
	1	2	3	1	2	3
		1901			1904	
Januar . . .	73	61	39,40	77	69	36,83
Februar . . .	74	61	38,94	76	69	36,81
März	74	62	41,25	75	69	37,24
April	74	62	43,50	75	68	35,35
Mai	73	61	41,82	75	68	34,27
Juni	73	61	43,25	75	68	34,62
Juli	74	62	43,75	74	67	35,52
August . . .	74	63	44,85	74	68	36,11
September . .	76	66	49,81	73	69	38,10
Oktober . . .	78	67	48,10	74	69	39,94
November . .	79	67	45,63	74	68	37,46
Dezember . .	80	69	49,40	75	68	36,30
		1902			1905	
Januar . . .	81	69	48,45	75	68	35,59
Februar . . .	81	69	47,23	75	67	35,61
März	81	70	47,83	75	67	36,41
April	81	69	49,48	77	67	37,32
Mai	81	69	51,75	79	67	37,06
Juni	81	69	52,15	81	67	36,79
Juli	81	70	54,27	82	69	36,42
August . . .	82	71	53,72	84	71	40,53
September . .	85	74	54,54	88	73	41,11
Oktober . . .	86	75	58,07	90	73	39,71
November . .	86	75	61,09	91	74	40,19
Dezember . .	85	75	57,98	92	75	41,24
		1903			1906	
Januar . . .	85	75	52,62	94	74	40,70
Februar . . .	83	74	49,47	95	75	40,97
März	83	73	50,96	95	75	42,76
April	82	72	50,36	96	78	45,38
Mai	81	72	46,49	94	75	45,36
Juni	80	72	44,63	92	74	45,71
Juli	79	72	39,82	91	75	46,26
August . . .	77	72	39,71	90	75	46,25
September . .	77	72	43,42	92	75	46,50
Oktober . . .	77	72	37,67	93	77	48,—
November . .	76	70	38,41	94	78	49,06
Dezember . .	77	70	36,94	94	77	48,29

Tabelle XIII (Fortsetzung).

Jahr und Monat	Kleinhandel		Schmalz cif Bremen unverzollt pro Ztr. Mk.	Kleinhandel		Schmalz cif Bremen unverzollt pro Ztr. Mk.
	Speck geräuchert Pf.	Schmalz Pf.		Speck geräuchert Pf.	Schmalz Pf.	
	1	2	3	1	2	3
		1907			1909	
Januar . . .	94	76	49,52	86	77	51,31
Februar . . .	93	76	50,77	86	77	50,91
März	91	75	48,24	86	77	53,80
April	86	73	46,65	86	76	54,58
Mai	83	72	47,03	85	76	56,40
Juni	82	71	45,20	85	76	59,97
Juli	82	73	45,33	85	77	59,72
August . . .	85	75	46,26	87	78	60,67
September. .	86	75	46,83	89	81	64,02
Oktober . . .	86	77	47,64	91	83	64,91
November . .	86	76	46,61	93	85	69,13
Dezember . .	86	77	44,97	95	86	71,05
		1908			1910	
Januar . . .	85	77	42,71	96	81	66,62
Februar . . .	85	78	39,47	95	86	66,07
März	83	76	41,39	93	85	72,09
April	82	75	43,29	91	86	67,82
Mai	81	75	43,26	91	85	66,22
Juni	82	75	44,35	90	86	63,56
Juli	82	75	46,85	88	86	62,79
August . . .	82	75	48,32	89	85	62,95
September. .	83	75	53,68	88	85	64,39
Oktober . . .	83	76	53,13	88	86	64,65
November . .	85	76	51,11	89	87	57,87
Dezember . .	85	76	50,70	89	86	55,29

der Gegenüberstellung der Jahre 1898 und 1902. Im ersteren ist die Verteuerung gleich der des Schinkens auf eine Produktionseinschränkung zurückzuführen, während im Kleinhandel noch reichliche Vorräte waren. Im Jahre 1902 dagegen haben die ausländischen Zufuhren den Markt dermaßen in ihrer Gewalt — und zwar war es hier hauptsächlich Amerika —, daß sich Groß- und Kleinverkaufspreise nach dessen Produktionsverhältnissen richten mußten. Daher erklärt sich auch der Umstand, daß die Speckpreise in den ersten Jahren trotz der relativ mehr gestiegenen Viehpreise weit weniger hoch gingen, als es in den letzten der Fall war.

Da eben Amerika unseren Markt beherrschte, sanken die Speckpreise auch wieder im Jahre 1904 ungewöhnlich. Vom November dieses Jahres nahmen sie aber eine steigende Richtung ein, die ohne Unterbrechung bis Mai 1906 von Monat zu Monat andauerte, trotzdem sich die Einfuhr von 18 000 auf 80 000 dz im Jahre 1905 erhöhte. Nach einem kurzen Nachgeben während der Sommermonate nahmen sie wieder die vorher erreichte Höhe ein und hielten sich noch auf derselben um die Jahreswende, trotzdem die Viehpreise bereits seit Monaten im Rückgang begriffen waren. Die allgemein eingetretene Teuerung auf dem Weltmarkte und die Konsumkraft der Berliner Bevölkerung steigerte die Nachfrage nach gerade diesem Artikel, der bei den allgemein hochgeschraubten Preisen Ersatz für die besseren Räucherwaren bieten mußte. Am 1. März 1906 trat der für Speck erhöhte Zollsatz von 20 auf 36 Mk. ein, ein Umstand, der bei den Importeuren die Annahme erweckt hatte, daß der vor diesem Zeitpunkte zum alten Zollsatz eingeführte Speck später guten Absatz finden würde. Diese Spekulation erwies sich aber als hinfällig. Am Jahresschluß waren von dem im Frühjahr importierten Speck noch große Bestände vorhanden, welche nur mit Schaden verkäuflich waren. In den Monaten Januar und Februar 1906 waren 63 084 dz zur Verzollung angegeben, während in den zehn Monaten März bis Dezember nur 19 978 dz eingeführt wurden gegenüber 81 060 dz des ganzen Jahres 1905. Wenn schon der mit 20 Mk. verzollte Speck schwer verkäuflich war, so erfüllte sich für die Rentabilität eines Imports zum erhöhten Zollsatz von 36 Mk. keine Aussicht mehr. Aus diesem Grunde haben auch die Packer in den Vereinigten Staaten von Amerika im Herbste 1906 die kostspielige mikroskopische Untersuchung und die Beibringung der blauen Regierungszertifikate, ohne welche die Einfuhr in das deutsche Zollgebiet nicht gestattet ist, eingestellt. Im Jahre 1907 ging daher die gesamte Einfuhrmenge von Speck auf 7 649 dz zurück. Das Geschäft war also ausschließlich auf Inlandsware angewiesen. Da zu Anfang des Jahres die Notierung für Schweine verhältnismäßig hoch war, mußten für die Vorräte, die zur Versorgung des Sommers- und Herbstbedarfes angesammelt wurden, hohe Preise angelegt werden. Dagegen gaben die Preise im Kleinhandel mit den sinkenden Viehpreisen ständig nach. Im folgenden Jahre sank die Einfuhrziffer weiter auf 4 066 dz. Die sehr ermäßigten Preise am Schlusse des Vorjahres hoben sich erst gegen Mitte des Jahres und zwar allmählich auf 72—74 Mk., für ausgesuchte Ware sogar auf 78—81 Mk. pro Zentner. Im Jahre 1909 soll sich der Umsatz in mäßigen Grenzen gehalten haben, da bei dem hohen Viehpreise keine Lust zum größeren Einlagern bestand. Der Speckpreis erhöhte sich demzufolge auf 90 Mk. pro Zentner in den letzten Monaten. Das Jahr 1910 setzte mit einem Preisrückgange ein, der sich trotz flotten Absatzes für Loco- und Lieferungsware bis in die Sommermonate behauptete. Um die Mitte des Jahres ließ die gesteigerte Nachfrage eine Besserung der Preise Platz greifen. Im September ermattete jedoch wieder der Markt, als sich herausstellte, daß die Vorräte im allgemeinen größer als vermutet waren und die Provinz im Hinblick auf die Hausschlachtungen die Einkäufe einschränkte.

Wie bei allen Zweigen unserer Fleischproduktion so kann man auch hier beobachten, daß bei keinem die Preise in dem Maße zurückzugehen pflegen, wie sie den anziehenden Viehpreisen gefolgt sind. Stellen wir alle bisher besprochenen Preisreihen zusammen, so finden wir, daß die Wirkung der Schlachtviehpreise, soweit hier noch deutscher Einfluß dominiert, die Fleischpreise um so weniger verändert, je weiter ihr Stand vom Ausgangspunkte der Einwirkung sich befindet. Das heißt: die Preise bleiben um so stabiler, je höher sie sind.

Es ist bisher nicht darauf hingewiesen, aus welchem Grunde so wenig schwere Fettschweine auf den Markt kommen in einer Stadt wie Berlin, deren starke Arbeiterbevölkerung gerade auf die Fettspeise angewiesen ist. Das hiesige Marktschwein gibt zwar ein gutes Stück frischen Fleisches, beeinträchtigt aber wegen seiner Frühreife die aus ihm bereiteten Dauerwaren. Bei dem gering entwickelten Fettansatz kann auch die Ausbeute an Schmalz unmöglich genügen. Darüber hat sich die Fleischerpresse ständig in Vorwürfen gegen die Landwirte ausgelassen, weil sie sich nicht die Zeit ließen, ein Schwein richtig auszumästen. Über die wahre Ursache hat die Preiskommission des Schinkenwettbewerbs, die zumeist aus hiesigen Schlächtern bestand im Jahre 1905 ein offenes Wort gesprochen. Es lautet da unter anderem:

„Es muß ferner in Betracht gezogen werden, daß durch den schlechten Absatz vom Schwein als Speck und Bauch in letzter Zeit der Wurstfabrikant mehr nach dem fleischigen Schwein verlangt und nur ungern für fette Schweine höhere Preise bewilligt. Warum? Amerikanisches Schmalz wird seit diesem Jahr mehr, gut und billig dem Markte zugeführt. Diese Konkurrenz drückt die Rentabilität bei der Fabrikation und die Verwendbarkeit von fetten Schweinen wieder so stark, daß der Fabrikant lieber den Gewichtsverlust beim Hängen der Ware übernimmt, als sich den Boden und den Keller mit fettem Speck und dicken fetten Bäuchen zu beschweren. Namentlich erst recht dann, wenn die Schweinepreise 60 Mk. pro 100 Pfund Schlachtgewicht und darüber betragen, Schmalz, fetter Speck und Bauch aber um 55—65 Mk. für 100 Pfund gesalzen wieder verkauft werden müssen. Es sind dieses alles Punkte, welche bei der Produktion von prima Rohschneideschinken von seiten der Hersteller, soweit dieselben Fabrikanten resp. Fleischer sind, in Betracht gezogen werden müssen. Für Landschinken ist dieses anders. Hier verwendet der Verkäufer des Schinkens den fetten Speck usw. im eigenen Haushalt. Das eigene Interesse gebietet hier schon, das Tier gut auszumästen."

Zweifellos hat also der übermäßige Schmalzimport Amerikas beide Interessenkreise geschädigt. Bei der überwiegenden Maisfütterung stellt sich die Fettproduktion dort billiger, als sie sich bei uns ermöglichen läßt. Während noch vor einem Menschenalter der Geldwert des Fettes gleich dem des Fleisches war, ist jenes unter dem Druck der amerikanischen Schmalzzufuhren in den 90er Jahren bis unter die Hälfte des Fleischwertes gesunken. Das Sinken der Fettpreise mußte naturgemäß zu einer Steigerung der Fleischpreise führen. Nach den Berechnungen Königs enthält fettes Schweinefleisch 37 % Fett, 15 % Stickstoffsubstanz, mageres 7 % Fett und 20 % Stickstoffsubstanz. Bei der gegenwärtigen Abneigung gegen fettes Fleisch ist also die Zucht fetter Schweine doppelt kostspielig, weil sie von der besser verwertbaren Stickstoffsubstanz weniger enthält als die mageren.

Schmalz und Fleisch stehen nun einmal beim Schweine in einem so unmittelbaren Zusammenhang, daß von dem vorwiegenden Bedarf an dem einen oder dem anderen Erzeugnisse die ganze Zuchtrichtung beeinflußt wird. Dabei ist Amerika der Schmalzmarkt der Welt. Seine Schweinezucht steht damit im engsten Zusammenhang und auch die unserige wird, solange wir Schmalz einführen müssen, immer davon beeinflußt bleiben. Denn die ganze Verwertung des Schlachtschweines hängt nicht nur vom Massenverhältnis, sondern ebensosehr, wenn nicht in noch höherem Grade, von dem Preisverhältnis zwischen Fleisch und Fett ab.

Um einmal die Einwirkung der amerikanischen Zufuhren von Schmalz auf die Preise für einige markante Jahre zu betrachten, ist nebenstehende Statistik (Tab. XIV) aufgestellt. Die Zahlen sind der N. K. Fairbank-Company in Chicago entnommen. Aus den Wechselbeziehungen zwischen den deutschen Vorräten und dem Stapellager in Amerika sind bemerkenswerte Einwirkungen auf die Preise cif Bremen unverzollt zu beobachten. Unberücksichtigt ist die schwimmende Ware geblieben, da sie nicht für Deutschland allein maßgebend ist.

In den 90er Jahren gelang es bekanntlich den durch hohe Maisernten unterstützten Schmalzproduzenten in Amerika, den durch gesteigerte Konsumfähigkeit sehr aufnahmewilligen deutschen Markt in ihre Gewalt

Tabelle XIV.

Termin		1901		1902		1903		1904	
		Tierces	Zentner Mk.	Tierces	Zentner Mk.	Tierces	Zentner Mk.	Tierces	Zentner Mk.
Januar	Deutschland Amerika	— —	—	17 500 91 258	48,45	9 150 33 700	52,62	24 000 42 100	36,83
Februar	Deutschland Amerika	— —	—	23 500 110 045	47,23	31 500 43 200	49,47	29 000 57 400	36,81
März	Deutschland Amerika	— —	—	25 000 107 800	47,83	28 917 41 000	50,96	27 000 118 700	37,24
April	Deutschland Amerika	24 500 59 448	43,50	25 500 93 981	49,48	27 725 37 000	50,36	29 000 135 000	35,35
Mai	Deutschland Amerika	16 000 67 600	41,82	26 500 73 891	51,75	33 425 47 300	46,49	26 500 134 500	34,27
Juni	Deutschland Amerika	13 500 63 870	43,25	23 500 78 100	52,15	29 450 52 300	44,63	33 000 152 500	34,62
Juli	Deutschland Amerika	25 500 95 681	43,75	21 500 86 300	54,27	33 000 88 800	39,82	27 500 191 400	35,52
August	Deutschland Amerika	27 500 110 400	44,85	23 100 77 200	53,72	29 000 115 500	39,71	43 500 209 500	36,11
September	Deutschland Amerika	29 500 92 662	49,81	13 800 70 000	54,54	22 000 136 500	43,42	34 000 182 100	38,10
Oktober	Deutschland Amerika	15 300 51 445	48,10	12 200 53 700	58,07	43 800 136 000	37,67	36 000 98 000	39,94
November	Deutschland Amerika	24 000 45 338	45,63	7 514 24 700	61,09	35 300 62 200	38,41	40 000 47 500	37,46
Dezember	Deutschland Amerika	10 500 54 650	49,40	7 600 29 100	57,98	22 500 42 200	36,94	48 000 44 000	36,30

zu bekommen. Da die Preise vom Chicagoer Terminmarkte aus diktiert werden, bemächtigte sich zugleich die Spekulation dieses Welthandelsartikels. Künstliche Preissteigerungen durch Ausfuhrstockungen, durch Aufstapelung oder durch Produktionseinschränkung haben eine unruhige Preisentwicklung mit sich gebracht. Solche spekulative Treibereien haben aber immer nur einen vorübergehenden Einfluß auf die Preisbildung ausüben können. Schmalz ist keine solide Dauerware, am wenigsten zur Sommerszeit, und dann lassen sich willkürlich gehemmte Schlachtungen unter dem Druck vermehrten Schweineangebots nicht lange zurückhalten. Ein gehinderter Abfluß, sei er absichtlich oder durch Sättigung des Marktes hervorgerufen, bewirkt ein Anschwellen der Stapelvorräte über die voraussichtliche Bedarfsfrage hinaus und zwingt dadurch die Preise zum Weichen. Ein sprunghaftes Anziehen der Kleinhandelspreise deutet dagegen mehr auf einen Mangel im Zwischenhandel, der einem steten Wechsel von Zufuhr und Verbrauchsabgabe unterworfen ist.

Seit 1897 standen die Schmalzpreise unter einer andauernden Aufwärtsbewegung, die nur durch starke Konsignationen auf Europa, welche die Haussepartei zur Entlastung des Marktes in Chicago eingeleitet hatte, erfuhren dann eine vorübergehende Abschwächung und erreichten ihren Höhepunkt gegen Ende des Jahres 1903. In den ersten Jahren hatte die gestiegene Nachfrage unter normalen Produktionsverhältnissen der Marktlage eine feste Gestaltung gegeben. Im Laufe des Sommers 1901 änderte sich das Bild infolge der trüben Aussichten für die Maisernte und der dadurch hervorgerufenen Futternot. Wie in Mais so fand auch in Schweinen eine erhebliche Preissteigerung statt. Dann aber führte der Druck vermehrter Auftriebe von wenig ausgemästeten Tieren, deren Durchschnittsgewicht gegen die Vorjahre von 240—250 auf 218 Lbs. gesunken war, zu einer vorübergehenden Reduktion des Preisverhältnisses von Vieh zu Schmalz wie 7,— : 10,50 auf 5,75 : 9,— höchster Notierung in Dollar.

Der Rückschlag gegen Europa und speziell Deutschland äußerte sich sofort in einem starken Anziehen der Preise. Trotzdem die Einfuhr sich auf 979 334 dz erhöhte, zogen die Preise im Jahre 1901 um 8—17 Mk. pro Zentner an und erfuhren infolge des Sinkens der Einfuhr auf 822 731 dz im Jahre 1902 eine weitere Steigerung um 6—14 Mk. auf 60 Mk. über den Schluß des Jahres hinaus. Hierbei trat die für die spätere Entwicklung typische Erscheinung zutage, daß nämlich die infolge schlechter Maisernten verursachten hohen Futterpreise die Schweinemast unrentabel gestaltete. Die Mäster ziehen deshalb einen vorteilhaften Verkauf des Maises einem zweifelhaften Erfolg bei Verfütterung desselben vor. Das Jahr 1902 hatte wieder eine große Maisernte gebracht, das vermehrte Angebot von Schweinen setzte im Mai des folgenden Jahres ein und zwang die Schmalzpreise zu einer stark rückläufigen Bewegung. Dank der größeren heimischen Produktion zeigte aber unser Markt eine mangelnde Aufnahmefähigkeit. Das übermäßige Angebot seitens Amerikas drückte die Schmalzpreise mit einem Stande von 32,50 Mk. weit unter Parität von Chicago. Gleichzeitig machte sich ein anderer Einfluß geltend. Im September hatte sich in Chicago ein Corner gebildet, der große Massen an sich riß, um sie nach Europa, in der Hauptsache nach Hamburg, zu konsignieren. Die Folge war, daß der deutsche Markt durch dieses große und dringende Angebot völlig demoralisiert wurde, die Preise wichen von Tag zu Tag. Während sich die Situation in Chicago hinsichtlich der Deckungsfrage verschärfte und infolgedessen die Preise stiegen, stellte sich zwischen Chicago und Hamburg ein Preisunterschied von 14 Mk. pro Zentner ohne Anrechnung von Fracht und Kosten ein. Die im April des Jahres im vollen Umfange in Kraft tretende Fleischbeschau mit ihrer obligatorischen Untersuchung des eingeführten Fettes vor der Verzollung hat bisher nur in wenigen Fällen zur Beanstandung geführt, ein Umstand, der für die Güte des amerikanischen Produktes spricht. Auch das Jahr 1904 zeigte eine reichliche Schmalzproduktion in Amerika als die Wirkung verstärkter nur für Fütterungszwecke geeigneter Maisvorräte. Die Preise bewegten sich ziemlich stabil zwischen 33 und 39 Mk. pro Zentner frachtfrei Hamburg.

Die eintretende Dürre dieses Jahres veranlaßte zu übergroßen Konsignationssendungen von Schmalz nach hier, als deren Folge sich wieder ein Mißverhältnis zwischen hiesigem und amerikanischem Preise zeigte. Zudem litten wir selbst an einer Uberproduktion an Rückenfett, das in scharfe Konkurrenz mit amerikanischer Ware treten mußte. Bei dem großen Verkaufsandrange am Berliner Markte stellte sich die Notierung im Großhandel zwischen 39 und 48 Mk. Nur unter diesem billigen Angebot konnte die deutsche Ware den Markt behaupten. Das Jahr 1905 wies für Amerika die bisher größte Zufuhr von Schweinen in die Schlachtzentren auf, und die dadurch bedingte größere Produktion an Schmalz zeigte sich an dem rapiden Anwachsen der Vorräte. Die Packer stützten den Markt durch anhaltende Käufe und Aufnahme der Ware. Sie ließen auch die Preise nicht fallen, da sie für Europa hohe Schweinepreise als Folge der vorjährigen Dürre erwarteten. Als aber bis August die erwartete Bedarfssteigerung ausblieb, inszenierten die Chicagoer Spekulanten eine Hausse und trieben die Preise bis auf 40 Mk. Sie sahen sich aber bald gezwungen, einen großen Teil der Ware nach Europa zu konsignieren, was einen Preissturz auf 35 Mk. nach sich zog. Wider Erwarten nahm der europäische Konsum die sehr beträchtliche Konsignationssendung willig auf. So steigerte sich die Einfuhr allein für Deutschland von 906 008 auf 1 134 950 dz oder um 25 %. Die Preise hielten sich mit 33,50—39,50 Mk. in mäßigen Grenzen. Das Abfluten der großen Massen hatte auf den amerikanischen Markt vorübergehend entlastend gewirkt. Im Jahre 1906 setzte der Preis mit 37,75 Mk. ein und hob sich dank der großen Verbrauchsnachfrage in Amerika und dem ungewöhnlich großen Aufnahmebedürfnis Deutschlands bis auf 46,— Mk. Trotz der übermäßigen Einfuhr von 1 186 846 dz hielten sich im Zwischenhandel nur geringere Bestände, was auf einen hohen Konsum zurückzuführen ist. Die stetige Aufwärtsbewegung des Preises um 10 Mk. stand mit den vermehrten Schweinezufuhren, die sich in der Schlachtsaison vom 1. November 1905 bis 31. Oktober 1906 auf 26 345 000 Stück beliefen, in keinem Zusammenhang. Mit übertrieben großen Konsignationen von Schmalz nach Europa, welche den Chicagoer Terminmarkt unversorgt der Spekulation überließen, hatte das Jahr 1906 geschlossen. Der Absatz geriet nun ins Stocken. Die bis Mai 1907 auf 51 Mk. getriebenen Preise mußten aber bald unter dem Druck der aufgesammelten Vorräte wieder nachgeben. Eine Terminssteigerung scheiterte an der eintretenden Geldkrisis. Die Notierung hielt sich im letzten Quartal auf 41 Mk. frachtfrei Hamburg und fiel dann plötzlich zu Anfang 1908 auf 36 Mk., was bei den hohen Maispreisen mit 61 Cents am 1. Januar 1908 gegenüber 39 Cents am 1. Januar 1907 den Farmer veranlaßte, sein Vieh an den Markt zu bringen. Infolge des Massenauftriebs sanken die Schweinepreise um 30 %, erholten sich aber wieder mit dem Nachlassen der Zutriebe und stiegen allmählich auf 52 Mk. Das Jahr 1909 stand unter dem Einfluß einer außergewöhnlichen Preisbewegung. Nachdem die beiden ersten Monate ruhig verlaufen waren, setzte eine Preissteigerung ein, die sich schrittweise verschärfte und in den letzten Monaten des Jahres einen ungewöhnlichen Höhegrad erreichte. Zu Beginn des Jahres wurde in Berlin 57 Mk., am Schlusse 80 Mk. und darüber per Zentner gezahlt. Bei der anhaltenden Teuerung der Futtermittel waren die Schweinebestände so zurückgegangen, daß der Gesamtauftrieb um 16% nachließ. Dieser Umstand traf dabei mit einer größeren Nachfrage nach Schmalz in Amerika zusammen. Die Einfuhr nach Deutschland ging von 1 087 000 auf 937 000 d. h. um 150 000 oder 14 % zurück. Das amerikanische Schmalzgeschäft setzte im verflossenen Jahre ruhig ein, wurde aber bald einem starken und häufigen Wechsel ausgesetzt. Die anhaltende Knappheit an Vorräten sowohl in Amerika als auch im Inlande veranlaßte die Packer zu scharfen Preisforderungen, so oft die Nachfrage erstarkte. Im Hamburger Hafen stellte sich der Preis pro Zentner unverzollter amerikanischer Ware im Januar auf 61 Mk., Ende März auf 72 Mk., Mitte April auf 60 Mk., Anfang August auf 58,50 Mk., Mitte September auf 63 Mk. und vorübergehend in den letzten Monaten auf 48 Mk. Diesen Konjunkturschwankungen begegnete man mit Zurückhaltung bei den Einkäufen. Nur der dringendste Bedarf wurde gedeckt. Infolgedessen sank die Einfuhr:

gegenüber 1909	mit	937 856	dz weiter
im Jahre 1910	„	583 979	„
	um	453 977	dz oder 38 %.

Dieser gewaltige Rückgang findet seine Erklärung in zwei Umständen. Einmal war die inländische Schweinezucht, durch reichliches und preiswertes Futter begünstigt, seit langem einmal wieder in der Lage, einen erheblichen Teil unseres Speisefettbedarfes zu befriedigen. Die Preise im Kleinhandel behaupteten sich dementsprechend auf einer mittleren Höhe von 85—86 Pf. pro Pfund. Sodann hatte diese andauernde Höhe der Schmalzpreise der mächtig aufblühenden Fabrikation von Pflanzenspeisefetten Gelegenheit zu einer siegreichen Konkurrenz mit Schweineschmalz gegeben. Der fast um $^1/_8$ des normalen Bedarfs zurückgegangene Schmalzverbrauch wurde durch Verwendung von Pflanzenfett ausgeglichen.

Dem Beobachter der amerikanischen Produktionsverhältnisse in Schmalz mehren sich trotz des zu erwartenden reichlichen Angebots die Eindrücke, die auf eine Festigung der Marktlage hindeuten. Auch hat der Chicagoer Terminmarkt, an dem sich durch langjährige Gewohnheit die tägliche Preisbildung für Schmalz am Weltmarkt nach der Terminsnotierung für Steamschmalz vollzog, in den letzten Jahren sehr an Bedeutung verloren. Einmal hat sich die Produktion mehr der Raffinade zugewandt, und dann senden auch die vorgeschobenen südlichen Produktionsplätze für Steamschmalz ihre Ware unter Ausnützung der günstigen Frachtverhältnisse direkt nach Europa. Selbst den die Schweinemast fördernden großen Maisernten steht eine Reihe von Einflüssen gegenüber, die ihre drückenden Wirkungen mehr und mehr verlangsamen, wenn nicht gar verhindern. Hier sind zu nennen: zunächst, daß sich immer mehr eingeführt hat, Kontrakte um die Mitte des Jahres auf Schluß desselben abzuschließen; dann die günstigere Meinung der amerikanischen Spekulation und der Landwirtschaft, ferner die Geschlossenheit der Interessen der amerikanischen Großschlächtereien, aber auch die Bedenken gegen Blankoverkäufe an einem leicht von der Spekulation zu beherrschenden Markte und endlich der stetig steigende Konsum und die zunehmende Kaufkraft der Arbeiterbevölkerung.

Gegenüber einem mäßigen Durchschnittspreise von 40 Cent für Mais und dementsprechendem Produktionspreise für Schweine von 4 Dollar stellten sich die Preise am Ende Dezember in den Jahren:

	Mais per Buschel Cent	Schweine per 100 Lbs. brutto Dollar
1901	63 1/2	5,90
1902	44 3/8	6,20
1903	43 1/2	4,50
1904	42	4,35
1905	41	5,05
1906	39 1/2	6,05
1907	61 3/4	4,15
1908	61 1/8	5,65
1909	62 1/8	8,30
1910	45 1/4	7,80

Für den Berliner Konsum handelt es sich in erster Linie um das sog. Bratenschmalz. Dieses stellt nichts weiter als amerikanisches Schmalz dar, das unter Zutaten von Zwiebeln umgebraten ist, und dem man, um die besonders im Sommer anhaftende Weichheit und Schmierigkeit zu nehmen, je nach Bedarf 10—20 % Darmfett von hiesigen Schweinen zugesetzt hat. Seine Produktion hat sich bei der zunehmenden Beliebtheit in den letzten Jahren sehr ausgedehnt und hat so zu einem Spezialartikel für Berlin geführt. Trotzdem sich allmählich ein reger Versand über ganz Deutschland entwickelte, ist es doch zu einer lebhaften Konkurrenz unter den Bratereien in den günstigen Jahren für die amerikanische Ware gekommen. Die in der Statistik wiedergegebenen Preise (Tabelle XIV) beziehen sich auf dieses Schmalz. Verfolgen wir die Großhandelspreise mit denen der Verbrauchsware in Berlin während der letzten 16 Jahre, so sehen wir, daß die Zeiten günstiger Preise längst vorüber sind. Zu Anfang war die Bewegung eine gleichmäßig weichende. Das Preisverhältnis stellte sich mit 2 : 1 für den Zwischenhandel sehr günstig. Nach dem letztjährigen Preisstande bietet die Einfuhr für den Konsumenten keinen Vorteil mehr. Für 85—87 Pf. das Pfund Schmalz ließe sich bei der gegenwärtigen Marktlage mit 50—55 Pfg. pro Pfund Rückenfett gleichwertige deutsche Ware an den Markt bringen. Die Höhe der Produktionskosten für einheimisches Schmalz und Speck läßt sich an folgenden Beispielen[1] erkennen:

1. Bereitung von Schmalz.

Einkauf:		
28,5 Pfund dickes Rippespeer à 63 Pf.		18,53 Mk.
Erlös:		
20 Pfund Schmalz à 1,05 Mk.		21,— „
	Überschuß	2,47 Mk.

2. Bereitung von Bauchspeck.

Einkauf:		
24 Stück frische Schweinebäuche, 165 Pfund à 60 Pf.		99,— Mk.
Diese wiegen gepökelt nach 3—4 Wochen 152 Pfund à 76 Pf.	115,50 Mk.	
Nach 6 tägiger Räucherung wiegen sie 129 Pfund à 100 Pf.	129,— „	129,— „
		30,— Mk.
Hiervon ab für Einwiegen, da dieser Artikel auch nur viertelpfundweise verkauft wird à 10 Pf.		12,90 „
	Überschuß	17,10 Mk.

An der ersteren Aufstellung können wir ohne eine kritische Bemerkung nicht vorübergehen. Sehen wir davon ab, daß der Einkaufspreis auf 17,96 Mk. bzw. der Überschuß auf 3,04 Mk. richtig zu stellen ist, und daß zur Bereitung von Schmalz als Rohmaterial nicht Rippespeer gemeinhin, sondern Rückenfett unter Zusatz von Liesen verwandt wird. Widerspruch muß es aber erregen, wenn das Ausbeuteverhältnis mit 3:2 angesetzt wird. Das Rohmaterial, vor dem Ausbraten entweder durch die Maschine gedreht oder in Scheiben geschnitten — im ersteren Falle bleibt kein Rückstand, im letzteren die sog. Grieben, welche in die Wurst verarbeitet zu werden pflegen — verliert beim Ausbraten im Durchschnitt auf 4—5 Pfd. 1 Pfd. Der Erlös müßte demnach 2—3 Pfd. und entsprechend der Überschuß 2—3 Mk. höher anzunehmen sein.

[1] Beide Beispiele sind dem Material der Handelskammer entnommen.

Literaturverzeichnis.

Berichte über die Gemeindeverwaltung von Berlin. 6 Bde. 1861—1905.

Berichte über den städtischen Vieh- und Schlachthof. Etatsjahre 1885—1910.

von Halle, Die Organisation des Berliner Vieh- und Fleischmarktes. Jahrbuch für Gesetzgebung, Verwaltung und Volkswirtschaft. NF. XVI 1892 Heft 2.

von Halle, Die Berliner Fleischpreise im letzten Jahrzehnt und die Reform des Vieh- und Fleischhandels. Ebenda Heft 3.

Hausburg, Der Vieh- und Fleischhandel in Berlin 1879.

Hirschberg, Die Fleischpreise in Berlin. Jahrbuch für Nationalökonomie und Statistik. XX.

Reichert, Die Organisation der deutschen Fleischversorgung. Dissert. Berlin 1911.

Schulze, Der deutsche Binnenhandel mit Vieh. Berlin 1900. Arbeiten der D.L.G. Bd. 52.

Weber, Schweinezucht und -haltung und Schweinehandel. Berlin 1909.

Wolf, Schlachtgewichtsbestimmungen. Landwirtschaftlicher Kalender 1887.

Zitzen, Die Preisbildung für Vieh und Fleisch. Zeitschrift für Agrarpolitik 1910, Heft 5.

Die Deutsche Fleischerzeitung, Berlin. Jahrgang 1895—1910.

Die Allgemeine Fleischerzeitung, Berlin. Jahrgang 1900—1910.

Die Deutsche Schlacht- und Viehhofzeitung, Berlin. Jahrgang 1903—1910.

Statistisches Jahrbuch der Stadt Berlin. Jahrgang 1895—1909.

Piererſche Hofbuchdruckerei Stephan Geibel & Co. in Altenburg.

Kolibri 360 GmbH
Ferdinand-Jühlke-Straße 7
99095 Erfurt, Deutschland
produktsicherheit@kolibri360.de

Druck:
CPI Druckdienstleistungen GmbH
im Auftrag der
Kolibri 360 GmbH
Ferdinand-Jühlke-Str. 7
99095 Erfurt